EPG

PAUL DINSMORE E LUIZ ROCHA

EPG
Enterprise Project Governance
GOVERNANÇA CORPORATIVA DE PROJETOS

Tradução
Marina dos Anjos Martins de Oliveira

Copyright© 2015 por Brasport Livros e Multimídia Ltda.

Todos os direitos reservados. Nenhuma parte deste livro poderá ser reproduzida, sob qualquer meio, especialmente em fotocópia (xerox), sem a permissão, por escrito, da Editora.

Editor: Sergio Martins de Oliveira
Diretora: Rosa Maria Oliveira de Queiroz
Gerente de Produção Editorial: Marina dos Anjos Martins de Oliveira
Revisão de Texto: Maria Helena A. M. Oliveira
Editoração Eletrônica: Abreu's System Ltda.
Capa: Ingrafoto

Técnica e muita atenção foram empregadas na produção deste livro. Porém, erros de digitação e/ou impressão podem ocorrer. Qualquer dúvida, inclusive de conceito, solicitamos enviar mensagem para **editorial@brasport.com.br**, para que nossa equipe, juntamente com o autor, possa esclarecer. A Brasport e o(s) autor(es) não assumem qualquer responsabilidade por eventuais danos ou perdas a pessoas ou bens, originados do uso deste livro.

D587e Dinsmore, Paul C.
    EPG – Enterprise Project Governance: governança corporativa de projetos / Paul C. Dinsmore, Luiz Rocha ; tradução Marina dos Anjos Martins de Oliveira – Rio de Janeiro: Brasport, 2015.

    Título original: Enterprise Project Governance
    ISBN: 978-85-7452-723-9

    1. Governança de projetos 2. Planejamento estratégico 3. Governança corporativa I. Rocha, Luiz II. Título.

                                           CDD: 658.404

Ficha Catalográfica elaborada por bibliotecário – CRB7 6355

BRASPORT Livros e Multimídia Ltda.
Rua Pardal Mallet, 23 – Tijuca
20270-280 Rio de Janeiro-RJ
Tels. Fax: (21)2568.1415/2568.1507
e-mails: marketing@brasport.com.br
          vendas@brasport.com.br
          editorial@brasport.com.br

www.brasport.com.br

Filial SP
Av. Paulista, 807 – conj. 915
01311-100 São Paulo-SP
e-mail: filialsp@brasport.com.br

Agradecimentos

Agradecemos a Walther Krause, ex-presidente do PMI-Rio, pela revisão de alguns dos textos, bem como a Gustavo Horbach, da Braskem, que nos deu o acesso às informações disponíveis. Pedro Ribeiro, membro do conselho da Fundação Educacional do PMI, também merece crédito por sugerir que Governança de Projetos seria um tema oportuno para um novo livro. Carlos Flesh da Independent Project Analysis por ter contribuído com o artigo sobre FEL. Também somos gratos ao consultor experiente Alberto Mutti, que ofereceu comentários pertinentes em relação a megaprojetos e projetos em regime de aliança. E, finalmente, os nossos agradecimentos especiais vão para Rosa, Sérgio, Marina e Camila pelo suporte e paciência na atualização, tradução e formatação do livro em português.

Paul Dinsmore e Luiz Rocha

Prefácio

Uma organização pode atingir a plena maturidade em sua capacidade de entregar consistentemente programas e projetos bem-sucedidos? Uma empresa pode alcançar a perfeição – ou quase isso – no planejamento e na gestão de todos os seus projetos? Estas não são questões teóricas. Qual CEO não quer maximizar os lucros (ou o sucesso da missão), enquanto reduz os riscos e mantém a aprovação e o apoio das principais partes interessadas, especialmente clientes, investidores e acionistas? Que alto dirigente não quer que seus programas e projetos sejam concluídos com êxito, antes do prazo previsto ou abaixo do orçamento, por gerentes de projeto experientes e capazes? Será possível que organizações orientadas a projetos atinjam quase a perfeição e uma verdadeira maturidade no seu gerenciamento? De jeito nenhum! Não sem uma governança eficaz.

Ao longo das duas últimas décadas, temos visto o campo de gerenciamento de projetos evoluir de um conjunto de aplicações e métodos para gerenciar grandes projetos individuais até se tornar uma ampla gama de conhecimentos, habilidades e tecnologias para o gerenciamento de múltiplos projetos, programas e portfólios de programas e projetos. Em seu clássico livro de 1999, "Winning in Business with Enterprise Project Management", Paul Dinsmore capturou uma significativa tendência global da década: a organização e o gerenciamento de vários projetos dentro de organizações com processos, sistemas e técnicas consistentes em toda a empresa, a fim de aumentar a eficiência e a rentabilidade.

O *Enterprise Project Management*[1] (ou EPM, como veio a ser conhecido) deu visibilidade ao conceito do escritório de gerenciamento de projetos (PMO), já mundialmente reconhecido como uma das melhores práticas para organizações orientadas a projeto. Em função disso, houve um foco crescente no investimento e no seu retorno voltado para educação, treinamento, qualificação, desenvolvimento de sistemas e melhorias de processos no gerenciamento de projetos profissional. Várias organizações falharam em suas tentativas de implantar PMOs de sucesso, mas muitas outras conseguiram, especialmente aquelas com forte apoio executivo e orientadas a clientes.

Durante a primeira década do século XXI, o papel e a importância de programas e projetos aumentaram dramaticamente em várias organizações, indústrias e economias. Isso levou primeiro à conscientização e depois à compreensão, por vezes dolorosa, de que o sucesso de vários programas e projetos pode ditar o sucesso ou o fracasso de toda uma organização. Ficou óbvia a necessidade de alinhar programas e projetos com as estratégias e missões organizacionais. A abordagem de gerenciamento de portfólio de projetos (*Project Portfolio Management* – PPM) nasceu e foi rapidamente adotada pela indústria e por serviços de gerenciamento de projetos e fornecedores de tecnologia. Nos últimos anos, o tema da maturidade organizacional em gerenciamento de projetos aumentou em visibilidade e importância, já que a eficiência e o desempenho de indústrias e organizações baseadas em projetos estavam claramente ligados à maturidade de pessoas e processos, tudo dentro do contexto dos padrões internacionais de gerenciamento de projetos e das melhores práticas.

Essas tendências, claro, vêm sendo refletidas e apoiadas por organizações profissionais de gerenciamento de projetos – AIPM[2] (Austrália), APM[3] (Reino Unido), IPMA[4] (europeu, agora global) e PMI[5] (com sede nos Estados Unidos, mas com 350.000 membros em todo o mundo) – com padrões, certificações, cursos, publicações e serviços. Ao mesmo tempo, também surgiu um mercado muito robusto para softwares, consultores e fornecedores de soluções de gerenciamento de projetos, programas e portfólio (GPPP). Na verdade, estamos vendo a própria área profissional do gerenciamento de projetos evoluir para abranger o gerenciamento de programas e portfólio e todas as questões e necessidades associadas a esses tópicos mais amplos.

---

[1] Gerenciamento de Projetos Corporativos.
[2] Australian Institute of Project Management.
[3] Association for Project Management.
[4] International Project Management Association.
[5] Project Management Institute.

Prefácio

Entretanto, possuir mais conhecimento, qualificações, processos, habilidades e experiência não é suficiente. Como ilustrado de forma dramática na época da bolha "pontocom" da década de 1990, e alguns anos depois, nos escândalos e nas falências de empresas como Enron e Société Générale, alguém deve estar atento às partes interessadas – os acionistas, investidores, empregados e o público geral. Como a governança corporativa foi examinada na América e na Europa por órgãos reguladores governamentais e da indústria, foi levantada a questão da governança de projetos e de organizações orientadas a projeto. Quem, em nome das partes interessadas, estava monitorando o comportamento ético, a competência gerencial e executiva, os riscos organizacionais, o *feedback* de clientes, a maturidade organizacional e outros fatores importantes que afetam o desempenho de projetos, programas e organizações?

Como apontado pelos autores no Capítulo 1, líderes profissionais no Reino Unido reconheceram desde cedo a necessidade de governança do gerenciamento do projeto, com vários guias importantes e vários livros publicados sobre o tema. Agora, com o "EPG (Enterprise Project Governance) – Governança Corporativa de Projetos", Paul Dinsmore e Luiz Rocha criaram uma abordagem para que mais organizações ao redor do mundo compreendam o tema e implantem processos e estruturas críticas de governança. Este é um desenvolvimento interessante. Supervisão independente e o uso de consultores em gerenciamento de projetos e programas têm sido meus assuntos favoritos, que venho abordando em vários artigos nos últimos anos, e, pessoalmente, sou a favor da governança de GPPP ligada à diretoria. Mas os autores pesquisaram exaustivamente o assunto e apresentaram uma ampla variedade de passos importantes e úteis que podem ser tomados para melhorar o desempenho empresarial.

O desempenho excepcional de um projeto é ótimo. Maturidade em gerenciamento de projetos é uma meta maravilhosa. A melhoria contínua é importante. Mas você também não gostaria de ter alguém para checar os fatos, olhando para as questões empresariais e identificando riscos organizacionais, problemas e oportunidades – especialmente em uma economia global?

David L. Pells, PMI Fellow
Hon. Fellow APM (Reino Unido), PMA (Índia), SOVNET (Rússia)
Diretor Editorial do *eJournal* "Project Management World Journal"

Sobre os Autores

Paul C. Dinsmore é Presidente do Conselho da empresa de consultoria e treinamento DinsmoreCompass e especialista em gerenciamento de projetos e mudança organizacional. Certificado PMP, foi homenageado com o prêmio *Distinguished Contributions*, bem como *Fellow* do PMI. Dinsmore regularmente presta consultoria e ministra palestras na América do Norte, América do Sul, Europa e África. Ele é autor e/ou editor de vários artigos e de vinte livros, incluindo o "AMA – Manual de Gerenciamento de Projetos", atualmente em sua segunda edição em português, também publicado pela Brasport. Paul C. Dinsmore reside no Rio de Janeiro.

Luiz Rocha possui mais de trinta anos de experiência em gerenciamento de projetos e consultoria de negócios. Trabalhou para a Andersen Consulting e para a Delloite nos Estados Unidos e na Europa, quando teve a oportunidade de gerenciar projetos multiculturais e geograficamente dispersos na América Latina, América do Norte e Europa. Foi também diretor de projetos na Dinsmore Associates. Atualmente é vice-presidente da IPMA Brasil e First Assessor para as certificações IPMA. Seu site é www.luizrocha.net. Luiz é formado em engenharia, com mestrado pela UFRJ, e possui as certificações PMP, IPMA-C e PRINCE2 Practitioner. É autor de dois livros, "Metamorfose Empresarial em Tempos de Oportunidades", lançado no Brasil, e "Mount Athos: a journey of self-discovery", publicado nos Estados Unidos.

Sobre a Tradutora

Marina dos Anjos Martins de Oliveira é Gerente de Produção Editorial da Brasport. Possui 15 anos de experiência no ramo, tendo trabalhado diretamente com mais de 180 autores e produzido mais de seiscentos livros de informática, tecnologia, negócios e gerenciamento de projetos.

Autora de três livros: "PC Fácil – sem stress e sem suporte técnico", "Office 2003 Standard" e "Orkut", todos publicados pela Brasport.

Graduada em Comunicação Social/Jornalismo pela Universidade Federal do Rio de Janeiro (UFRJ), possui especialização em Publishing Management – O Negócio do Livro pela Fundação Getúlio Vargas (FGV).

Apresentação

Este livro evoluiu como parte de um processo natural. Alguns de nossos trabalhos anteriores se destinavam a noções básicas de gerenciamento de projetos ("AMA – Manual de Gerenciamento de Projetos"[6]) e ao lado humano dos projetos ("Human Factors in Project Management"[7]). Uma visão mais ampla do mundo dos projetos foi apresentada no livro "Winning in Business with Enterprise Project Management"[8] e mais tarde foi complementada em "Creating the Project Office"[9] e "Right Projects Done Right"[10]. Através de nossas pesquisas e publicações, a transformação do gerenciamento de projetos com foco em um projeto único para uma visão organizacional em grande escala se tornou evidente na década de 1990, ficando cada vez maior no início do século XXI. Isso é o que nos levou a elaborar a visão de "Governança de Projetos Corporativos", que fornece uma abordagem para ligar todos os componentes relacionados a projetos dentro de uma organização.

---

[6] DINSMORE, Paul; CABANIS-BREWIN, Jeannette. **AMA:** Manual de Gerenciamento de Projetos. 2 ed. Rio de Janeiro: Brasport, 2014.

[7] DINSMORE, Paul. **Human Factors in Project Management.** Nova York: AMACOM, 1984.

[8] DINSMORE, Paul. **Transformando Estratégias Empresariais em Resultados através da Gerência por Projetos.** Rio de Janeiro: Qualitymark, 1999.

[9] ENGLUND, Graham; DINSMORE, Paul. **Creating the Project Office.** São Francisco: Jossey-Bass, 2003.

[10] DINSMORE, Paul; COOKE-DAVIES, Terry. **Right Projects Done Right:** From Business Strategy to Successful Project Implementation. São Francisco: Jossey-Bass, 2006.

A EPG é o resultado da evolução do gerenciamento de projetos. Pouco reconhecido décadas atrás, o gerenciamento de projetos se desenvolveu: de uma mera coleção de técnicas para controlar cronograma, custo e qualidade de projetos individuais, passou a abranger vários projetos, incluindo portfólios, programas, escritórios de projetos e questões de governança organizacional.

A EPG engloba uma visão aprofundada do panorama organizacional mais vasto do gerenciamento de projetos, que representa o amplo guarda-chuva sob o qual o resto dos componentes do projeto reside. Optamos por focar no ponto de vista da governança dos projetos pois denota uma fronteira organizacional que impulsiona benefícios nas organizações. Apesar das pesquisas feitas e da existência de publicações sobre tópicos relacionados, as organizações ainda têm dificuldade para encontrar formas eficazes de gerir a multiplicidade de projetos necessários para sobreviver e prosperar em tempos cada vez mais difíceis.

O livro tem como objetivo mostrar que as questões de governança afetam os componentes clássicos do gerenciamento de projetos, incluindo portfólios, partes interessadas, programas e estruturas de apoio. O escopo deste livro inclui todos os fatores relacionados a projetos em uma organização e mostra como uma estrutura de governança de cima para baixo é fundamental para garantir projetos benéficos e saudáveis.

Público-alvo

Este livro é indicado para o seguinte público:

- **Membros da diretoria.** Compreender a relação entre governança corporativa e Governança de Projetos é fundamental para membros da diretoria. Embora estes geralmente se concentrem em questões de auditoria, conformidade, risco, desempenho da alta gestão e assuntos internos, o conhecimento sobre EPG lançará nova luz sobre como a diretoria pode influenciar a implantação de projetos estratégicos.

- **CEOs.** *Chief Executive Officers*, presidentes e diretores executivos são responsáveis por fazer as coisas acontecerem nas organizações, o que inevitavelmente envolve transformações e mudança. A mudança benéfica ocorre quando um portfólio de projetos é gerenciado com alinhamento e comprometimento por toda a organização. A EPG oferece a estrutura para garantir que os benefícios do projeto sejam colhidos.

Apresentação

- **Outros altos executivos.** Em geral, todos os executivos da alta administração estão envolvidos, em grau maior ou menor, na implantação de projetos estratégicos. Cargos como diretor de projetos (*Chief Project Officer – CPO*), diretor de riscos (*Chief Risk Officer – CRO*), diretor de informação (*Chief Information Officer – CIO*), diretor de gestão do conhecimento (*Chief Knowledge Officer – CKO*), diretor financeiro (*Chief Financial Officer – CFO*) e diretor de operações (*Chief Operations Officer – COO*) são exemplos.

- **Gerentes de PMOs.** Sejam em escritórios de gerenciamento de projetos, portfólio ou programas, tais gerentes só têm a ganhar ao perceber o poder de instalar a EPG como suporte para apoiar os vários tipos de componentes que ajudam no gerenciamento bem-sucedido de um vasto portfólio de projetos.

- **Gerências de nível médio.** Para os gerentes e executivos que se encontram no meio do caminho entre as estratégias da empresa e a implantação de múltiplos projetos, os conceitos EPG ajudam a colocar em contexto a necessidade de políticas de governança relacionadas a projetos, ajudando assim os gerentes a lidar com o grande número de projetos que compõe o seu dia a dia.

- **Profissionais de projetos.** Gerentes e outros atores de projetos muitas vezes enfrentam o desafio de gerir projetos em uma organização que não está preparada para fornecer o suporte adequado. Este livro pode ser usado como guia para esses profissionais e para a gerência de nível médio, e os conceitos do livro podem ser canalizados até à alta gerência.

- **Acadêmicos e consultores.** Acadêmicos podem usar o livro tanto para fonte de pesquisa quanto para leitura recomendada em cursos de administração e negócios, com base em princípios sólidos. Consultores que estão tentando convencer os clientes a adotar uma perspectiva de organizações mais orientada a projetos podem extrair das fontes aqui documentadas o suporte para propostas e recomendações.

Como ler este livro

O livro pode ser usado como uma abordagem de mudança nas empresas que estão se movendo em direção a uma organização mais baseada em projetos. Para além da abordagem convencional de leitura do início ao fim, que segue uma lógica "da-teoria-à-prática", outras maneiras de ler este livro estão disponíveis para alguém que esteja à procura de assuntos específicos. Isso significa usar o sumário para focar em determinados assuntos de interesse. Além disso, aqui estão as áreas de interesse comum e os capítulos relacionados:

- Para executivos interessados em questões de governança e como integrar a EPG em políticas de governança corporativa, consultar os capítulos 1, 2, 3, 6, 9 e 13.

- Para profissionais que enfrentam o gerenciamento de múltiplos projetos de forma eficaz, ver capítulos 1, 2, 4, 5, 8, 9 e 12.

- Para aqueles que procuram o básico de gerenciamento de projetos, a sequência recomendada é ler os capítulos 1, 2, 5 e 9.

- Para aqueles que já são iniciados em gerenciamento de projetos, mas não estão familiarizados com os princípios da EPG, o caminho é seguir pelos capítulos 1, 2, 4, 5, 8 e 9.

Entender o escopo completo da EPG é essencial para quem lida com projetos – esteja na sala da diretoria, na suíte dos executivos, no escritório de gerenciamento de projetos, na sala de monitoração do projeto, ou nas "trincheiras" propriamente ditas. Todas as peças do mundo dos projetos estão interligadas. Assim, uma visão holística ajuda todas as partes da empresa a trabalhar para a conclusão sistemática de projetos de qualidade no prazo, dentro do orçamento e com a satisfação de clientes e usuários. Essa sinergia geral sob a bandeira da EPG contribui enormemente para ir além dos objetivos da empresa.

Paul C. Dinsmore e Luiz Rocha

Sumário

1. Introdução à EPG **1**

EPG e governança corporativa 5

Da governança corporativa à Governança de Projetos........................ 8

Conclusões 13

2. A Essência da EPG **14**

APM (*Association for Project Management*)........................... 15

PMI (*Project Management Institute*) 17

Cabinet Office 17

ISO (*International Organization for Standardization*) 18

Duas escolas de Governança de Projetos 19

Navegação aérea e EPG 19

Princípios da Governança de Projetos 21

Principais componentes da Governança de Projetos...................... 24

Alinhamento estratégico.. 25

Gerenciamento de riscos 26

Gerenciamento de portfólio 26

Organização 26

Gerenciamento das partes interessadas........................... 27

Avaliação de desempenho...................................... 27

Transformação estratégica 27
O caso Metronet 29
Conclusões 30

3. Conectando Estratégias e Portfólio 31

Dois mundos, objetivos compartilhados................................. 31
Projetos na Unilever... 32
O renascimento da Apple... 38
Lições aprendidas com a Apple e a Nokia 42
Mapas estratégicos e a JetBlue.. 43
Colhendo benefícios através de projetos................................ 47
O Método do Marco Lógico (MML).. 49
Alinhamento estratégico através de um PMO corporativo 52
Conclusões 53

4. Gerenciamento de Riscos: Lidando com Incertezas 54

Do espaço sideral para o fundo do mar 56
O desenvolvimento do gerenciamento de riscos.................... 58
Gerenciamento de riscos na BHP Billiton........................... 61
O espectro da maturidade 62
O espectro da maturidade em gerenciamento de riscos........ 64
ISO 31000 e ERM.. 65
ERM e EPG.. 68
Conclusões 68

5. Gerenciamento de Portfólio: a Combinação Certa de Projetos Certos 69

Duas visões: alinhamento da estratégia *versus* execução 69
Por que gerenciar portfólios? 72
Gerenciamento de portfólio: dois grandes componentes 72
Os projetos certos: avaliando e priorizando oportunidades........... 73
Abordagem da matriz ponderada simplificada.................. 75
Processo analítico hierárquico (*Analytic Hierarchy Process* – AHP).. 77
Projetos feitos do jeito certo 78
Gerenciamento de portfólio – um processo iterativo............. 79
Alinhando projetos uns com os outros 81
Alinhando o portfólio aos recursos disponíveis 81
Monitorando o desempenho do portfólio.......................... 82
Software para gerenciar portfólios 85
Conclusões 86

Sumário

6. Transformando Estratégias em Realidade 87

Quatro visões sobre fazer acontecer 89
Movendo-se pelos quadrantes 90
Os desafios da indústria farmacêutica 92
Como transformar estratégias em realidade 94
    Mantendo o portfólio balanceado 95
    Alinhando projetos relacionados: gerenciamento de programas..... 96
    Mantendo projetos individuais em curso: fases e portões 96
    Fazendo projetos da maneira certa: metodologias, melhores práticas e padrões.. 99
    O gerenciamento de projetos visto pelas associações profissionais 102
Uma estratégia de implementação na prática... 105
Construindo pontes.. 106
Conclusões 108

7. Organizando-se para a EPG 109

Três cenários 111
    Primeiro cenário 112
    Segundo cenário 113
    Terceiro cenário 115
Comunicação e construção de compromisso para implantação da EPG 120
Uma grande empresa multinacional... 122
Conclusões 124

8. Gerenciamento das Partes Interessadas e o Papel do Patrocinador.. 125

Os interesses presentes 126
Poder, política e influência.. 127
    EPG e poder 127
    EPG e política 128
    EPG e influência 129
    Quando o mundo quase acabou.. 130
    Por onde começo a desenvolver meu poder pessoal? 131
    Gerenciamento estruturado das partes interessadas...................... 132
Walmart, batalhando pelos corações e mentes das partes interessadas 132
    Afinal, quem são as partes interessadas?...................................... 135
    Como o modelo das partes interessadas se aplica à Governança de Projetos? 136
    Quais são as etapas do gerenciamento das partes interessadas?.... 137

Influenciar as partes interessadas não é uma tarefa fácil................ 139
Promovendo o gerenciamento de projetos entre as partes
interessadas da empresa 140
Patrocinadores: principais partes interessadas da EPG 141
O caso de negócios do início ao fim.. 142
O patrocinador como padrinho do gerente de projetos.................. 142
O patrocinador como supervisor do projeto 143
Conclusões 144

9. Desempenho em EPG: Além do Tempo, do Custo e da Qualidade 145

A rede de pizzarias 146
Medindo o desempenho da EPG... 146
O significado do sucesso 148
O desempenho da EPG aos olhos do observador 157
Os Jogos Olímpicos.. 159
Lições do Golfo Pérsico 159
Gerenciamento do desempenho e conclusão.................................... 161
Conclusões 163

10. EPG em Megaprojetos, *Joint Ventures* e Alianças 164

Colocando megaprojetos em perspectiva... 165
A saga dos aceleradores de partículas 167
Superconducting Super Collider... 167
CERN 169
Como o dia e a noite 171
O Acelerador de Partículas Internacional 172
Alianças em projetos... 175
Desenvolvimento da aliança 177
Compartilhamento de riscos *versus* transferência de riscos 178
Estrutura de compensação 178
Cultura e comunicação 179
Governança... 179
Water Corporation 179
Do campo de batalha para a sala da diretoria: a 'sala de guerra' do
megaprojeto.. 181
Centro de produção e integração 183
Da sala de guerra para a gestão de operações e crises 185
Conclusões 186

Sumário

11. EPG para Diferentes Tipos de Projetos 187

Tecnologia da informação 187
    Banco Superville S.A. 190
    Water Corporation 191
Governança de projetos de pesquisa e desenvolvimento 191
    Eficiência *versus* criatividade na 3M 193
    Governança de esforços colaborativos em P&D: FP7 194
Mudança organizacional 194
    Abordagens especiais para gerenciar mudanças 197
Gerenciando a mudança 200
    Mudança na Samsung para competir em uma nova ordem mundial 202
Conclusões 204

12. O Plano de EPG: um Roteiro para Transformação e Sucesso 205

O programa *Fish & Wildlife Compensation* 205
    Estratégia 206
    Risco 206
    Portfólio 207
    Organização 207
    Partes interessadas 209
    Desempenho 210
    Transformação 210
O Plano de Governança de Projetos 210
    Contexto e cultura 210
    Direção 212
    Alinhamento da estratégia 212
    Gerenciamento de riscos 213
    Gerenciamento de portfólio 213
    Estrutura, papéis e responsabilidades 214
    Gerenciamento das partes interessadas 216
    Avaliação do desempenho 216
    Transformação 216
    Informação 217
Ericsson: um caso de evolução da EPG 218
Aprimorando a capacidade de governança de TI no estado de Nova
    York 219
Conclusões 222

XXIII

13. Desafios e Obstáculos 223

O fator "por quê" 223
Envolvimento e motivação... 225
Organização e pessoas 226
Para superar os obstáculos, esqueça os fatos! 227
Evitando desafios e obstáculos 227
Contornando desafios e obstáculos.. 227
Desafios e obstáculos na implementação de componentes da EPG...... 228
Desafios na implementação do gerenciamento de portfólio 228
Gerenciamento de programas 229
Suporte para o gerenciamento de projetos.............................. 230
Gerenciando projetos 232
Conclusões 235

Apêndice. Projetos e a Lei Sarbanes-Oxley 237

Glossário 241

Abreviações e Acrônimos 247

Índice Remissivo... 249

1

Introdução à EPG

Evolução afeta tudo – inclusive projetos e como estes são gerenciados. Projetos existem desde o início da humanidade. Quéops do Egito, Leonardo da Vinci e John F. Kennedy são alguns dos ícones que iniciaram ou influenciaram a evolução de projetos e seu gerenciamento. Desde a forma mais simples de executar um único projeto, como a construção de um abrigo contra tempestades, até iniciativas múltiplas e complexas em ambientes de constante mudança, tais como a exploração espacial de alta tecnologia, o gerenciamento de projetos se ampliou até um estado de complexidade organizacional que requer um conjunto sólido de políticas, estruturas, diretrizes e procedimentos. E tal complexidade é necessária se os gerentes de projeto pretenderem executar o número crescente de projetos que concorrem para alcançar seus objetivos desejados com pleno sucesso.

O gerenciamento de projetos surgiu da lógica intuitiva de arquitetos da antiguidade e foi progredindo através de estágios sucessivos de desenvolvimento, englobando os seguintes fatores:

1. Projetos isolados

2. Metodologias

3. Software

4. Múltiplos projetos

5. Programas

6. Portfólios de programas e projetos

7. Escritório de gerenciamento de projetos

8. Questões de governança

Assim, a área de gerenciamento de projetos apresenta um escopo cada vez mais amplo – desde abordagens *ad hoc* para um projeto único até uma visão complexa e abrangente de portfólios, programas e projetos. Essa evolução atinge o ponto máximo na EPG, o "guarda-chuva" de políticas e critérios que abrangem regras para os vários componentes que constituem o mundo dos projetos.

Na vida real, os cenários de governança em gerenciamento de projetos variam desde "informal" até a supervisão formalizada do PMO corporativo. Em organizações, um projeto pode ser tratado das seguintes maneiras:

1. **Informal (o que será, será).** Projetos são realizados de acordo com a necessidade, usando abordagens intuitivas ou metodologias que variam de um projeto para outro. Ninguém sabe quantos projetos estão em andamento na empresa ou o *status* de todos os projetos.

2. **Departamental (territorial).** Cada departamento ou área desenvolve uma metodologia e prática apropriada para si. Não há fusão de ideias e informações entre departamentos.

3. **Escritórios de gerenciamento de projetos (PMOs) (um ou vários).** Algumas empresas possuem vários PMOs, seja em diferentes níveis ou regiões. Por vezes são conectados, mas frequentemente funcionam de forma independente.

4. **PMO corporativo (supervisão de cima para baixo).** Aqui, um diretor de projetos, um PMO corporativo ou um PMO estratégico cuida da implantação de projetos estratégicos e da prática global de gerenciamento de projetos da empresa, incluindo o gerenciamento de portfólio de projetos.

A EPG vai um passo além, propondo uma abordagem abrangente para o gerenciamento de projetos em toda a empresa, envolvendo a todos, incluindo membros da diretoria, CEO, alta administração, gerentes de portfólio, gerentes de PMO e gerentes de projetos. Este livro centra-se sobre a questão primordial da Governança de Projetos e mostra como os componentes de projetos se encaixam sob o seu guarda-chuva protetor. A essência da EPG é explicada nas respostas às perguntas que seguem.

- **O que é a EPG, afinal?** A EPG é uma abordagem que se subordina à alta administração e à governança corporativa. Destina-se a assegurar o alinhamento do portfólio da empresa e de seus programas e projetos com a estratégia global, além de garantir que ações sejam tomadas de forma proativa para que tudo siga na trajetória esperada, criando valor para a organização.

- **Por que implantar EPG?** A Governança de Projetos atende a uma necessidade urgente: encontrar uma forma inteligente e eficiente de lidar com os numerosos projetos e programas exigidos pelo mercado, pela tecnologia em evolução, pelas partes interessadas da empresa, pelas agências reguladoras e pela busca por inovação. Tudo isso deve ser feito com recursos limitados e rapidamente. A EPG apresenta uma abordagem organizacional ordenada e eficaz para lidar com essas questões críticas.

- **Quem são as partes interessadas da EPG?** As partes interessadas da Governança de Projetos incluem patrocinadores, agentes de mudança e partes afetadas. Um formulador pode ser um membro da diretoria, o CEO, o CIO, outro diretor ou um gerente de nível tático influente. Uma vez que a semente foi plantada, é necessária a participação ativa dos agentes de mudança, como participantes do PMO corporativo, membros do PMO, equipe de TI (tecnologia da informação) e agentes de RH. Os beneficiados incluem as partes interessadas da organização que precisam de projetos realizados de forma eficaz, e os profissionais que lidam direta ou indiretamente com projetos.

- **Quando implantar a EPG?** O método convencional de decidir o momento certo é fazer uma análise situacional utilizando recursos internos ou externos. Uma rápida avaliação da maturidade em gerenciamento de projetos é útil para entender a profundidade do conhecimento e das competências disponíveis na organização. As respostas a essas perguntas também ajudam a avaliar o período de tempo correto: quais são os benefícios a curto, médio e longo prazos? A cultura da organização está pronta para isso, ou primeiro é preciso trabalhar mais a gestão de mudanças? A liderança adequada está preparada para assumir essa tarefa?

- **Onde a EPG deve ser implantada?** A implantação da Governança de Projetos é favorecida em um ambiente fértil e rodeado de partes interessadas influentes. Digamos que certa unidade de negócios passe por grandes desafios na implantação de seus projetos e seus executivos estejam bem conscientes disso. Esse é um bom lugar para implantar a EPG. Outro local propício para iniciar a EPG é onde se encontra um defensor de alto nível e quando existe uma sólida necessidade de projetos estruturantes.

- **Como implantar a EPG?** A Governança de Projetos pode ser implantada de diversas formas. A forma de condução depende de fatores como a real necessidade, a cultura existente, a presença de um patrocinador e um plano viável para a implantação. A iniciativa de promover o conceito EPG pode começar em diferentes níveis, tais como a diretoria, o CEO e a equipe executiva, ou a gerência tática, ou no nível profissional, em uma abordagem de baixo para cima. Este livro visa fornecer exemplos e casos do que funciona e do que não funciona no gerenciamento de múltiplos projetos e de grandes projetos estratégicos em uma empresa.

- É necessária uma abordagem abrangente da EPG **para alcançar um gerenciamento de projetos eficaz em toda a empresa?** Apesar de um programa orquestrado sob o rótulo EPG ter mais chances de gerar resultados efetivos em tempo hábil, a EPG formal é, na realidade, uma abordagem evolutiva de diferentes iniciativas que dependem do cenário organizacional de cada empresa.

Várias razões justificam o uso de abordagens incrementais para aprimorar a eficácia geral do gerenciamento de projetos por toda a empresa. Algumas delas são:

- Conscientização mínima na organização sobre o impacto que todos os níveis do gerenciamento de projetos têm sobre os resultados gerais.

- Ausência de uma cultura de gerenciamento de projetos, incluindo profissionais e gerentes capacitados.

- Patrocínio insuficiente para defender a causa.

- Ausência de experiência em técnicas de gestão de mudanças.

Quando o cenário ainda não está favorável para um programa formal, iniciativas parciais são apropriadas, tais como:

Introdução à EPG

1. Intensificar programas de treinamento nos princípios básicos do gerenciamento de projetos.

2. Estimular a utilização de técnicas de gerenciamento de projetos na empresa em todas as áreas, incluindo engenharia, TI, P&D, desenvolvimento de novos produtos, marketing e RH.

3. Criar conscientização entre os executivos através de literatura, *benchmarking* e conferências.

4. Identificar potenciais patrocinadores para um programa mais amplo.

5. Estimular a implantação e o desenvolvimento de PMOs.

Com essas medidas em vigor, uma organização estará a caminho de produzir, por toda a empresa, projetos de todos os tipos altamente bem-sucedidos. Quando os cenários são favoráveis, no entanto, um programa EPG abrangente oferece uma maneira acelerada, holística e integrada de garantir o desempenho ideal do projeto e de impulsionar os resultados gerais da organização.

EPG e governança corporativa

A EPG evoluiu em parte devido às mudanças que afetaram a governança corporativa global no início dos anos 1990. Pressões do mercado, de governos e de agências reguladoras colocaram um holofote nas diretorias de empresas, para assegurar que decisões e suas ações correspondentes fossem totalmente rastreáveis. Como grande parte da sobrevivência organizacional depende de novos projetos, a EPG acrescenta um elemento adicional de rastreabilidade e prestação de contas aos princípios da governança corporativa.

O crescente foco em governança corporativa pode ser atribuído ao colapso do mercado de ações no final da década de 1980, que precipitou numerosos fracassos empresariais até o início da década de 1990. O conceito começou a se tornar mais visível em 1999, quando a Organização para Cooperação e Desenvolvimento Econômico (OCDE) divulgou os Princípios de Governança Corporativa[11]. Desde então, mais

---

[11] OECD Principles of Corporate Governance. Ed. rev. Paris: OECD, 2004. Disponível em: <http://www.oecd.org/corporate/ca/corporategovernanceprinciples/31557724.pdf>. Acesso em: 23 de março de 2014.

de 35 códigos ou declarações de princípios sobre governança corporativa foram emitidos em países membros da OCDE.

Em 2001 e 2002, escândalos empresariais assolaram instituições importantes. Nos Estados Unidos, as empresas Enron, WorldCom, Xerox, AOL Time Warner, Tyco e Arthur Andersen estavam em grandes apuros. Na Europa, o mesmo aconteceu com Ahold, Bertelsmann, Vivendi, SK Corporation, Elf-Aquitaine, Londis e Parmalat. Os escândalos nos Estados Unidos levaram ao aperfeiçoamento da governança corporativa existente que protegia os investidores, ao aprimorar a precisão e a confiabilidade dos informes corporativos. A Lei Sarbanes-Oxley de 2002[12] (SOX) foi promulgada para proteger os acionistas e o público em geral de erros de contabilidade e práticas fraudulentas. No Reino Unido, em 2003, o Relatório Higgs[13] focalizou os mesmos problemas críticos.

A governança corporativa emergiu das sombras das salas dos conselhos e agora é de uso comum, não apenas em empresas privadas, mas também no setor público, em instituições de caridade e em universidades. A expressão se tornou um atalho para a forma como uma organização é dirigida e é classicamente composta de comitês responsáveis por conformidades normativas, auditorias, riscos do negócio, contratação e demissão do CEO, e a administração de atividades da diretoria. A forte demanda por boa governança, vinda de acionistas e outras partes interessadas, é contínua. A evolução da governança corporativa foi motivada por ciclos de escândalos, seguidos de reformas corporativas reativas e regulamentações governamentais destinadas a melhorar a prática. Investidores, sindicatos, governo e grupos de pressão variados estão cada vez mais propensos a condenar empresas que não seguem as regras da boa prática.

A governança corporativa também serve para melhorar o desempenho organizacional através da criação e manutenção de uma cultura que motive diretores, gerentes e empresários a maximizar a eficiência operacional e baseada em projetos, garantindo assim retorno sobre o investimento e crescimento da produtividade em longo prazo. Para esse fim, diretorias também podem incluir comitês adicionais para temas como pesquisa, ética e portfólios. Outros temas de elevada prioridade, tais como projetos estratégicos, eventos especiais e programas, podem ser incluídos

---

[12] BUMILLER, Elisabeth. "Bush Signs Bill Aimed at Fraud in Corporations". New York Times, 31 de julho de 2002. Disponível em: <http://query.nytimes.com/gst/fullpage.html?res=-9C01E0D91E38F932A05754C0A9649C8B63>. Acesso em: 23 de março de 2014.

[13] HIGGS, Derek. Review of the Role and Effectiveness of Non-Executive Directors. Department for Business, Enterprise and Regulatory Reform, 20 de janeiro de 2003. Disponível em: <http://www.berr.gov.uk/files/file23012.pdf>. Acesso em: 23 de março de 2014.

em comitês da diretoria, mas estes geralmente são delegados à organização, sob a orientação do CEO.

Atualmente, não existe um conjunto universal de princípios de governança corporativa aplicável a todos os países e suas organizações. No entanto, as diretrizes de governança corporativa produzidas pela OCDE incentivam a aplicação da boa governança corporativa como pré-condição para empréstimos internacionais a governos (para o setor financeiro e outras reformas estruturais), bem como para investimentos de capital e empréstimos bancários a grandes empresas. Embora a pressão esteja atualmente sobre as empresas com ações listadas na bolsa de valores para que tornem transparentes os seus princípios de governança corporativa, esse requisito provavelmente deverá ser estendido não só a todas as empresas de capital aberto, mas também a outras organizações, de propriedade privada e pública.

Embora haja necessidade de aumentar a supervisão de estruturas de governança, esta não é uma tarefa fácil. Como mencionado por James Wolfensohn[14], ex-presidente do Banco Mundial:

> Uma série de falhas de grande visibilidade em 2001-2002 conduziu a um foco renovado sobre a governança corporativa, trazendo o tema para um público maior (...) os princípios básicos são os mesmos em todos os lugares: equidade, transparência, prestação de contas e responsabilidade. Esses são padrões mínimos que fornecem legitimidade para a corporação, reduzem a vulnerabilidade a crises financeiras e ampliam e aprofundam o acesso ao capital. No entanto, a aplicação dessas normas em uma ampla variedade de sistemas jurídicos, econômicos e sociais não é fácil. A capacidade é muitas vezes fraca, prevalecem interesses escusos e os incentivos são incertos.

Normas e regulamentos sobre governança corporativa têm mudado continuamente ao longo dos últimos trinta anos. A cada novo escândalo corporativo ou crise financeira um passo é dado para sua melhoria, com base nas questões emergentes. Apesar de todas as ações tomadas, ainda há muito a ser feito. Em junho de 2012, por exemplo, o banco multinacional britânico *Barclays* foi multado em 450 milhões de dólares por órgãos reguladores norte-americanos e britânicos no que é o maior escândalo bancário da história por seu papel na tentativa de fraudar a LIBOR (*London Interbank Offered Rate*). Em julho de 2012, a gigante farmacêutica GSK fez um acordo de três bilhões de dólares com o Departamento de Justiça dos EUA, o maior acordo do ramo na história americana. A Grécia está passando por

---

[14] Durante dez anos como presidente do Banco Mundial, James D. Wolfensohn implantou uma série de reformas significativas que o auxiliaram no cumprimento da sua missão, inovando em várias áreas importantes, incluindo corrupção, alívio da dívida, deficiência e meio ambiente. http://www.worldbank.org/wolfensohn.

uma profunda, profunda crise nos últimos cinco anos, devido a uma completa falta de governança em suas instituições.

A alta visibilidade dada à governança corporativa, provocada por escândalos no início do século XXI, chamou atenção para a falta de políticas de governança em disciplinas mais específicas. No início da década de 1990, executivos de tecnologia da informação perceberam a necessidade de colocar ordem no então caótico setor. Vários programas e padrões foram desenvolvidos, de modo que a governança de TI tornou-se um dos pilares sólidos da profissão (detalhes sobre governança de TI são dados no Capítulo 11). Após a virada do século, uma necessidade semelhante tornou-se evidente no florescente campo do gerenciamento de projetos. A evolução aconteceu do gerenciamento de projetos individuais até múltiplos projetos e então para o desenvolvimento de PMOs. Para reunir tudo isso sob a mesma gestão, a Governança de Projetos entra em cena.

Da governança corporativa à Governança de Projetos

A Governança de Projetos ajuda a preencher os espaços vazios deixados em políticas de governança corporativa relativas a portfólios, programas e projetos, principalmente no que diz respeito à transparência, prestação de contas e responsabilidade. Uma EPG eficaz garante que iniciativas e esforços empresariais estejam devidamente definidos em relação a políticas e prestações de contas.

Mais importante ainda, a EPG é uma evolução natural em organizações que trabalham com incontáveis demandas por novos projetos a serem concluídos dentro de prazos apertados, a um custo menor e com menos recursos. De fato, tensões vindas de uma governança corporativa deficiente levaram empresas a introduzir políticas EPG, mas na verdade a necessidade de uma Governança de Projetos vai ficando evidente conforme as organizações se tornam mais projetizadas, com mais e mais projetos clamando por atenção. A demanda para empreender, gerenciar e completar vários projetos cria uma necessidade de proporcionar maior governança e estrutura. Enquanto a governança corporativa também inclui preocupações contínuas da organização com suas atividades e questões operacionais do dia a dia, a EPG se concentra em fatores novos e em mudança – portanto, nas partes projetizadas das organizações.

Este livro fornece definições e percepções acerca da essência, das variações e da miríade de sutilezas da EPG. Seguem pequenos resumos de cada capítulo:

- **Capítulo 2 – A Essência da EPG.** A necessidade de integração dos projetos com o ambiente de negócios levou a APM (*Association for Project*

Introdução à EPG

Management), no Reino Unido, a destacar a necessidade de melhorar a governança de projetos. Esse conceito evoluiu para uma visão mais ampla que envolve portfólios e programas e que é chamado em inglês de *Enterprise Project Governance* (EPG). É uma abordagem ampliada da governança corporativa, com um conjunto de princípios e componentes-chave: alinhamento estratégico, gerenciamento de risco, gerenciamento de portfólio, organização, gerenciamento das partes interessadas, avaliação de desempenho e transformação dos negócios.

- **Capítulo 3 – Conectando Estratégias e Portfólio.** Mundos relacionados, porém únicos, mantêm em equilíbrio a essência do sucesso de uma organização. O primeiro mundo é habitado por estrategistas de negócios cuja vocação é criar uma visão de futuro e desenvolver estratégias de negócios de sucesso. O segundo mundo é dominado por gerentes de projeto obcecados por resultados. Cada um olha o mundo através de lentes diferentes. Como existem lacunas entre as responsabilidades e as mentalidades dos atores-chave, ruídos são comuns na comunicação. Uma estratégia eficaz é concebida para permear e orientar as atividades diárias. Portanto, um grande alinhamento é necessário, visando lidar com a área difusa situada entre o planejamento estratégico e a implantação do projeto, onde papéis e responsabilidades podem não estar claros e comunicações e relações podem estar igualmente difusas.

- **Capítulo 4 – Gerenciamento de Riscos: Lidando com Incertezas.** Usando a definição da norma ISO 31000 de que o risco é "o efeito da incerteza nos objetivos", torna-se possível relacionar riscos a diferentes níveis de objetivos: estratégico, tático e operacional. Os resultados de um gerenciamento de riscos bem-sucedido incluem a conformidade com as exigências de governança aplicáveis, a garantia para as partes interessadas em matéria de gerenciamento de riscos e uma tomada de decisão aprimorada. Relatórios externos podem ser produzidos em resposta a requisitos obrigatórios, como a Sarbanes-Oxley, ou para fornecer uma garantia externa de que os riscos têm sido adequadamente gerenciados, melhorando a eficiência das operações, a efetividade das táticas mediante a articulação de um portfólio de programas e projetos, e a eficácia da estratégia da organização.

- **Capítulo 5 – Gerenciamento de Portfólio: a Combinação Certa de Projetos Certos.** Organizações modernas são organismos vivos, dinâmicos e turbulentos que pedem novas maneiras de trazer ordem às demandas impostas pelos tempos confusos em que vivemos. Projetos organizados e gerenciados sob um portfólio com prioridades e critérios definidos representam uma solução para esse desafio. Embora as organizações ainda possuam muitas atividades operacionais a serem gerenciadas, o futuro das empresas depende do teor e do gerenciamento bem-sucedido do seu portfólio de projetos. Novos projetos são a chave para se manter na dianteira e garantir o crescimento e a prosperidade de uma organização. É por isso que o gerenciamento de portfólio de projetos é um componente essencial da Governança de Projetos.

- **Capítulo 6 – Transformando Estratégias em Realidade.** Com o portfólio alinhado às estratégias da empresa, o foco volta-se para projetos que transformam estratégias em resultados desejados. Isso significa que cada projeto deve cumprir suas metas e que o portfólio de projetos é equilibrado e implantado na ordem e sequência corretas. Aqui, o gerenciamento de projetos básico entra em jogo, a fim de garantir que os projetos estejam produzindo os benefícios previstos e que as relações entre os projetos continuem a ser complementares. É preciso atenção ao equilíbrio global do portfólio de projetos, para assegurar que as estratégias de fato se tornem realidade.

- **Capítulo 7 – Organizando-se para a EPG.** A interface entre os estrategistas de negócios (alta gerência e planejadores de negócios) e os executores (gerentes de programas e projetos) requer organização e estrutura, a fim de colocar em prática as políticas de governança de projetos e resolver os desafios de gerenciar um grande número de projetos que competem por recursos escassos dentro da empresa. Três grupos de partes interessadas influenciam a forma como a EPG é estruturada e se manifesta nas organizações. Um comitê da diretoria pode estabelecer políticas EPG genéricas como diretrizes para a organização. Ou pode preferir simplesmente cumprir os regulamentos corporativos e deixar a essência da EPG para o nível executivo sob o CEO. Nesse cenário, o CEO pode optar por delegar a responsabilidade aos executivos em unidades específicas do negócio ou a chefes dos principais departamentos.

- **Capítulo 8 – Gerenciamento das Partes Interessadas e o Papel do Patrocinador.** O gerenciamento das partes interessadas é altamente relevante para a EPG ao lidar com questões como poder, política e influência. Interesses especiais, agendas ocultas e conflitos interpessoais também entram em jogo no gerenciamento das partes interessadas, de modo que se torna relevante uma abordagem estruturada para lidar com essas questões comportamentais. O patrocinador fornece uma conexão entre

Introdução à EPG

a organização formal e os projetos destinados a executar as estratégias da empresa. Esse papel crucial normalmente é assumido por executivos sêniores porque tais gerentes certamente têm credibilidade para interagir de forma eficaz com outros executivos acerca do impacto de projetos que competem entre si por recursos.

- **Capítulo 9 – Desempenho em EPG: Além do Tempo, do Custo e da Qualidade.** Bilhões de dólares são perdidos anualmente quando projetos não conseguem entregar o que é esperado ou quando são abortados devido à elaboração deficiente de estratégias ou a mudanças inesperadas na economia. Esses desperdícios incluem o tempo e o esforço gastos para elaborar o produto do projeto, bem como o custo da oportunidade perdida. Apesar dos recursos limitados, as empresas continuam a expandir o número de projetos. Conforme os projetos vão ficando mais complexos, as empresas precisam lidar com objetivos conflitantes e menor tempo de ciclo de entrega. Nesse ambiente, executar projetos com sucesso é um requisito fundamental para o negócio. Evitar as armadilhas discutidas neste capítulo ajudará as empresas a navegar pelos desafios e a melhor posicionar seus projetos para o sucesso.

- **Capítulo 10 – EPG em Megaprojetos, *Joint Ventures* e Alianças.** Em comparação com o passado, os projetos do século XXI são maiores, mais complexos e mais ambíguos, e exigem um foco maior na integração para lidar com o crescente número de interfaces. Além de grande flexibilidade e tenacidade face às incertezas e dificuldades, são necessárias habilidades para gerenciar as interfaces e interdependências. Diferentes abordagens para a Governança de Projetos são aplicáveis a diferentes tipos de projetos e estágios no ciclo de vida do projeto. Isso é particularmente verdadeiro para megaprojetos e consórcios. Políticas de governança específicas são necessárias para cada projeto, já que múltiplos parceiros estão envolvidos. Uma maneira de lidar com esses projetos é o regime em aliança, uma forma de contratação colaborativa com base em conceitos de cooperação, transparência e confiança mútua entre o proprietário e as partes contratantes, com o compartilhamento de ônus e bônus.

- **Capítulo 11 – EPG para Diferentes Tipos de Projetos.** Certas indústrias possuem peculiaridades e requerem abordagens especiais de governança. Exemplos são apresentados para a tecnologia da informação (TI), para pesquisa e desenvolvimento (P&D) e para programas de mudança organizacional. A governança em projetos de TI entrou em foco no início da década de 1990, quando se percebeu a necessidade de alinhar esses pro-

EPG

jetos com o direcionamento da empresa. Após falhas iniciais, importantes avanços foram feitos na organização e na governança de projetos de TI. Os projetos de P&D possuem pontos em comum com os de TI. O produto final para ambos raramente é perfeitamente claro, e o caminho para se chegar a um resultado final invariavelmente contém muitas mudanças. Os esforços de P&D variam desde a melhoria de processos, o desenvolvimento de novos produtos até grandes inovações. Esses projetos são um desafio porque, por definição, os pesquisadores não sabem de antemão exatamente como conseguir os resultados desejados. Programas de mudança organizacional enfrentam o cenário político e as questões comportamentais, bem como os desafios para a liderança que daí resultam. Habilidades de gerenciamento de projetos são essenciais, porém estas devem ser unidas à experiência empresarial e ao patrocínio com clareza de papéis e responsabilidades.

- **Capítulo 12 – O Plano de EPG: Um Roteiro para Transformação e Sucesso.** Um plano de EPG traça uma jornada entre um ponto de partida, com portões de decisão ao longo do caminho, para um destino – uma visão de sucesso no futuro, onde se espera uma transformação. O plano descreve as etapas para a implantação de uma governança de portfólios, programas e projetos com direcionamento, controle, garantia e suporte feitos por profissionais nos níveis estratégicos, táticos e operacionais da organização. As entregas resultantes desse plano se tornam um guia para a consolidação de políticas, padrões e lições aprendidas resultantes das iniciativas que envolvem a abordagem EPG. No capítulo são apresentados três casos adequados para a aplicação em uma série de companhias e organizações, e que podem ser utilizados como base para novos planos de EPG.

- **Capítulo 13 – Desafios e Obstáculos.** Os desafios a serem superados incluem clareza no propósito, a motivação para a mudança e como organizar e preparar as pessoas. Para contornar obstáculos, mostrar os fatos não é suficiente, pois a mudança organizacional é fortemente afetada por fatores como tradição, opiniões e política. Formas de prevenir potenciais desafios envolvem análise situacional e o planejamento e implantação de um programa de mudanças adequado. Os componentes individuais da EPG, como gerenciamento de portfólio de projetos, gerenciamento de programas, PMOs e gerenciamento de projetos individuais, muitas vezes são implantados independentemente da EPG, e eles também apresentam desafios e obstáculos que acabam tendo impacto sobre o esforço de instituir sem problemas o gerenciamento de projetos pela empresa.

Conclusões

O gerenciamento de projetos começou com a lógica intuitiva de arquitetos da antiguidade e evoluiu através de estágios sucessivos: projetos individuais, metodologias, softwares, múltiplos projetos, programas, portfólios de projetos, escritórios de gerenciamento de projetos e questões de governança. Assim, a visão do gerenciamento de projetos se ampliou ao longo dos anos. Essa visão evoluiu para o nível de governança de projetos, que é o guarda-chuva de políticas e critérios que compõem as leis para os componentes do mundo dos projetos.

A EPG evoluiu em parte devido às mudanças que afetaram a governança corporativa global no início da década de 1990. Pressões do mercado, de governos e de agências reguladoras colocaram um holofote nas diretorias de empresas para assegurar que as decisões e suas ações correspondentes sejam totalmente rastreáveis. Já que parte importante da sobrevivência organizacional depende de novos projetos, a EPG acrescenta essa medida de rastreabilidade e prestação de contas aos fundamentos da governança corporativa.

2

A Essência da EPG

As organizações que dependem de projetos, programas e portfólios para promover mudanças e agregar valor têm diante de si um enorme desafio, pois isso implica passar de uma execução *ad hoc* para uma abordagem integrada, consistente, replicável e auditável que visa aumentar a crescente expectativa das partes interessadas.

A EPG faz parte da alta gerência e da governança corporativa e busca garantir que os projetos se alinhem à estratégia geral da organização, bem como às suas prioridades, e gerem os resultados esperados com uma abordagem bem fundamentada, que tenha clareza e com a qual todos concordem. Tal abordagem deverá ser utilizada durante todo o ciclo de vida dos portfólios, programas e projetos. Paralelamente, o progresso deve ser avaliado, e medidas devem ser tomadas de forma proativa para assegurar que tudo esteja conforme planejado e que os benefícios acordados, produtos ou serviços sejam entregues.

Parte dessa evolução gradual pode ser encontrada dentro de círculos de governança corporativa e pode ser vista como uma forma diferente de ligar projetos à organização-matriz, ao cliente ou ao patrocinador. Além disso, países como o Reino Unido e a Noruega colocam uma ênfase maior no papel do governo no investimento público. Organizações internacionais como o Banco Mundial e associações profissionais de gerenciamento de projetos desenvolveram estruturas de governança para definir um modo de aperfeiçoar o início da implantação e a execução de projetos por meio de controle e suporte. Quatro opiniões pertinentes de organizações internacionais sobre a governança de gerenciamento de projetos são discutidas a seguir.

APM (*Association for Project Management*)

A necessidade de aumentar a integração de projetos com o ambiente de negócios em que estão inseridos levou a APM no Reino Unido a produzir o documento "Directing Change – A Guide to the Governance of Project Management".[15] A publicação descreve os princípios da Governança de Projetos eficaz e aquilo que a diretoria precisa saber para ter certeza de que os projetos da organização estão sendo gerenciados de acordo com os princípios administrativos vigentes. Organizações que se empenham para o sucesso de projetos são encorajadas a elevar suas perspectivas para além da entrega do projeto em si, considerando questões mais amplas sobre os benefícios dos projetos e seus efeitos sobre o negócio.

Segundo a publicação, quatro áreas de governança permitem atingir os princípios estabelecidos:

1. **A direção do portfólio** está preocupada com o alinhamento do portfólio de projetos com os objetivos da organização, incluindo rentabilidade, atendimento ao cliente, reputação e sustentabilidade.

2. **O patrocínio do projeto** é a ligação eficaz entre a alta administração e o gerenciamento do projeto. Na sua essência, é a liderança e a tomada de decisão para atingir os objetivos do projeto. Trata-se da via de comunicação através da qual os gerentes de projeto relatam o progresso e as questões para a diretoria e recebem a delegação de autoridade e a aprovação de decisões sobre questões que afetam o seu projeto. É responsável pelo caso de negócio (*business case*) e por garantir que os benefícios pretendidos se tornem os objetivos do projeto e que as entregas sejam realizadas conforme planejado.

3. **O gerenciamento de projetos** endereça a capacidade e a competência das equipes designadas para o gerenciamento de projetos, a adequação dos níveis de autoridade para a tomada de decisão delegada a equipes de

---

[15] ASSOCIATION FOR PROJECT MANAGEMENT (APM). **Directing Change**: A Guide to Governance of Project Management. High Wycombe, Reino Unido: APM, 2004. Disponível em: <http://www.apm.org.uk/Directingchange.asp>. Acesso em: 27 de março de 2014.

projetos e sua capacidade de atingir os objetivos do projeto. A capacidade da equipe se refere à competência das pessoas envolvidas em todos os níveis, aos recursos disponíveis para o desempenho de seus papéis e aos processos ou sistemas de gerenciamento disponíveis para o cumprimento da sua função.

4. **Divulgação e informe** em um ambiente aberto e honesto é primordial para uma comunicação eficaz. O que é relatado deve ser aberto, honesto, eficiente, oportuno, relevante e confiável. Quando divulgação e informes são precários e ineficazes, é sinal de que o patrocínio e o gerenciamento de projetos são fracos, pois esta área é a que mais depende da cultura da organização.

A publicação da APM estabelece os seguintes princípios para uma Governança de Projeto eficaz:

- A diretoria tem a responsabilidade total pela governança de gerenciamento de projetos.

- Os papéis, as responsabilidades e os critérios de desempenho para a governança de gerenciamento de projetos são claramente definidos.

- Princípios estruturados de governança, com base em métodos e controles apropriados, são aplicados durante toda a execução do projeto.

- Há uma relação de coerência e apoio entre a estratégia geral do negócio e o portfólio de projetos.

- Todos os projetos possuem um plano aprovado contendo portões de autorização nos quais o caso de negócios é revisado e aprovado. As decisões tomadas nos portões são registradas e relatadas.

- Membros das equipes têm representação, competência, autoridade e recursos suficientes para tomar decisões apropriadas.

- A justificativa comercial do projeto (business case) é apoiada por informações relevantes e realistas que proporcionam uma base confiável para a tomada de decisões.

- A diretoria ou seus representantes decidem quando fazer uma avaliação independente dos projetos e sistemas de gerenciamento de projetos, implantando-a conforme necessário.

- Existem critérios claramente definidos para reportar o status do projeto e para o escalonamento de riscos e questões para os níveis mais altos da organização.

- A organização promove uma cultura de aperfeiçoamento e de transparência na disponibilização interna de informações do projeto.

- As partes interessadas no projeto estão envolvidas de forma compatível com sua importância para a organização e de modo que fomente a confiança.

PMI (*Project Management Institute*)

Trabalhando com outro ângulo da governança eficaz de projetos, o PMI desenvolveu um conjunto integrado de padrões que tratam dos processos requeridos para gerenciar projetos, programas e portfólios e outro com foco na maturidade dos projetos nas organizações.

De acordo com o PMI, o padrão de avaliação da maturidade organizacional em projetos, OPM3[16] foi desenvolvido para prover benefícios para as organizações e a alta gerência, tais como:

- Reforçar a ligação entre estratégia e execução, de modo que os resultados do projeto sejam previsíveis.

- Fornecer as melhores práticas para apoiar a implantação da estratégia organizacional através de projetos.

- Oferecer uma base a partir da qual as organizações possam aperfeiçoar seus processos de gerenciamento de projetos.

O padrão reconhece que a governança corporativa é a força que impulsiona a realização de estratégias através de portfólios, programas e projetos. Se uma organização entende corretamente o aspecto complementar entre a governança corporativa, a execução da estratégia e o gerenciamento de portfólio de projetos, então ela atingirá com êxito seus objetivos estratégicos.

Cabinet Office

Outra organização com um foco marcante em governança de gestão de projetos é o *Cabinet Office*, anteriormente denominado *Office of Government Commerce* (OGC), um departamento dentro do governo do Reino Unido com a missão de ajudar as organizações do setor público a gerenciar programas e projetos com sucesso. O *Cabinet Office* detém a propriedade intelectual da metodologia PRINCE2, para o desenvolvimento de projetos, e do ITIL, a metodologia mais aceita para melhores práticas de gestão de serviços de TI.

---

[16] PROJECT MANAGEMENT INSTITUTE. **Organizational Project Management Maturity Model (OPM3)**. 3 ed. Newtown Square, Penn.: PMI, 2013.

O *Cabinet Office* tem também o *Programme and Project Management Maturity Model*[17] (P3M3). O padrão avalia atividades relacionadas a portfólios, programas e projetos dentro de sete perspectivas (controle de gerenciamento, gerenciamento de benefícios, gerenciamento financeiro, gerenciamento das partes interessadas, gerenciamento de riscos, governança corporativa e gerenciamento de recursos), abordando as questões de governança relacionadas ao aperfeiçoamento do desempenho em cinco níveis (reconhecimento, replicável, definido, gerenciado e otimizado). O nível de posicionamento de cada perspectiva permite determinar as ações a serem realizadas para aumentar a maturidade organizacional.

ISO (*International Organization for Standardization*)

A ISO 21500, Orientações sobre Gerenciamento de Projetos[18], pretende fornecer orientação para as necessidades, os objetivos e os resultados dos projetos nas organizações. A norma, lançada pela ISO, não é certificadora – seu propósito é ser um guia. Ela proporciona às organizações uma base sólida a partir da qual pode ser feita a avaliação do desenvolvimento dos projetos. No entanto, seu maior valor é o estabelecimento de uma diretriz global comum e compreensível a partir da qual os princípios de gerenciamento de projetos podem ser desenvolvidos e aperfeiçoados através das organizações normalizadoras de cada país, com vistas à melhoria geral do desempenho de projetos.

A norma ISO reconhece que os projetos normalmente existem dentro de um contexto maior e que eles muitas vezes são os meios pelos quais os objetivos estratégicos são atingidos. A criação das entregas requeridas pelo projeto contribui para a obtenção de benefícios associados a esses objetivos. A norma também considera que a governança do projeto está relacionada com as áreas de governança corporativa concernentes especificamente às atividades do projeto, incluindo aspectos como a definição da estrutura gerencial, as políticas, os processos e as metodologias a serem utilizadas; limites de autoridade para tomada de decisão; responsabilidades das partes interessadas e prestações de conta; e interações de comunicações formais como relatórios e escalonamento de problemas ou riscos. A responsabilidade pela manutenção da governança adequada para um projeto é comumente atribuída ao patrocinador do projeto ou a um comitê de supervisão do projeto.

---

[17] OFFICE OF GOVERNMENT COMMERCE. **Portfolio, Programme and Project Management Maturity Model (P3M3)**, v. 2.1. Londres: OGC, 2010.
[18] INTERNATIONAL ORGANIZATION FOR STANDARDIZATION. **Standard ISO 21500 Guidance on Project Management.** Genebra: ISO, 2012.

Esses quatro pontos de vista são compatíveis com as definições de EPG apresentadas neste livro e seus componentes. Na verdade, estas reforçam a necessidade de uma abordagem como a EPG, com o objetivo de criar, com êxito, uma estrutura de governança que proporcione uma supervisão da trajetória desde a estratégia até a criação de valor organizacional.

Duas escolas de Governança de Projetos

A primeira escola (EPG patrocinada pela diretoria) baseia-se na lógica proposta pelas organizações que tenham conhecimento e conexões com o campo do gerenciamento de projetos. Aqui, a EPG estende os princípios de governança corporativa e aqueles considerados pela APM, PMI, *Cabinet Office* e ISO 21500 no gerenciamento de projetos através de estruturas de governança e supervisão empresarial. O objetivo é garantir que os programas e projetos sejam entregues de forma eficaz e eficiente ou cancelados quando apropriado. Nessa escola, um comitê específico é criado pela diretoria, podendo ser de planejamento estratégico, de projetos especiais, ou até mesmo ser a própria EPG, para fornecer informação e supervisão a empreendimentos que abrangem a organização como um todo.

Contudo, muitas diretorias se concentram apenas em grandes questões relacionadas a ética nos negócios, riscos, auditoria, sucessório e administração interna. Todos os outros assuntos ficam a cargo de uma equipe permanente de executivos, sob a liderança do CEO. Assim, embora a segunda escola (EPG patrocinada pelo CEO) seja semelhante em conceito à primeira, nesse caso a diretoria delega responsabilidade total ao CEO e ao comitê executivo. Portanto, a diretoria não fornece informações ou supervisão aos projetos na empresa. A Governança de Projetos ocorre totalmente no âmbito das lideranças da companhia. Políticas, estruturas e procedimentos para a EPG são, portanto, desenvolvidos sob a tutela do CEO e de outros membros da alta administração, e delegados aos níveis apropriados dentro da organização.

Navegação aérea e EPG

A navegação aérea provê uma analogia fácil para a compreensão da Governança de Projetos. A Airways Corporation, da Nova Zelândia, é uma empresa pública que controla a movimentação de mais de um milhão de aeronaves por ano, cujos acionistas são o Ministério das Empresas Estatais e o Ministério das Finanças. A visão da Airways é possuir um papel-chave nos serviços globais de navegação aérea através da demonstração de melhores práticas. Para a Airways, cada avião, como mostra a Figura 2-1, é controlado por sua tripulação, que ainda precisa seguir as ordens das estruturas de supervisão, incluindo:

- **Controle de Tráfego Aéreo.** Consiste basicamente em separar aeronaves em voo, seguindo os padrões determinados pela Autoridade de Aviação Civil da Nova Zelândia, usando radar ou outros meios.

- **Gerenciamento do tráfego aéreo.** O gerenciamento de aeronaves em voo para maximizar o acesso às rotas de voo mais eficientes, limitado apenas pelas restrições de segurança do serviço de controle de tráfego aéreo.

- **Serviços de navegação aérea.** A infraestrutura de navegação e serviços de suporte utilizados pela aeronave para navegar.

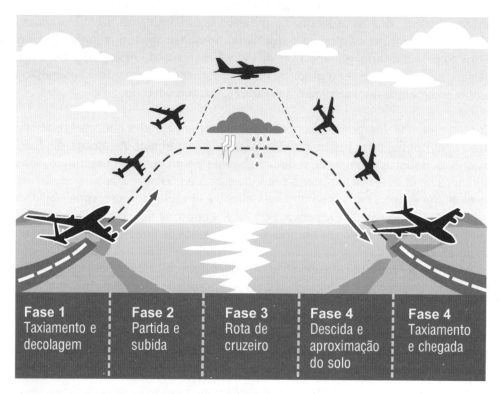

Figura 2-1. Fases desde antes do voo até a chegada

A "Vision 2015"[19] da Airways descreve as expectativas, as entregas e os benefícios de adotar uma abordagem de gerenciamento de portfólio para atender às futuras demandas de gerenciamento de tráfego aéreo na Nova Zelândia. Essa visão é fundamentada no trabalho de equipes de projetos ligadas à indústria, envolvendo a *Airways*, a Autoridade de Aviação Civil da Nova Zelândia e representantes da indústria, incluindo companhias aéreas, militares e grupos de interesse da aviação. A "Vision 2015" é influenciada por e ligada a uma série de outras iniciativas de planejamento dentro da Nova Zelândia e em outros países. Além disso, a abordagem adotada considera as complexas relações entre programas, não só no gerenciamento do tráfego aéreo, como também na infraestrutura terrestre e nos equipamentos de bordo.

A Airways provê uma boa analogia para a aplicação da EPG. Tempo e esforço são necessários nos mais altos níveis de uma organização para que a Governança de Projetos funcione a contento e permita que as partes interessadas tenham confiança nos arranjos estabelecidos. A estrutura de governança também serve como um documento de referência para revisões independentes dos projetos. A "Vision 2015", por exemplo, destaca as questões-chave de autorização e as vincula ao cronograma de reuniões de governança e a outros pontos de comprometimento das partes interessadas.

Princípios da Governança de Projetos

A analogia da navegação aérea referencia seis princípios essenciais para uma boa EPG:

1. **Identificar um ponto único de responsabilidade.** Identifique as pessoas responsáveis pelo sucesso do portfólio, dos programas e dos projetos. Da mesma forma, todas as equipes envolvidas na estrutura da Governança de Projetos precisam saber quais são as suas responsabilidades. Prestação de contas não pode ser delegada ou compartilhada – mais de uma pessoa, ou um comitê, não pode ser responsável pelo sucesso de um projeto. Sem um ponto único de responsabilidade, os projetos ficam sem uma autoridade clara, pois a validade de qualquer decisão se torna questionável, já que a autoridade por trás da decisão não está estabelecida. No caso da EPG, as partes responsáveis podem ser o CEO, o CPO ou o responsável pelo PMO corporativo.

---

[19] AIRWAYS. **Vision 2015:** A Strategic Vision of Air Traffic Management in New Zealand to 2015 and Beyond. Christchurch, Nova Zelândia: 2009.

2. **Garantir que a Governança de Projetos esteja focada em valor.** O foco na criação de valor é garantido pela estrutura EPG, que considera três camadas de decisão:

- **Decisões estratégicas – O quê?** A tomada de decisão estratégica impulsiona o negócio para o futuro. As corporações em geral expressam sua estratégia global de negócios em uma "declaração de intenção", que é uma excelente expressão para descrever o que a organização deseja se tornar. Deixar de examinar o quadro geral pode levar a uma estagnação nos negócios e a uma incapacidade de mudar.

- **Decisões táticas – Como?** As decisões táticas envolvem o estabelecimento de iniciativas fundamentais para alcançar a estratégia global. Este nível de tomada de decisão não pode ser esquecido, porque é como uma cola que cria uma forte conexão entre a visão de longo prazo e as atividades do dia a dia.

- **Decisões operacionais – Como distribuir os recursos?** As decisões operacionais determinam como as atividades efetivamente são executadas. Trata-se de decisões de base sobre quem vai fazer o quê e quando. As decisões operacionais são frequentemente feitas em tempo real e resultam da necessidade de fazer mudanças ou ajustes rápidos para alcançar o efeito desejado.

3. **Separar a EPG da governança corporativa.** A EPG e a governança corporativa são complementares, mas exigem uma separação para reduzir o número de pontos de decisão nos projetos e facilitar a tomada de decisão considerando as estruturas funcionais das organizações.

4. **Separar gerenciamento das partes interessadas da tomada de decisões.** O gerenciamento das partes interessadas e a tomada de decisões em projetos são funções separadas e requerem abordagem em foros separados. Quando os dois estão misturados, os foros de tomada de decisões ficam repletos de partes interessadas, o que resulta em uma tomada de decisão complicada. Embora muitas pessoas precisem estar cientes de um projeto e apresentar suas expectativas e necessidades, nem todo mundo precisa participar de cada decisão no projeto. Uma vez feita a separação, reduz-se o número de participantes nos foros de decisão enquanto são preservadas as informações essenciais providas pelas principais partes interessadas. Gerenciar com eficácia as partes interessadas é fundamental para o êxito de qualquer projeto. O suporte às necessidades das partes interes-

sadas requer o estabelecimento de canais de comunicação e o desenvolvimento de sistemas de informações dado que os interessados precisam ter as suas questões e preocupações levantadas e abordadas. Porém, essas tarefas podem ser feitas separadamente da tomada de decisões.

5. **Tomar decisões em tempo hábil.** Decisões oportunas, comunicadas de forma precisa, são essenciais para a dinâmica do projeto. A oportunidade dos mecanismos de governança é fundamental para o andamento do projeto, particularmente em algumas fases, para resolver problemas complexos, alguns dos quais com objetivos conflitantes que precisam de negociação e concessões.

6. **Controlar e comunicar informações.** Este requisito garante que o projeto esteja onde deve estar, que os principais fluxos de trabalho estejam claros e que qualquer necessidade de informações seja atendida.

A Figura 2-2 mostra que a EPG é separada da governança de operações e conectada à estratégia, garantindo o alinhamento de projetos e programas e a obtenção dos benefícios desejados que levam à criação de valor.

Figura 2-2. Relação da EPG com governança corporativa, projetos e operações

Gerenciar tal estrutura é algo complexo e pode ser fortemente impactado por eventos externos e mudanças no cenário. Portanto, um conjunto eficaz de funções de governança é essencial para prover os meios para identificar, avaliar e responder a mudanças e eventos internos e externos, através do ajuste de componentes de portfólio, programas e projetos. Uma estrutura de governança precária estará em um estado continuamente reativo, lutando constantemente para acompanhar as mudanças.

Principais componentes da Governança de Projetos

No atendimento ao propósito da EPG, as principais atividades a serem consideradas por patrocinadores do projeto e membros do comitê de supervisão são:

- Alinhamento estratégico

- Gerenciamento de riscos

- Gerenciamento de portfólio

- Organização

- Gerenciamento das partes interessadas

- Avaliação de desempenho

- Transformação dos negócios

A implantação da Governança de Projetos requer uma estrutura baseada nesses componentes, conforme apresentado na Figura 2-3.

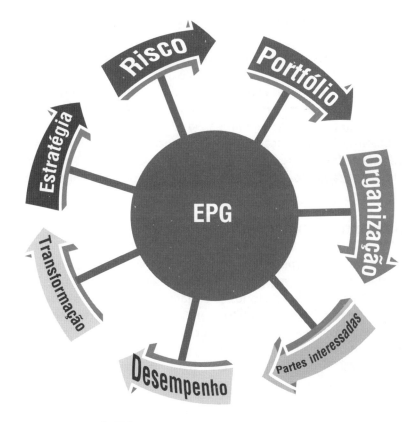

Figura 2-3. Componentes da EPG

Alinhamento estratégico

Uma responsabilidade da EPG é garantir que os projetos estejam alinhados com as estratégias e objetivos da empresa e que sejam implantados de forma produtiva e eficaz. Todas as atividades de investimento estão sujeitas ao processo de governança, no sentido de que precisam receber recursos e financiamento de forma adequada. Para projetos mandatórios, resultantes de conformidades com o ambiente legal/regulatório, a decisão não se refere à escolha de realizar ou não o projeto, mas de como gerenciá-lo para que atenda ao padrão exigido com risco mínimo para a organização. Para projetos sujeitos a seleção, é preciso focar mais na decisão de fazer ou não fazer, verificar se o projeto se alinha com os objetivos estratégicos e se o investimento proporciona o melhor valor, em comparação com outras alternativas.

Gerenciamento de riscos

O gerenciamento de riscos é um processo sistemático de identificação e avaliação de riscos e tomada de ações para sua mitigação. As companhias precisam do gerenciamento de riscos para analisar possíveis riscos, visando equilibrar tanto ganhos quanto perdas potenciais. O gerenciamento de riscos funciona melhor como medida preventiva do que como medida reativa. Gerenciar riscos de forma integrada pode significar desde a utilização de meios financeiros para administrar situações de insuficiência de fundos até uma resposta eficaz a rápidas mudanças no ambiente organizacional causadas por desastres naturais e instabilidade política.

Gerenciamento de portfólio

O portfólio de projetos fornece uma visão geral de seu conjunto para a organização. Isso facilita a classificação, o acréscimo e a remoção de projetos. A gestão do portfólio pode ser feita incluindo todos os projetos da organização ou separadamente, representando portfólios de projetos para diferentes departamentos funcionais ou áreas de negócios. Uma vez que o gerenciamento de portfólio de projetos pode ser feito em qualquer nível, a escolha de um portfólio *versus* vários depende do tamanho da organização, de sua estrutura, da maturidade na gestão de portfólios bem como da natureza e das inter-relações entre os projetos que estão sendo realizados.

Organização

Uma governança eficaz começa com liderança, comprometimento e suporte da alta administração. A liderança, embora fundamental, não é suficiente. É preciso, também, uma estrutura organizacional apropriada e a atribuição de papéis e responsabilidades a todos os participantes. Existem três principais componentes organizacionais na EPG: a liderança executiva, a equipe de gerenciamento de portfólio e os gerentes de projetos e programas. Para serem eficazes, as pessoas que dirigem e aquelas que supervisionam as atividades de governança devem estar organizadas, e as suas contribuições devem estar estruturadas de forma a garantir que a delegação de autoridade e a tomada de decisões tenham clareza, que o trabalho de gestão e controle seja eficiente e que as necessidades estejam todas endereçadas. A maior parte do trabalho da EPG é efetuada por comitês e, para muitas organizações, o trabalho de múltiplos comitês é feito em diferentes níveis. Os comitês utilizados dependem de estruturas organizacionais, cultura e outras questões; nem todas as organizações vão utilizar todos esses comitês ao mesmo tempo. EPG é um processo colaborativo que exige uma mistura saudável de unidades corporativas de negócios e serviços de suporte.

Gerenciamento das partes interessadas

Em todo empreendimento, existem as chamadas partes interessadas: indivíduos com algo em jogo, ou algum tipo de participação, reivindicação ou interesse nas atividades e nos resultados do projeto. Identificá-las desde o começo leva a um melhor gerenciamento das partes interessadas durante todo o projeto.

Todas as pessoas têm expectativas que ditam o modo como interagem. As expectativas refletem sua visão de uma condição ou ação futura; muitas dessas expectativas não são relatadas, mas são fundamentais para o sucesso do projeto. Entendê-las e responder a elas é uma arte, e o gerenciamento das expectativas é útil em qualquer área na qual seres humanos precisem colaborar de forma eficaz para obter um resultado compartilhado. Não reconhecer que as pessoas estão sujeitas a reações positivas e negativas leva a um resultado desastroso.

Muitas das partes interessadas possuem interesses além daqueles do projeto. Dessa forma, elas não irão apoiar a entrega do projeto a menos que sejam informadas oportunamente sobre o andamento do projeto e sejam consultadas sobre os desafios que estão sendo enfrentados. Um dos objetivos da Governança de Projetos é criar um senso comum de propriedade do projeto, através da comunicação e de um ambiente de confiança entre a equipe designada para a entrega do projeto e a comunidade maior das partes interessadas.

Avaliação de desempenho

Para que a EPG seja eficaz, ela precisa ser medida e ter seu desempenho monitorado de forma periódica e contínua, para garantir que esteja contribuindo para os objetivos de negócios e respondendo adequadamente ao ambiente em mudança. Tipicamente, o desempenho é avaliado durante a execução e, com muita frequência, é esquecido depois que o produto ou serviço é entregue. Entretanto, é preciso compreender que, associado ao ciclo de vida de um projeto, existe um ciclo de vida do produto. Após o término do projeto normalmente são entregues os benefícios previstos, o que significa que a avaliação do desempenho deve continuar, avaliando se os benefícios prometidos estão sendo entregues.

Transformação estratégica

Os processos de gestão da mudança devem ser contínuos, e são essenciais para qualquer organização ao implantar sua estratégia de negócios e atingir sua visão. É uma exigência permanente, pois a visão e a estratégia sempre precisam de ajustes e refinamento, na medida em que fatores externos causam impactos organizacionais. Agilidade nos negócios, ou a capacidade de alcançar transformações nos negócios, é, portanto, uma verdadeira medida tanto de sucesso gerencial como corporativo e, como tal, precisa ser considerada na estrutura EPG. O desenvolvimento de capacidade interna para gestão da mudança é um passo básico para garantir a implantação bem-sucedida de qualquer transformação resultante dos projetos.

Os componentes da EPG, no entanto, não funcionam no vácuo. Eles fazem parte de um contexto maior, como ilustrado na Figura 2-4.

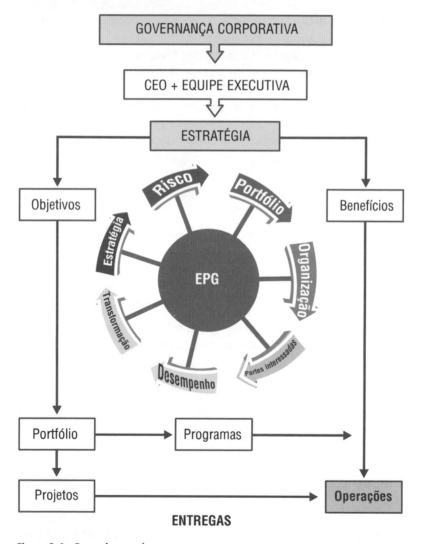

Figura 2-4. O quadro geral

O caso Metronet

O governo do Reino Unido anunciou, em março de 1998, que criaria uma empresa pública, London Underground Limited (LUL), responsável pela administração de trens e estações e pela definição de tarifas. Além disso, três novas companhias ligadas ao setor privado ficariam responsáveis pela manutenção e pelo aperfeiçoamento da infraestrutura, tais como estações, trens, trilhos e sinalização, mediante contratos de parceria público-privada (PPP) com a LUL[20].

Como a London Underground transportava cerca de um bilhão de passageiros por ano, o governo planejava aumentar a supervisão separando operações, melhorias na infraestrutura e manutenção em três contratos de PPP com duração de trinta anos, financiados pelo governo.

Em 2003, o consórcio Metronet ganhou dois dos três contratos para melhorar e manter dois terços das linhas. Como mostrado na Figura 2-5, o conselho de administração da Metronet era formado por cinco acionistas, que também eram os fornecedores responsáveis pela entrega dos contratos. Uma subsidiária, Trans4m, composta por quatro dos cinco acionistas, foi criada para levar a cabo a reforma das estações. A organização criada tinha o poder de cobrar faturas da Metronet e rejeitar multas por falhas porque os membros também faziam parte do conselho. O resultado foi um processo decisório complicado, com interesses conflitantes e não alinhados aos objetivos do consórcio. Os acionistas-fornecedores encarregados dos trabalhos forneciam informações inadequadas de custos para a gerência executiva, dificultando a monitoração de custos e a comunicação adequada com a London Underground. A precária documentação de informações de custos e desempenho também prejudicaram os pedidos de reivindicações bem fundamentados.

Em março de 2006, a Metronet apresentava um atraso considerável no seu cronograma. Do plano original, apenas onze das 35 estações foram reformadas e 44 dos 69 quilômetros de trilhos foram remodelados. O árbitro da PPP, por ocasião da revisão anual, indicou que as relações referentes à organização e aos contratos eram insatisfatórias e que os contratos fora da cadeia de suprimento interno da Metronet deveriam ser concedidos através de licitação. Mas já era tarde demais para corrigir algo que estava errado desde o início. Em julho de 2007, a Metronet ficou sem recursos financeiros e sofreu intervenção. Em maio de 2008, a Transport of London, um órgão governamental, assumiu a Metronet.

---

[20] NAO. **The Failure of Metronet.** Londres: Stationery Office, 2009.

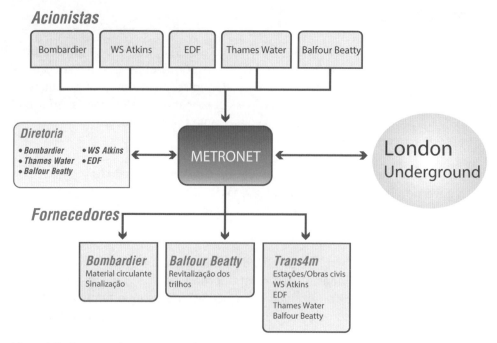

Figura 2-5. Estrutura de governança da Metronet

Uma vez que a Metronet foi uma organização criada especificamente com a finalidade de desenvolver e entregar uma série de projetos, a falha em estruturar e implantar adequadamente uma EPG eficaz foi uma das principais causas de seu fracasso.

Conclusões

A Governança de Projetos oferece um roteiro de transformação para organizações empenhadas em prover estratégia através da supervisão de portfólios, projetos e programas. A estruturação da EPG garante que portfólios e programas sejam compostos pelos projetos certos e que os melhores recursos sejam disponibilizados para gerenciá-los. Quando os componentes múltiplos da EPG são coordenados e integrados com sucesso, a combinação ideal dos projetos certos é feita conforme o planejado, garantindo assim crescimento e prosperidade. A governança corporativa é o guarda-chuva mantido pela diretoria sob o qual o CEO e as equipes executivas implantam um portfólio de projetos e programas que produz os benefícios desejados. EPG é a ponte que conecta o hiato entre as melhores intenções de uma organização e os resultados alcançados.

3

Conectando Estratégias e Portfólio

As relações entre as estratégias e como colocá-las em jogo são fundamentais para as organizações. Quando estrategistas negligenciam a transição da teoria para a prática, a estratégia dá errado e as sementes do fracasso se espalham. Embora os executivos entendam isso instintivamente, eles podem carecer de uma abordagem sistemática para mover estratégias do plano das boas intenções para a estrada das transformações em direção a resultados.

Essa lacuna entre os conceitos estratégicos e a implantação decorre de suposições sobre como a estratégia deve ser convertida em trabalho compreensível e até que ponto a organização é capaz de gerenciar a transformação necessária para implementar as ambições da alta administração. Pessoas em todos os níveis da empresa afetam o processo de transição.

Dois mundos, objetivos compartilhados

Mundos diferenciados, porém relacionados, mantêm em equilíbrio a essência do sucesso da organização e do negócio. O primeiro mundo, o de estratégia e direcionamento, é povoado por estrategistas de negócios cuja vocação é visualizar o futuro e desenvolver estratégias vencedoras. O segundo mundo é preenchido por gerentes de projeto obcecados por resultados. Cada um utiliza lentes diferentes que fornecem diferentes perspectivas. Apesar dessas diferenças, os dois mundos devem conspirar para mover as empresas em direção a seus objetivos. As funções são diferentes, porém altamente complementares.

Como existem lacunas entre as responsabilidades e as mentalidades dos principais participantes desses mundos distintos, os desafios nas comunicações são comuns. Assim como a rotina de um astronauta no espaço (por exemplo, navegação, rotinas diárias, realização de experiências) é feita dentro do contexto do ambiente da missão, a rotina de uma empresa (por exemplo, pesquisa, inovação, marketing, investimentos, operações) é feita dentro do contexto da sua estratégia. Uma estratégia eficaz não está separada dos esforços de uma organização. Ao contrário: ela envolve, permeia e orienta. Portanto, é necessário um grande alinhamento para lidar com essa área nebulosa entre o planejamento estratégico e a implantação do projeto, onde papéis e responsabilidades podem não estar claros e comunicações e relações podem estar igualmente difusas.

Projetos na Unilever

Em fevereiro de 2000, Antony Burgmans e Niall Fitzgerald, presidentes da gigante Unilever, uma das maiores empresas de bens de consumo, anunciaram uma estratégia de crescimento de cinco anos, ao custo de cinco bilhões de euros, que visava alinhar toda a organização através de planos ambiciosos.[21] A intenção era acelerar o crescimento, o aumento dos lucros para a casa dos dois dígitos e melhorar significativamente o seu desempenho. A iniciativa, denominada *Path to Growth Strategy* (Estratégia do Caminho para o Crescimento)[22], envolveu uma grande reestruturação de operações e negócios e uma redução de seu pesado portfólio de 1.600 marcas com o objetivo de se concentrar nas quatrocentas maiores.

A Unilever decidiu focar em quatro grandes áreas:

---

[21] UNILEVER. **Unilever Annual Review 1999.** Londres: 2000. Disponível em: <http://www.unilever.com/images/1999%20Previous%20Years%20EN%20Sterling_tcm13-5374.pdf>. Acesso em: 03 de abril de 2014.

[22] CESCAU, Patrick; RIVERS, Richard. **Unilever Investors Seminar**. Londres: 2007. Disponível em: <http://www.unilever.com/images/ir_1.2_growth_strategy_rivers_speech_tcm13-86705.pdf> e <http://www.unilever.com/images/ir_1.2_growth_strategy_slides_rivers_1303_ppt_tcm13-86707.pdf >. Acesso em: 03 de abril de 2014.

- **Portfólio de marcas.** Enfatizar marcas líderes e apoiá-las com estratégias de marketing e uma forte inovação.

- **Capacidades.** Reconhecer a necessidade de assegurar o alto nível de cada processo central – desde inovação até o marketing ao consumidor, passando por gerenciamento de clientes e cadeia de fornecimento.

- **Organização e métodos de trabalho.** Aumentar a velocidade da tomada de decisões e simplificar os processos de negócios.

- **Cultura e comportamentos.** Essencial para juntar os aspectos da transformação – novas prioridades estratégicas, novas capacidades e uma nova organização.

Em 2004, a estratégia da Unilever mostrava algum sucesso. Se em 2000 a empresa possuía quatro marcas com faturamento de um bilhão de dólares ao ano, agora tinha aumentado esse patamar para doze marcas. Além disso, suas margens de lucro dobraram ao longo dos quatro anos anteriores. No entanto, o crescimento da receita estagnou. A Unilever se olhou duramente no espelho e viu que a alteração anterior não era suficiente. O espelho refletia uma imagem complexa e fragmentada. Como exemplo, funcionários da Unilever em 24 países usavam dezoito sistemas integrados de gestão e centenas de processos financeiros diferentes. Como os grupos de negócios da Unilever operavam como federações autônomas, isso criava duplicação, alto custo e qualidade variável.

Tal estratégia iniciou um processo de transformação objetivando foco na marca e melhor rentabilidade. Mas ainda havia muito a fazer. De acordo com Patrick Cescau, primeiro presidente-executivo do grupo Unilever, no que diz respeito à estratégia existente antes de seu mandato:

> Ela não abordava aspectos importantes do modelo de negócios da Unilever. Ficou claro que precisávamos de um novo modelo de negócios para a Unilever. Um que combinasse uma abordagem mais ativa, agressiva, de cima para baixo na gestão e construção de nosso portfólio de marcas, em conjunto com uma organização para apoiar essa estratégia de crescimento. Em última análise, a execução é o que conta, mas a clareza estratégica, o alinhamento total, a governança e a mentalidade certas (...) são pré-condições para uma boa execução. O ponto de partida para a estratégia de crescimento foi uma avaliação rigorosa dos pontos fortes e fracos do nosso portfólio.[23]

---

[23] UNILEVER. **Unilever Annual Review 2004.** Londres: 2004. Disponível em: <http://www.unilever.com/images/2004%20Annual%20Review%20%20-%20English_tcm13-11991.pdf>. Acesso em: 04 de abril de 2014.

A administração da Unilever sentiu a necessidade de maior integração e lançou "One Unilever" (Uma Unilever), um amplo programa destinado a repensar o negócio. Uma nova missão foi trabalhada, dizendo: "a nova missão da Unilever é acrescentar energia à vida. Nós atendemos a necessidades diárias de nutrição, higiene e cuidados pessoais com produtos que permitem que as pessoas se sintam bem, fiquem bonitas e aproveitem mais a vida". Essa declaração se destinava a ajudar gerentes e funcionários a conectarem suas atividades de trabalho ao cuidado cada vez maior dos consumidores com saúde, nutrição e bem-estar.

"One Unilever" teve como objetivos agilizar o negócio, obter economias substanciais, ter mais foco no consumidor, agir de forma mais eficaz perante os concorrentes e aumentar o crescimento. Na Europa, a ambição incluía estabelecer uma cadeia de suprimentos europeia. Em fevereiro de 2005, uma série de mudanças significativas foi feita na sua estrutura de gerenciamento e liderança, incluindo o abandono da estrutura dupla de CEOs, com chefes separados em Londres e Roterdã. Patrick Cescau, tendo sido anunciado como o primeiro presidente-executivo do grupo, afirmou: "A 'desestratificação' da alta gerência traz simplicidade, clareza de liderança e maior prestação de contas. E agora temos as pessoas certas nas funções certas focadas nas questões certas. Todos nós estamos determinados a trazer a Unilever de volta para o tipo de desempenho que os acionistas esperam".[24]

Em janeiro de 2009, em meio à tempestade financeira global, Patrick Cescau se aposentou e Paul Polman, ex-veterano da Nestlé e da Procter & Gamble, foi nomeado executivo-chefe, superando quatro candidatos internos.[25] Como resultado da estratégia da Unilever naquele ponto, as 25 melhores marcas foram responsáveis por três quartos das vendas, e o número de gerentes foi reduzido em 40%.

Uma nova iniciativa, conhecida como "The Compass" ("A Bússola"),[26] foi lançada contendo, de acordo com Polman, uma visão e uma estratégia energizantes que levassem novamente a empresa a um crescimento sustentável com base no desejo por trazer de volta à agenda o consumidor (usuário final) e o cliente (atacadista).

---

[24] Comunicado à imprensa/*Press release* da Unilever. "Unilever Streamlines Its Leadership Structure". Londres: 02 de outubro de 2005. Disponível em: <http://www.unilever.com/mediacentre/pressreleases/2005/Unileverstreamlinesitsleadershipstructure.aspx>. Acesso em: 04 de abril de 2014.

[25] Comunicado à imprensa/*Press release* da Unilever. "Unilever CEO Succession". Londres: 09 de abril de 2008. Disponível em: <http://www.unilever.com/mediacentre/pressreleases/2008/announcement040908.aspx>. Acesso em: 04 de abril de 2014.

[26] POLMAN, Paul. **Unilever Investor Seminar, Setting the Scene.** Singapura: Unilever, 2010. Disponível em: <http://www.unilever.com/images/ppirsingaporefinal_tcm13-241474.pdf>. Acesso em 04 de abril de 2014.

Conectando Estratégias e Portfólio

A nova visão era dobrar os negócios e ultrapassar o crescimento do mercado, ao mesmo tempo em que reduzia o impacto ambiental global. "The Compass" (Figura 3-1) foi utilizada para prover alinhamento em uma empresa com mais de 160.000 funcionários e com operações em mais de 150 países em todo o globo.

Como pode ser visto a partir do exemplo da Unilever, a transformação é uma viagem que começa com a liderança. Foram necessários nove anos para a transição de uma dupla liderança até a contratação de um CEO externo que agiria em um ambiente onde a formulação da estratégia e a construção de valor são facilitadas pelo trabalho anterior de "desestratificação" dos vários níveis de gerência ao redor do mundo.

Com a liderança a postos, o próximo passo é estabelecer uma direção e criar uma agenda. Em seguida, temos o alinhamento das pessoas e o desenvolvimento de uma rede humana para alcançar essa agenda. Para começar a executá-la, as pessoas precisam ser inspiradas e motivadas a produzir mudanças que tenham como consequência os resultados associados com a estratégia. Isso é conseguido da seguinte forma:

- **Comunicando a estratégia para toda a organização.** O alinhamento de todos os personagens em apoio a uma estratégia de negócio é um fator-chave para alcançar o sucesso em todos os ambientes da empresa. Alinhamento significa seguir na mesma direção, com a organização indo ao encontro da sua estratégia de negócios. Assim, o estilo de gestão e a cultura corporativa entram em jogo para comprometer os corações e as mentes das pessoas que estão por trás do objetivo estratégico da organização.

- **Adotando a gestão de portfólio e o gerenciamento de programas e projetos.** Enquanto uma estratégia de negócios define as direções gerais e determina o que deve ser realizado, o portfólio de projetos define como a estratégia deve ser posta em prática.

Projetos são os verdadeiros pontos de tração para a execução estratégica. Eles desenvolvem novos negócios, mercados, produtos, serviços, sistemas, habilidades e alianças. O portfólio de projetos de uma empresa impulsiona o seu valor futuro. Uma execução estratégica bem-sucedida requer um alinhamento firme entre o portfólio de projetos e a estratégia corporativa. Esses projetos então se tornam parte do portfólio, e as pessoas envolvidas combinam competências em cada projeto, contribuindo, por sua vez, para o objetivo geral da empresa.

THE COMPASS – A BÚSSOLA

ONDE A UNILEVER ESTÁ

VISÃO	Somos uma empresa de sucesso com crescimento sustentável	**TRABALHAMOS PARA CRIAR UM FUTURO MELHOR A CADA DIA.** Ajudamos as pessoas a se sentirem bem, a ficarem bonitas e a aproveitarem mais a vida com marcas e serviços que são bons para elas e bons para os outros. Vamos inspirar as pessoas para que tomem pequenas decisões cotidianas que possam fazer uma grande diferença para o mundo. Vamos desenvolver novas formas de fazer negócios com o objetivo de dobrar o tamanho da nossa empresa enquanto reduzimos o nosso impacto ambiental.
ATITUDES	Focamos em consumidores e clientes com viés para a ação	Nossa prioridade absoluta são os nossos consumidores. Em seguida, os clientes, os funcionários e as comunidades. Quando cumprirmos nossas responsabilidades para com eles, nossos acionistas serão recompensados. Vamos vencer através de uma mentalidade de crescimento e uma aproximação positiva com todas as nossas partes interessadas, com base em uma prestação de contas clara e um viés para a ação.

ONDE VAMOS VENCER...

PRIORIDADES	Ganhar participação e aumentar o volume em cada categoria e país

COMO VAMOS VENCER...

NÃO NEGOCIÁVEIS	Vencendo com marcas e inovação	1	Entregar excelentes produtos, design, marcas e marketing
		2	Inovações maiores, melhores e mais rápidas
		3	Alcançar mais consumidores em suas necessidades e percepções de preço
	Vencendo no mercado	4	Liderar o desenvolvimento de marketing
		5	Vencer junto com nossos clientes
		6	Alta capacidade de execução
	Vencendo através de melhoria contínua	7	Cadeia de valor enxuta, responsiva e conduzida pelo consumidor
		8	Impulsionar o retorno com apoio às marcas
		9	Organização ágil e competitiva em custos
	Vencendo com pessoas	10	Organização e banco de talentos diversificado pronto para corresponder às nossas ambições de crescimento
		11	Cultura de resultados que respeita nossos valores
		12	Alavancar nossa estrutura operacional para obtermos vantagem competitiva

Figura 3-1. "A Bússola" da Unilever

Conectando Estratégias e Portfólio

A ampla gama de projetos de uma organização é consolidada pelo seu portfólio de projetos. Alguns desses projetos podem ser recém-aprovados, outros estão em fase de planejamento ou implantação e outros ainda estão sendo concluídos. Variações de tempo à parte, os projetos também diferem na sua natureza, podendo incluir iniciativas estratégicas, despesas de capital, lançamento de produtos e melhoria operacional. O desafio para a alta administração está em manter o portfólio de projetos da empresa alinhado à estratégia de negócios e aos recursos disponíveis, garantindo, ao mesmo tempo, que os projetos estejam alinhados uns com os outros e com a estrutura organizacional. Somente com uma revisão contínua do portfólio de projetos, alocando cuidadosamente os recursos disponíveis e conscientemente realinhando a organização, é possível dar vida à estratégia proposta.

O portfólio de projetos de uma organização emerge da estratégia de negócios. Com base nessas estratégias, projetos são desenvolvidos visando gerar os benefícios vislumbrados. No portfólio de projetos, visão, liderança e estratégia encontram cultura, pessoas, processos, sistemas, desempenho e resultados. Simplesmente não há outra maneira eficaz de executar a estratégia que não seja tornando-a integralmente formalizada ou delegada dentro da organização. O portfólio é a verdadeira materialização da intenção, da direção e do progresso de uma organização.

Para que tudo isso aconteça, é necessária uma colaboração entre os estrategistas do negócio e os estrategistas do projeto para responder às seguintes questões:

- Quantos projetos devem compor o núcleo do portfólio?

- Que tipos de projetos são necessários?

- Como eles devem ser organizados?

- Quem será o responsável?

- Quando serão lançados?

- Estão disponíveis recursos suficientes?

As respostas vão depender da cultura da empresa, das práticas anteriores, das necessidades presentes, da demanda do mercado e das necessidades e expectativas das partes interessadas. Uma vez que tais fatores tenham sido levados em consideração e os critérios de portfólio de projetos tenham sido determinados, resolve-se grande parte do desafio que é o alinhamento.

A execução, no entanto, garante que a hierarquização alinhada de estratégia, objetivos, metas, projetos e programas resulte em mudanças nos negócios produzidas por produtos ou serviços, resultados e benefícios. Com a hierarquia alinhada, a realização de benefícios pode começar de forma tão simples como avaliar um pequeno número de projetos e comparar seus resultados com as expectativas iniciais.

Na prática, as coisas podem funcionar de forma diferente. Cenários mudam enquanto os projetos estão em andamento; prioridades oscilam enquanto diferentes personagens entram e saem de cena; projetos – às vezes com base em agendas pessoais – saem da toca e tentam se aninhar no portfólio de projetos.

Apesar de o alinhamento de cima para baixo, "estratégia-para-projeto", ser de fato uma grande prioridade para o portfólio de projetos de uma organização, é também necessário assegurar que as propostas de projetos que vêm de baixo para cima sejam devidamente filtradas e se alinhem à estratégia da empresa.

O renascimento da Apple

É fácil esquecer como a Apple estava desesperada durante a década de 1990. Acreditava-se que a empresa estava a caminho da extinção. Michael Dell, fundador da Dell, declarou diante de uma plateia de milhares de executivos de TI: "O que eu faria? Eu fecharia a empresa e devolveria o dinheiro aos acionistas".[27] Na mesma época, o diretor de tecnologia da Microsoft considerou a Apple "já morta".[28]

O retorno de Steve Jobs em 1996 marcou o início do renascimento da Apple, e seu trabalho subsequente é um bom exemplo de como a estratégia é implantada e executada para criar valor. Em 2002, Jobs comentou no jornal The New York Times sobre a sua estratégia competitiva: "Eu preferiria competir com a Sony a competir em outra categoria de produto com a Microsoft (...). Somos a única companhia que detém todo o conjunto, o hardware, o software e o sistema operacional. Nós assumimos total responsabilidade pela experiência do usuário. Nós podemos fazer coisas que os outros não podem". Claramente, ele estava cuidadosamente avaliando oportunidades no mercado.[29]

---

[27] MARKOFF, John. Michael Dell Should Eat His Words, Apple Chief Suggests. **New York Times**, 1º de janeiro de 2006. Disponível em: <http://www.nytimes.com/2006/01/16/technology/16apple.html>. Acesso em: 06 de abril de 2014.

[28] HELFT, Miguel; VANCE, Ashlee. Apple Passes Microsoft as Number 1 in Tech. **New York Times**, 26 de maio de 2010. Disponível em: <http://www.nytimes.com/2010/05/27/technology/27apple.html>. Acesso em: 06 de abril de 2014.

[29] LASHINSKY, Adam. How Jobs Transformed Apple. **CNN Money**, 05 de novembro de 2009. Disponível em: <http://money.cnn.com/2009/11/04/technology/steve_jobs_ceo_decade.fortune/index2.htm>. Acesso em: 06 de abril de 2014.

Enquanto a maioria das empresas de alta tecnologia se concentra em um ou dois setores, a Apple está em todos ao mesmo tempo. Ela faz o próprio hardware, o sistema operacional que roda nesse hardware e os programas que rodam nesse sistema. Também faz os dispositivos eletrônicos e conduz o serviço *on-line* que fornece conteúdo para todos esses aparelhos. Juntando Microsoft, Dell e Sony em uma empresa, você teria algo como a diversidade tecnológica da Apple.

Parábola instrutiva de Steve Jobs sobre o conceito explica como a Apple faz isso:

> Sabe quando você vai a uma exposição de carros e é muito legal, e aí quatro anos depois você vê o carro produzido e ele é uma porcaria? O que houve? O que houve foi que os designers tiveram essa grande ideia e a levam aos engenheiros. E os engenheiros dizem: "Não podemos fazer isso. É impossível". E aí fica bem pior. Então eles levam para o pessoal da fabricação, e eles dizem: "Não podemos construir isso!" E fica bem pior.[30]

Essa era a situação que ele encontrou quando voltou para a Apple.

As duas lições a serem tiradas dessa história são sobre colaboração e controle. Os funcionários da Apple falam incessantemente sobre o que eles chamam de "polinização cruzada". Isso significa que produtos são trabalhados em paralelo por todos os departamentos em rodadas intermináveis de revisões interdisciplinares de design de uma forma muito colaborativa e integrada. Nesse tipo de ambiente, é fundamental manter todos no caminho certo e alinhados à visão e à estratégia, que, no caso da Apple, estavam na cabeça de Jobs.

A estratégia de Steve Jobs era 100% focada em inovação centrada no cliente. Diferenciou-se por ser menos focada em como extrair cada dólar de algum processo ou como reduzir custos e ser mais sobre como endereçar as frustrações, necessidades e expectativas do cliente. No entanto, se o alvo principal é inovação, você não pode sair perguntando às pessoas qual será a "próxima grande coisa". Inovação requer a capacidade de interpretar necessidades e expectativas.[31] Como Henry Ford disse uma vez, se ele tivesse perguntado aos clientes o que eles queriam, teriam dito: "Um cavalo mais rápido!".

---

[30] GROSSMAN, Lev. How Apple Does It. **Time**, 16 de outubro de 2005. Disponível em: <http://www.time.com/time/magazine/article/0,9171,1118384-1,00.html>. Acesso em: 06 de abril de 2014.

[31] MORRIS, Betsy. Steve Jobs Speaks Out. **Fortune**, março de 2008. Disponível em: <http://money.cnn.com/galleries/2008/fortune/0803/gallery.jobsqna.fortune/>. Acesso em: 06 de abril de 2014.

Em vez de pegar uma empresa fraca que estava lutando para se manter à tona e desafiar o fabricante líder do mercado, Steve Jobs direcionou a estratégia de inovação da Apple para se concentrar na integração de tecnologia e entretenimento. O iMac criou um novo mercado para PCs de uma só peça, sem fios, sem complicação e prontos para internet. O iPod criou um novo mercado para o trio hardware-software-serviço para apreciação de música digital. O iPhone criou um novo mercado ao unificar telefone, internet e mídia em um único aparelho. Em janeiro de 2010, a empresa apresentou o iPad, um dispositivo móvel multiuso para navegar na internet, ler e enviar e-mail, ver fotos, assistir vídeos, ouvir música e jogar. O iPad se baseia na tecnologia de tela de toque criada pela empresa, que permite aos clientes se conectar aos seus aplicativos e conteúdos de forma mais interativa.

A estratégia de focar em tecnologia e entretenimento levou a produtos como iPod, iMac, iPhone e iPad. Estes produziram clientes satisfeitos e levaram ao desenvolvimento de uma imagem da marca que resultou em benefícios como o aumento de vendas com margens elevadas, entregando, portanto, valor aos clientes e acionistas da Apple.

A empresa entrou no setor de telefonia móvel com uma estratégia de negócios completamente diferente, conhecida como inovação de valor – tornar a competição irrelevante ao abrir mercados novos e inexplorados e ao dar um salto em valor para os consumidores. Com o iPhone, a Apple ofuscou a Nokia, que até 2007 era a marca dominante em telefones celulares. Um fato interessante é que, cinco anos antes da Apple apresentar o iPhone e três anos antes de lançar a Apple Store (sua loja *on-line* de aplicativos), a Nokia estava pronta para apresentar seu próprio aparelho com internet, tela grande e de toque, e possuía um design inicial para uma loja *on-line* de aplicativos. Então, o que aconteceu?

Aparentemente, a Nokia não foi capaz de coordenar as decisões e atividades entre departamentos e níveis de gerência. Com a falta de coordenação e cooperação da empresa, a Nokia não conseguiu melhorar o seu sistema operacional proprietário, o Symbian, que lhe permitiria manter um smartphone mais sofisticado. A lição aprendida é que atividades organizacionais conflitantes, silos, processos redundantes e políticas de governança confusas contribuem para bloquear uma execução eficaz e consistente.

O valor de mercado da Nokia tomou uma trajetória declinante em 2007, o ano em que a Apple lançou o iPhone. Em 2006, a Nokia tinha quase 50% do mercado de celulares. Quatro anos depois, em 2010, sua participação caiu para 33%, demonstrando a incapacidade da empresa de reagir a uma nova onda de smartphones. A Nokia tinha que fazer algo.

Conectando Estratégias e Portfólio

Em setembro de 2010, Stephen Elop entrou para a Nokia como presidente e CEO. Ele anunciou:

> Meu papel, como líder da Nokia, é liderar essa equipe por esse período de mudança, conduzir a organização através desse período de ruptura. Meu trabalho é criar um ambiente onde oportunidades são devidamente capturadas, para finalmente assegurar que estamos atendendo às necessidades dos nossos clientes ao mesmo tempo em que entregamos um resultado financeiro superior.[32]

Em fevereiro de 2011, em uma carta aberta a todos os funcionários, Elop definiu o problema:

> Enquanto competidores incendiavam nossa fatia de mercado, o que houve com a Nokia? Nós ficamos para trás, perdemos as grandes tendências e perdemos tempo. Naquela época, nós pensávamos que estávamos tomando as decisões certas, mas, olhando em retrospectiva, nós agora estamos anos atrasados. O primeiro iPhone foi entregue em 2007, e nós ainda não temos um produto que chegue perto da experiência que ele proporciona. O Android entrou em cena há pouco mais de dois anos, e eles tomaram a nossa posição de liderança em volume de smartphones. Inacreditável.[33]

Depois da carta, Elop anunciou a nova estratégia da Nokia, que incluía uma sacudida na gestão, um número significativo de demissões e um realinhamento de suas unidades de negócios. Mas a mudança mais ousada foi ter abraçado uma terceira plataforma para smartphone, o Windows Phone 7.

Em setembro de 2013 a Microsoft anunciou a compra da Nokia. O anúncio foi feito por Steve Ballmer e Stephen Elop, diretores executivos das empresas. Segundo o anúncio, a movimentação significa o "próximo capítulo" na história da fabricante de celulares. A operação ocorre dois anos depois que a empresa decidiu usar o sistema operacional Windows Phone, da própria Microsoft, em seus principais aparelhos, em uma tentativa de recuperar as vendas.

A Microsoft tem uma nova e complicada missão pela frente: reerguer a divisão de celulares da Nokia e transformá-la novamente em sinônimo de sucesso no setor de tecnologias móveis. A gigante do software ganhou fôlego e *expertise* para se apro-

---

[32] ASSOCIATED PRESS. Incoming Nokia CEO Stephen Elop. **Bloomberg Business Week**, 10 de setembro de 2010. Disponível em: <http://www.businessweek.com/ap/financialnews/D9I54Q0G0.htm>. Acesso em: 06 de abril de 2014.

[33] TOI TECH. Nokia's CEO Letter to Employees. **The Times of India**, 09 de fevereiro de 2011. Disponível em: <http://articles.timesofindia.indiatimes.com/2011-02-09/telecom/28546254_1_oil-platform-strategy-and-financial-briefing-nokia-ceo>. Acesso em: 06 de abril de 2014.

fundar em um mercado hoje dominado pela Samsung e pela Apple. Só o tempo dirá se a Nokia será capaz de alinhar sua estratégia a um destino desejado. Mas uma coisa é certa: estratégia e alinhamento exigem uma implementação efetiva com ênfase especial em *timing*, velocidade e *momentum*.

Lições aprendidas com a Apple e a Nokia

Uma vez que as estratégias certas são estabelecidas, para que empresas como Apple e Nokia se recuperem de crises passadas é preciso implantá-las de forma eficaz. Sucesso implica em ter a postos todos os principais componentes da EPG, incluindo governança de projetos, macroprocessos, cultura e competência. Para que isso ocorra, é fundamental um plano sólido que crie uma cultura de gerenciamento de projetos por toda a empresa.

As características-chave para as organizações alinharem estratégias com portfólios de projetos são:

- **Comunicação e coordenação.** Incapacidade de se comunicar, coordenar e aprender é um fator crítico no alinhamento. Participantes de projetos reagem melhor quando se sentem informados e fazem parte dos processos de planejamento e execução.

- **Forte ligação entre estratégia e seleção de projetos.** Projetos vinculados diretamente aos objetivos estratégicos das organizações contribuem substancialmente para os resultados e para o desempenho geral das empresas.

- **Interromper projetos questionáveis.** Se ocorreram mudanças no cenário de um projeto em andamento, é importante avaliar os critérios de sucesso acordados e os benefícios pretendidos. Seu cancelamento deve ser avaliado e, se for o caso, o projeto deve ser interrompido, o que é sempre uma decisão delicada.

- **Prioridade na alocação de recursos.** O foco da gerência em priorizar e balancear recursos evita pressão para executar múltiplas tarefas, bem como erros inesperados por conta de profissionais sobrecarregados.

- **A qualidade da informação.** Independentemente de como é feita a seleção do portfólio e de quão sofisticadas são as ferramentas de tomada de decisão, a qualidade da informação é essencial para tomar decisões precisas.

- **Governança de Projetos.** Uma sólida estrutura mantém o investimento do projeto alinhado à estratégia da organização e impossibilita que se priorize o trabalho com base em critérios não objetivos, como interesses pessoais ou política interna.

A Governança de Projetos permite que organizações gerenciem as inter-relações de todas as iniciativas que fazem parte de um objetivo estratégico. A EPG também fornece os limites e pontos de verificação e controle necessários para manter programas e projetos alinhados aos objetivos do plano. Organizações que estabeleceram um modelo de governança eficaz podem se assegurar de que todos os programas e projetos estão sendo gerenciados com as métricas necessárias e os relatórios de progresso.

Alinhar estratégia de negócios permanece sendo uma das questões mais importantes com as quais os executivos lutam. Um dos principais obstáculos ao alinhamento estratégico é que muitas organizações falham na comunicação. Quando pessoas que são cruciais para a execução da estratégia não sabem qual é a estratégia, ou não conseguem entender como suas atividades do dia a dia contribuem para a execução dessa estratégia, é provável que o desempenho global do empreendimento sofra. A elaboração de mapas estratégicos é uma forma de reforçar a comunicação e garantir o alinhamento com a estratégia.

Mapas estratégicos e a JetBlue

Um mapa estratégico é uma relação dos objetivos estratégicos que ajuda a transmitir de maneira integrada e sistêmica a estratégia de uma organização. Na sua forma mais simples, os mapas estratégicos descrevem como a organização cria valor mostrando ligações de causa e efeito sob quatro perspectivas: financeira, do cliente, dos processos internos de negócios e de aprendizado e crescimento. O mapa obriga a organização a pensar em sua estratégia e nas relações entre seus direcionadores.

O desenvolvimento do mapa estratégico é um processo "de cima para baixo" (*top-down*) que primeiro leva a organização a atingir um consenso sobre a sua estratégia e seus objetivos relacionados. As perspectivas financeira e do cliente representam os resultados esperados da estratégia, enquanto as perspectivas do processo interno e de aprendizado e crescimento representam os condutores desses resultados.

Os mapas estratégicos criam uma linguagem única para comunicar a estratégia e os objetivos de forma proativa através do consenso e de uma linguagem comum; servem também como ponto de partida para a implantação de um portfólio de projetos e de instrumento de comunicação.

David Neeleman fundou a JetBlue Airways em 2000 com a visão de trazer de volta às viagens aéreas um pouco de humanidade. O objetivo era ser uma empresa barata de transporte aéreo que oferecesse conforto e serviço aos clientes. Isso incluía novos aviões com assentos de couro e televisores individuais para os passageiros. Também focava em nunca fazer *overbooking* de passagens, na pontualidade e em procedimentos ágeis de *check-in* e embarque. A JetBlue foi a primeira companhia aérea a implantar tecnologia sem papel em uma cabine de piloto e a ter 100% de bilhetes eletrônicos.

A empresa cresceu rapidamente com base em uma frota em expansão de jatos da Airbus e da Embraer. Em 2007, a JetBlue já havia recebido da revista Condé Nast Traveller o título de "Melhor Companhia Aérea Doméstica" pelo quinto ano consecutivo. Em fevereiro do mesmo ano, contudo, uma grave tempestade de neve afetou a base central da JetBlue, no aeroporto internacional John F. Kennedy, em Nova York. Isso resultou em milhares de passageiros presos no terminal e em aviões na pista. A empresa não estava preparada para encarar uma crise desse tamanho, com mais de mil voos cancelados e perdas acumuladas de cerca de trinta milhões de dólares em reembolsos de passagens, hospedagens e horas extras da tripulação.[34] Pior de tudo, a brilhante reputação da empresa foi manchada. E, ainda por cima, 2007 foi um ano com altos preços de combustível que afetaram os custos operacionais.

A JetBlue estava ciente de que, após sete anos de crescimento fenomenal, chegava a hora de uma reflexão profunda. Em 2008, a companhia adotou uma nova estratégia focada na reavaliação de seus ativos, redução de custos e crescimento seletivo. Aeronaves foram vendidas e a entrega de novos aviões, adiada.

O relatório anual de 2009 apontava como objetivos estratégicos a entrega dos benefícios desejados, o crescimento disciplinado, a gestão do tamanho da frota, a otimização da rede de rotas, o controle de custos e a otimização de receita unitária. Um dos instrumentos usados para assegurar o alinhamento da JetBlue aos objeti-

---

[34] WONG, Grace. JetBlue Fiasco: $30M Price Tag. **CNN Money**, 20 de fevereiro de 2007. Disponível em: <http://money.cnn.com/2007/02/20/news/companies/jet_blue/index.htm>. Acesso em: 06 de abril de 2014.

vos desejados foram mapas estratégicos,[35] como mostrado na Figura 3-2, concebidos para vincular as intenções da gerência com métricas para aferir as realizações. O sistema de desempenho gerencial e o programa de bônus da empresa foram reformatados para ficarem coerentes com os mapas estratégicos.

David Neeleman é também o fundador da Azul Linhas Aéreas. Em entrevista à revista Isto É Dinheiro de novembro de 2012[36], declarou que: "ser a maior companhia aérea do país em menos de dez anos será uma consequência (...). Não tenho nenhum receio em dizer que nossa ambição é consolidar a Azul em um mercado ainda elitizado, em que voar de avião é visto pela maioria da população como um privilégio de gente rica. Quando o governo e as agências reguladoras conseguirem enxergar com clareza o potencial do mercado brasileiro, e os aviões levarem desenvolvimento a lugares que hoje estão praticamente isolados, haverá uma grande mudança no perfil econômico do país. Quero participar disso".

A estratégia da Azul, desenvolvida por Neeleman e inspirada no bem-sucedido modelo de negócio da americana JetBlue, se baseia, principalmente, na otimização de custos. Com relação à frota, por exemplo, todos os aviões da Azul são jatos produzidos pela Embraer ou turboélices da franco-italiana ATR que consomem até 40% menos combustível. O consumo de combustível representa uma parcela significativa dos custos operacionais de uma aeronave.

Em maio de 2012 foi anunciada a fusão com a Trip Linhas Aéreas, tornando a Azul a terceira linha aérea no Brasil. As duas empresas possuíam malhas aeroviárias complementares. Ao que parece, Neeleman continua em seu propósito de tornar a Azul a maior companhia aérea do país.

O alinhamento da estratégia é fundamental para o sucesso organizacional e o uso de mapas estratégicos é um dos seus facilitadores.

---

[35] BARGER, Mike. **A Framework for the Development of an Effective Learning Function and a Mechanism for Evaluating Learning Function Performance.** Universidade da Pensilvânia, 1º de janeiro de 2009. Disponível em: <http://repository.upenn.edu/dissertations/AAI3374192>. Acesso em: 06 de abril de 2014.

[36] NEELEMAN, David. **O Vôo Alto da Azul.** Isto é dinheiro, 14 de novembro de 2012. Disponível em: http://www.istoedinheiro.com.br/noticias/negocios/20121114/voo-alto-azul/96039.shtml. Acesso em: 06 de abril de 2014.

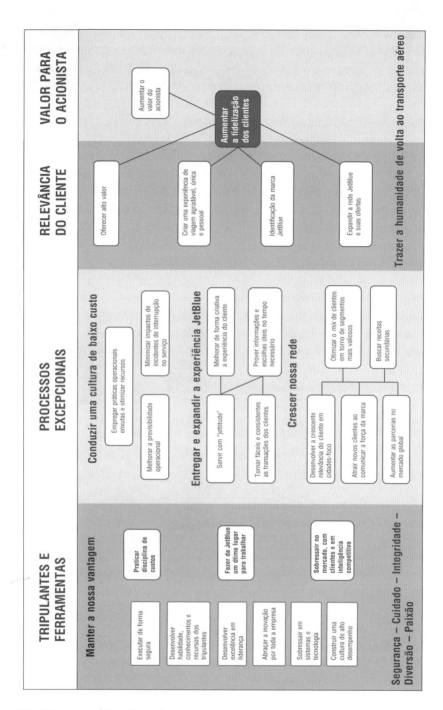

Figura 3-2. Mapa estratégico da JetBlue

Colhendo benefícios através de projetos

O interesse em gerenciar projetos dentro do contexto de benefícios e resultados surge conforme a compreensão sobre gerenciamento de projetos amadurece. O intuito é a coordenação de um portfólio de projetos que transforme as organizações através da conquista dos benefícios esperados. Nesse modelo de desenvolvimento, a entrega de valor está vinculada à estratégia de negócios através da integração das saídas (entregas) e dos fluxos de trabalho de múltiplos projetos interdependentes. Entregar projetos no prazo e dentro do orçamento pode ser apropriado para o desenvolvimento de produtos; contudo, essa abordagem não reconhece que projetos ainda podem falhar caso não entreguem os benefícios necessários para a organização.

A concretização de benefícios incide no que um programa, projeto ou portfólio irá entregar para o negócio e começa com as seguintes questões fundamentais:

- Por que a iniciativa está sendo realizada?

- Quais são os resultados planejados e os benefícios a longo prazo que o projeto visa alcançar?

- Que mudanças organizacionais são necessárias para realizar os resultados planejados?

- Quem é o responsável?

As saídas do projeto são integradas em resultados, benefícios e a definitiva criação de valor, conforme mostrado na Figura 3-3.

Por um lado, a principal preocupação para a definição de projetos e programas é entender como os impactos estão conectados às necessidades nos níveis estratégico, tático e operacional. Quais impactos darão máximo valor aos acionistas? A realidade mostra que, quando perguntados sobre impactos, os executivos parecem ter dificuldade em articular resultados finais claros. Se o problema for a inabilidade de articular impactos, então não há muito sentido em desenvolver uma estratégia elegante.

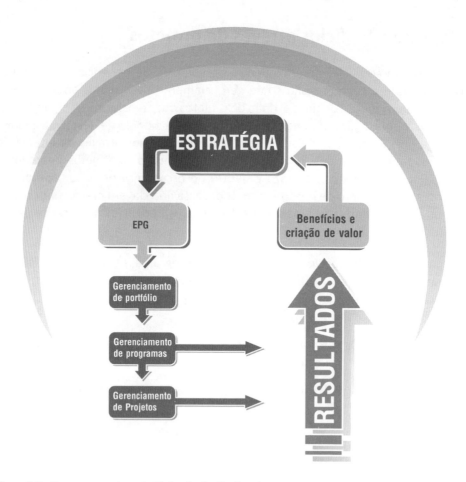

Figura 3-3. Do pensamento estratégico à criação de valor

John Thorp, autor do *best-seller* "The Information Paradox", em entrevista para a APM[37], observou que "[os] benefícios não acontecem por acaso, e eles raramente ocorrem conforme o planejado. Eles precisam ser gerenciados. Grande parte da atividade hoje ainda está centrada no resultado financeiro, em vez de focar no ciclo de vida completo do gerenciamento". Ele ainda observou que o gerenciamento de benefícios deve ser a espinha dorsal do gerenciamento de projetos e programas e ser percebido como uma questão mais ampla de governança, e não apenas como uma questão de governança de TI.

---

[37] HARRIES, Sarah. The 'Grandfather of Benefits Management' Perhaps.... **Benefits Management SIG Newsletter.** Londres: APM, 25 de janeiro de 2010. Disponível em: <http://apm-5dimensions.com/sites/default/files/newsletter%201_0.html>. Acesso em: 07 de abril de 2014.

A seguir, temos os tópicos sobre os quais a equipe executiva deve chegar a um entendimento comum a fim de estabelecer as conexões entre a estratégia e os seus impactos esperados:

- A futura criação de valor resultante de adotar uma estratégia.

- As ligações entre a estratégia organizacional e a mudança resultante nos negócios.

- O desdobramento da estratégia nos diversos níveis organizacionais e seus impactos.

- Como os impactos deverão ser medidos.

- O produto de trabalho tangível em termos de saídas de projetos que devem ser criados para atingir o resultado.

O Método do Marco Lógico (MML)

O método do marco lógico (*logframe*, do inglês *logical framework*) vem desempenhando um papel central no planejamento e no gerenciamento de intervenções de desenvolvimento. Originalmente desenvolvido pelo Departamento de Defesa dos EUA, foi então adaptado pela agência espacial americana NASA antes de ser adotado pela agência americana para o desenvolvimento internacional (USAID – *United States Agency for International Development*) em projetos de desenvolvimento no final da década de 1960. Ele foi escolhido por organizações europeias de desenvolvimento na década de 1980 e, até o final da década de 1990, o MML havia se tornado a abordagem padrão exigida por muitas das organizações de desenvolvimento para avaliar, selecionar e acompanhar projetos.

O marco lógico é usado no Banco Mundial[38] desde 1997, quando se tornou um padrão na avaliação de projetos. É também usado por empresas privadas, municípios e organizações internacionais de desenvolvimento para avaliar e acompanhar projetos e programas. O MML é uma ferramenta com o poder de comunicar claramente e de forma sucinta os elementos essenciais de um projeto complexo durante todo o seu ciclo.

---

[38] BANCO MUNDIAL. **The LogFrame Handbook:** A Logical Framework to Project Cycle Management. Washington, D.C.: Banco Mundial, 2005.

Gerenciar o desempenho de um programa no setor público sempre foi um desafio por causa da dificuldade de medir a eficácia de programas de governo em alcançar os benefícios esperados. Os governos normalmente expressam a variedade de programas entregues no contexto de um quadro lógico, como o do governo australiano (*Australian Government Outcomes and Outputs Framework*).

O marco australiano[39] pôs uma forte ênfase nos resultados como base para informações de desempenho por mais de duas décadas, com os objetivos de melhorar a governança corporativa das agências e aumentar a prestação de contas pública. Esse marco é definido no contexto de governos entregando benefícios à comunidade australiana, principalmente através de programas, bens e serviços (saídas), que são acompanhados conforme indicadores específicos de desempenho, como mostrado na Figura 3-4. Os benefícios, os resultados e as saídas impulsionam as tomadas de decisões estratégicas.

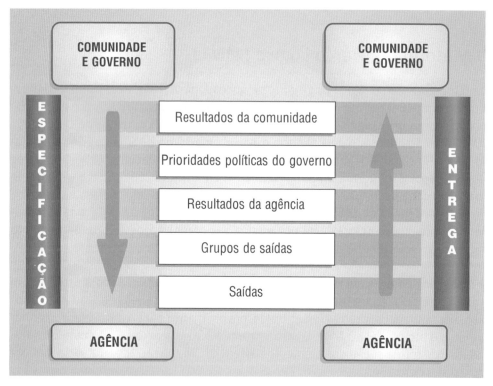

Figura 3-4. Relacionamento entre resultados e saídas

---

[39] AUSTRALIAN NATIONAL AUDIT OFFICE. **Performance Information in Portfolio Budget Statements.** Canberra, Austrália: ANAO, 2001.

No caso brasileiro, o Marco Lógico é um instrumento de planejamento obrigatoriamente adotado por todas as organizações públicas que postulam financiamento junto ao Banco Interamericano de Desenvolvimento. Também vem sendo utilizado pela Agência Brasileira de Cooperação, órgão do Ministério das Relações Exteriores, na análise de projetos submetidos à sua apreciação.

Inúmeros programas do governo federal e de governos estaduais foram estruturados e avaliados a partir do Marco Lógico, tais como o Programa Nacional de Apoio ao Transporte Escolar, o Programa Brasil Alfabetizado, o Programa Nacional do Livro Escolar e o Programa Nacional de Alimentação Escolar.

O uso do Marco Lógico promove e institucionaliza a visão de futuro compartilhada, a coordenação de planos e políticas multissetoriais, a avaliação de resultados, o alcance de objetivos e benefícios estabelecidos, o alinhamento estratégico e a integração, fornecendo coerência e clareza das dependências a todos os envolvidos no processo de programação e gestão de investimentos.

O alinhamento da estratégia requer que os projetos completados contribuam substancialmente para a criação de valor corporativo e que haja uma enorme melhoria em relação à abordagem conhecida como "granada por cima do muro", que ocorre quando a equipe de planejamento de negócios identifica e caracteriza as estratégias e então "lança" os objetivos como uma granada em cima de uma equipe de gerenciamento de projetos que não está informada nem envolvida, porém está presa ao objetivo de completar um projeto com êxito – projeto este que pode ou não estar totalmente alinhado aos objetivos da empresa. A Figura 3-5 mostra um MML simples que pode ser aplicado a projetos. Por um lado, o propósito de criar esses tipos de matrizes é para garantir que nada seja perdido entre a estratégia e cada um dos projetos associados, especialmente as premissas, durante sua implantação. As pessoas tendem a assumir que todos conhecem as premissas embutidas em um projeto. Nada é mais errado! Por outro lado, há uma necessidade de assegurar que os benefícios esperados estejam sendo realizados. Conectando esses dois polos, encontramos as métricas estabelecidas para avaliar o progresso.

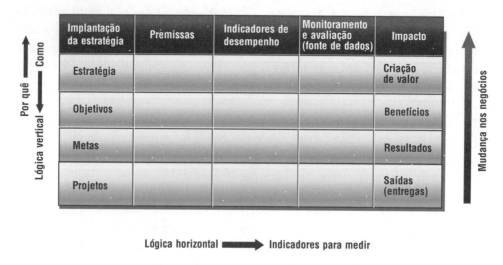

Figura 3-5. Conectando a implantação da estratégia à mudança nos negócios

Alinhamento estratégico através de um PMO corporativo

Uma abordagem para facilitar a gestão do alinhamento da estratégia é a implementação de um PMO corporativo, às vezes chamado de escritório estratégico de projetos. O PMO corporativo é uma estrutura que provê à organização a perspectiva necessária para selecionar, priorizar e monitorar projetos e programas que contribuem para o cumprimento da estratégia corporativa. O PMO corporativo serve de "casa" organizacional, comunicando a estratégia por toda a organização para convertê-la em um portfólio de programas e projetos.

A estrutura é orientada pelo comitê de direção do PMO corporativo, normalmente composto pelo seu diretor, pelos chefes das unidades de negócios e pelos chefes das organizações de apoio, tais como TI. Esse comitê está continuamente selecionando, priorizando e avaliando todo o portfólio corporativo de projetos. Quando grandes questões ou problemas precisam ser escalados, o comitê de direção do PMO corporativo provê um fórum para a sua resolução.

Finalmente, alinhar o desdobramento da estratégia em uma organização requer governança, que é operacionalizada, em parte, através de programas e projetos que vão produzir benefícios capazes de traduzir intenção em execução. A seguir, alguns projetos necessários:

- Mapeamento da estratégia.

- Sessões facilitadas para estruturar a definição de metas.

- Reformulação do sistema de incentivos.

- Realinhamento da remuneração dos executivos.

- Organização de um PMO corporativo.

- Sessões facilitadas para a estruturação de um quadro lógico.

- Estabelecimento de um calendário de monitoramento e acompanhamento.

Conclusões

Estrategistas de negócios e gerentes de projetos parecem vindos de mundos diferentes, porém seus papéis são fortemente compartilhados. A chave para conectar estratégias ao portfólio de projetos certo é o mapa estratégico. Uma estrutura de governança contemplando o mapa estratégico e o marco lógico, estabelecendo os impactos associados nos diversos níveis organizacionais, assegura que as decisões sejam tomadas de forma coerente por toda a organização e que um conjunto de responsabilidades e práticas seja definido e exercido pela gerência executiva com os seguintes objetivos:

- A direção estratégica é claramente compreendida por toda a organização, e as unidades de negócios e os níveis de gerência estão focados em se alinhar a essa direção estratégica.

- A execução dos objetivos estratégicos é monitorada permanentemente para medir o desempenho.

Essas conexões são projetadas para implementar a intenção estratégica que criará uma onda de impactos (saídas, resultados e benefícios) que, em última análise, irá gerar valor para a organização. Ao longo dessa jornada, a medição é crítica para monitorar o progresso e avaliar se as intenções estão se transformando em execução na direção desejada.

4

Gerenciamento de Riscos: Lidando com Incertezas

Em fevereiro de 2002, durante uma coletiva, o secretário de Defesa dos EUA, Donald Rumsfeld, falou sobre a falta de evidências que ligariam o governo do Iraque ao fornecimento de armas de destruição de massa a grupos terroristas fazendo uma declaração evasiva:

> Como sabemos, há fatos conhecidos que são conhecidos; há coisas que sabemos que sabemos. Nós também sabemos que há fatos conhecidos que são desconhecidos; quer dizer, nós sabemos que há algumas coisas que sabemos que não sabemos. Mas também há fatos desconhecidos que são desconhecidos; aqueles que nós não sabemos que não sabemos. E se olharmos para a história do nosso país e de outras nações livres, é essa última categoria que tende a ser das mais difíceis.[40]

A citação, muito em uso dentro das instituições militares dos EUA, baseou-se no clássico "Da Guerra", do famoso general prussiano Clausewitz. No livro, ele comenta que "três quartos dos fatores nos quais a ação na guerra é baseada estão envoltos em um registro de maior ou menor incerteza (...) Vários relatórios de inteligência na guerra são contraditórios; muitos são falsos, e a maioria é incerta".[41]

---

[40] RUMSFELD, Donald. **DOD News Briefing:** Secretary Rumsfeld and Gen. Myers, News Transcript. Washington, D.C.: Departamento de Defesa dos EUA, 12 de fevereiro de 2002. Disponível em: <http://www.defense.gov/transcripts/transcript.aspx?transcriptid=2636>. Acesso em: 07 de abril de 2014.

[41] CLAUSEWITZ, Carl von. **On War.** Princeton, N.J.: Princeton University Press, 1976, p. 101.

A exploração espacial da NASA abrange numerosos fatos desconhecidos em missões que envolvem operações difíceis, perigosas e dinâmicas, que vão desde a órbita terrestre até a exploração planetária e do universo. Essas missões ampliam os limites do conhecimento humano, tecnológico e teórico. Mesmo com todo o seu sucesso, a NASA já teve falhas que custaram bilhões de dólares, levaram a oportunidades perdidas para o avanço científico e resultaram na perda de vidas humanas.

As incertezas em missões da NASA são incontáveis e envolvem fatos conhecidos-conhecidos, conhecidos-desconhecidos e desconhecidos-desconhecidos. A exploração do universo fundamenta-se em desenvolver sistemas complexos e mergulhar no desconhecido-desconhecido. Como observou a comissão que investigou a perda do ônibus espacial Columbia, "sistemas complexos quase sempre falham de maneira complexa".[42] E, na maioria das vezes, as falhas ocorrem de forma imprevisível. Vale notar que esses percalços frequentemente estão enraizados na cultura, na gestão e na estrutura da organização.

Em 2000, a NASA divulgou uma série de relatórios em resposta às falhas no programa Marte (problemas de fiação em naves) e uma avaliação genérica da sua abordagem para a execução de projetos "mais rápidos, melhores e mais baratos". A necessidade de melhorar o gerenciamento de riscos foi sinalizada como a de maior prioridade. Por exemplo, o relatório "Enhancing Mission Success, a Framework for the Future from NASA Integrated Action Team" recomendava: "melhorar e aprimorar o conhecimento e a habilidade da NASA e do contratante para identificar, avaliar, mitigar e rastrear riscos através da definição dos critérios de sucesso, risco aceitável, utilização de ferramentas novas e existentes e política e orientações adequadas".[43]

Os princípios de risco destacados no relatório da NASA são igualmente aplicáveis nos cenários corporativos ou agências governamentais e são partes essenciais das políticas de EPG de uma organização. O relatório apontou as causas das falhas e propôs medidas preventivas destinadas a mitigar os riscos em futuras missões espaciais.

---

[42] THE NEW YORK TIMES. Loss of the Shuttle; Excerpts from the Report of the Columbia Investigation Board. **New York Times**, 27 de agosto de 2003. Disponível em: <http://www.nytimes.com/2003/08/27/us/loss-shuttle-excerpts-report-columbia-accident-investigation-board.html>. Acesso em: 07 de abril de 2014. A citação pode ser encontrada na declaração da diretoria da NASA.

[43] NASA. **Enhancing Mission Success:** A Framework for the Future. NASA, 21 de dezembro de 2000. Disponível em: <http://history.nasa.gov/niat.pdf>. Acesso em: 07 de abril de 2014. Veja também os arquivos de gerenciamento de riscos da NASA, disponíveis em: <http://www.hq.nasa.gov/office/codeq/risk/risk_archive.htm>. Acesso em: 07 de abril de 2014.

Do espaço sideral para o fundo do mar

Além das sondas espaciais da NASA, outras formas de exploração também são um negócio arriscado. Em abril de 2010, no Golfo do México, ocorreu o maior derramamento de óleo da história, causado por uma explosão na plataforma de petróleo *Deepwater Horizon*. A plataforma era de propriedade da Transocean, sob o contrato da British Petroleum para perfurar um poço exploratório no campo petrolífero de Macondo, uma *joint venture* da British Petroleum (65%), a operadora, Anadarko Petroleum (25%) e a Mitsui Oil Exploration (10%).

No momento da explosão, a Halliburton, outra contratante, tinha completado recentemente a cimentação do poço, e a BP e a Transocean estavam fechando o poço para uma produção futura. Onze membros da tripulação morreram e outros ficaram gravemente feridos quando o fogo tomou conta e por fim destruiu a plataforma.

Durante um período de noventa dias, as tentativas fracassadas da BP de parar ou mitigar o fluxo de óleo realçaram o forte contraste entre a habilidade da indústria de extrair óleo com sucesso em águas profundas e a capacidade de prever e lidar com acidentes. Conforme a exploração foi se movendo para águas mais profundas e de maior risco, agências reguladoras demoravam a indicar monitoramento independente ou preparação obrigatória para resposta a desastres.

O relatório de investigação interna da BP[44] atribuiu parcialmente a culpa a si mesma e focou repetidamente na falha de cimentação do poço, colocando a culpa no trabalho realizado pela Halliburton. O relatório também destacou a responsabilidade do proprietário da plataforma, afirmando que "[a] Transocean era a única responsável pela operação da plataforma de perfuração e pela segurança das operações. Era obrigada a manter o controle dos equipamentos do poço e a usar todos os meios razoáveis para controlar e evitar incêndios e explosões".

Em resposta, a Transocean rejeitou o relatório da BP considerando um "relatório egoísta (...) que tenta esconder o fator crítico que preparou o terreno para o incidente em Macondo: o design fatalmente defeituoso do poço. Tanto no design como na construção, a BP tomou uma série de decisões para reduzir os custos, o que aca-

---

[44] **Deepwater Horizon Investigation Report.** Disponível em: <http://www.bp.com/liveassets/bp_internet/globalbp/globalbp_uk_english/incident_response/STAGING/local_assets/downloads_pdfs/Deepwater_Horizon_Accident_Investigation_Report.pdf>. Acesso em: 07 de abril de 2014.

Gerenciamento de Riscos: Lidando com Incertezas

bou aumentando o risco – em alguns casos, severamente". A Halliburton também apontou várias omissões e imprecisões substanciais por parte da BP[45].

Em maio de 2010, para apurar o derramamento de petróleo e a perfuração marítima da plataforma *Deepwater Horizon*, o presidente dos EUA Barack Obama anunciou a criação de uma comissão nacional – uma entidade independente, apartidária, direcionada a fornecer uma análise aprofundada e um julgamento imparcial. O relatório emitido em janeiro de 2011 concluiu que:

> O acidente no poço em Macondo poderia ter sido evitado. (...) As causas imediatas da explosão do poço podem ser rastreadas até uma série de equívocos identificáveis cometidos pela BP, pela Halliburton e pela Transocean que revelam tamanhas falhas sistemáticas no gerenciamento de riscos que põem em dúvida a cultura de segurança de toda a indústria. (...) O desastre da plataforma *Deepwater Horizon* expõe os custos de uma cultura de complacência. Há casos recorrentes de sinais de alerta perdidos, fracasso no compartilhamento de informações e uma falta geral de apreço pelos riscos envolvidos. Na visão desta comissão, tais achados realçam a importância de uma cultura organizacional e de um compromisso consistente com a segurança por parte da indústria, partindo dos mais altos postos de gerência.[46]

Sem dúvida, BP, Halliburton e Transocean possuem normas e procedimentos detalhados para tratar de questões operacionais ou para lidar com questões de saúde e segurança. Contudo, as crenças e atitudes acerca dessas normas, associadas à falta de integração da equipe, foram as causas de um acidente que culminou em um desastre corporativo e ecológico.

Ao final de 2013, de acordo com reportagem no periódico The Guardian de fevereiro de 2014, a conta do derrame de óleo já totalizava US$ 42,7 bilhões[47]. Porém, a conta final poderá ser acrescida de mais US$ 20 bilhões devido a penalidades decorrentes do *Clean Water Act* dos Estados Unidos.

---

[45] FT REPORTS. Backlash Greets BP's Internal Report. **Financial Times**, 08 de setembro de 2010. Disponível em: <http://www.ft.com/cms/s/0/e76e6e68-bb36-11df-b3f4-00144fea-b49a.html#axzz1OoSi10ot>. Acesso em: 08 de abril de 2014.

[46] Relatório final da comissão sobre o derramamento de petróleo da plataforma *Deepwater Horizon*. <http://www.gpo.gov/fdsys/pkg/GPO-OILCOMMISSION/pdf/GPO-OILCOMMIS-SION.pdf >.

[47] MACALISTER, Terry. BP's Deepwater Horizon bill rises by $200m as profits fall. **The Guardian**, 04 de fevereiro de 2014. Disponível em: <http://www.theguardian.com/business/2014/feb/04/bp-deepwater-horizon-bill-rises-profits-fall>. Acesso em: 12 de maio de 2014.

O caso *Deepwater Horizon* permanece como alerta, indicando que, para desenvolver uma cultura de riscos madura dentro das organizações, é preciso reconhecer a interdependência dos riscos nos níveis estratégico, tático e operacional do empreendimento e que eles devem ser gerenciados de forma proativa. Uma abordagem integrada para o gerenciamento de riscos pode criar uma vantagem competitiva ao permitir benefícios para o negócio ao evitar desastres e crises.

As lições aprendidas com a maioria dos desastres corporativos podem indicar riscos assumidos inapropriadamente. Quando gerentes exageram e expõem o negócio a riscos em demasia, os investidores suportam o peso das decisões infelizes.

O desenvolvimento do gerenciamento de riscos

Até o início da década de 1980, a gestão de riscos era relativamente nova para aqueles fora do setor de seguros. Até então, as empresas eram capazes de transferir certos riscos para companhias de seguros – como catástrofes naturais, acidentes, erro humano ou fraude. Mais tarde, as empresas começaram a olhar mais de perto para os riscos financeiros, como taxa de câmbio, preços de *commodities*, taxas de juros e preços de ações. Esse era o início do gerenciamento de riscos financeiros como um sistema formal.

Um grande impulso para abordagens mais formais ao gerenciamento de riscos, governança corporativa e controles internos resultou dos colapsos de grandes corporações desde o fim da década de 1990. Esses escândalos levaram executivos a testemunhar que não tinham conhecimento das atividades antiéticas ocorridas em suas empresas. Isso levou a novos ambientes regulatórios, como a lei *Sarbanes-Oxley* (SOX), nos EUA, o Código de Governança Corporativa, no Reino Unido, e o Acordo de Basileia II para o setor bancário, todos com um forte foco em controles internos e em tornar os executivos responsáveis por estabelecer, avaliar e monitorar a eficácia da estrutura interna de controle da empresa. A definição de "controle interno" mais comumente aceita foi desenvolvida pelo Comitê das Empresas Patrocinadoras (*Committee of Sponsoring Organizations* – COSO) da Comissão *Treadway*:

> (...) um processo, efetuado por um conselho de diretores, gerentes e outros profissionais de uma entidade, feito para fornecer uma segurança razoável quanto à realização de objetivos nas seguintes categorias: eficácia e eficiência das operações; confiabilidade dos relatórios financeiros; adequação às leis e regulações aplicáveis.[48]

---

[48] A definição do COSO para controle interno pode ser obtido em: <http://www.coso.org/IC-IntegratedFramework-summary.htm>. A referência do COSO para controle interno é a publicação "Internal Control – Integrated Framework".

O aspecto mais controverso da SOX está na seção 404, que exige que a gerência produza um relatório anual de controle interno que afirme a sua responsabilidade por estabelecer e manter uma estrutura de controle interno e procedimentos adequados para os relatórios financeiros, além de uma avaliação da eficácia dos procedimentos e da estrutura interna de controle do emissor dessas informações financeiras.

Os controles internos são fundamentais para o bom funcionamento e a gestão do dia a dia de uma empresa e para ajudá-la a alcançar seus objetivos de negócios. O escopo dos controles internos é bem amplo. Ele engloba todos os controles incorporados em processos estratégicos, de governança e de gerenciamento, cobrindo toda a gama de atividades e operações da empresa e não apenas aquelas diretamente relacionadas a operações e relatórios financeiros. O escopo não se limita às conformidades do negócio, mas, sim, se estende aos aspectos de desempenho.

Da mesma forma que o controle interno é um aspecto-chave da governança corporativa, o gerenciamento de riscos é um elemento vital do controle interno, pois um gerenciamento de riscos ruim pode afetar os controles internos em todas as áreas da organização. Identificar riscos e criar sistemas e garantias para melhorá-los é uma forma de criar uma sólida estrutura de controle interno. Portanto, controles internos dependem de um gerenciamento de riscos eficaz para garantir desempenho de qualidade e conformidade para que organizações alcancem seus objetivos de negócio, como mostra a Figura 4-1.

Como CEOs e CFOs são obrigados a fazer declarações públicas atestando a eficácia do controle interno, é necessária uma estrutura baseada em critérios objetivos e sujeitos a medição.

Com a expansão do gerenciamento de riscos, surgiam propostas para criar uma cultura corporativa capaz de tratar os riscos associados a ambientes de negócios em rápida transformação. O conceito foi rotulado de ERM (*Enterprise Risk Management* – Gerenciamento de Riscos Corporativos, em português). Seu princípio geral é manter uma relação positiva entre os benefícios para a organização e o custo do gerenciamento de riscos e dos seus controles.

Para que o risco seja visto como agregador de valor para uma organização, é necessária uma visão mais ampla do que apenas dar ao termo o mero sentido convencional de "perigo".

Figura 4-1. Estrutura de controles internos

A palavra "risco" em chinês é representada por dois caracteres com um sentido mais holístico. O primeiro caractere significa "ameaça" e o outro, "oportunidade".

Nesse sentido, o risco pode ser entendido sob dois aspectos, negativo e positivo – de fato, onde existe um componente ameaçador, as oportunidades também estão presentes. O ERM efetivamente se resume a evitar exposição desnecessária que possa pôr em perigo a organização, ao mesmo tempo em que alerta para oportunidades que agreguem valor.

Gerenciamento de riscos na BHP Billiton

A BHP Billiton se concentra na criação de valor a longo prazo através do desenvolvimento de recursos naturais como cobre, carvão, níquel, urânio e petróleo e gás em mais de 25 países. O gerenciamento de riscos foi incorporado em todos os níveis da organização.

A empresa começou a implantar seu ERM em 2002, após a fusão da BHP com a Billiton. Em declaração, a diretoria de governança estabeleceu metas para o gerenciamento de riscos, afirmando que "a identificação e o gerenciamento de riscos são fundamentais para alcançar o objetivo corporativo de entregar valor a longo prazo para os acionistas".[49] Documentos foram aprovados e implantados, exigindo uma abordagem sistemática para identificar e gerenciar riscos. Isso foi apoiado por uma política de gerenciamento de riscos que descreve princípios, padrões de desempenho, diretrizes e metodologias. O documento foi assinado pelo CEO e pelos gerentes de ativos.

Mais de oitenta mil riscos estão identificados *on-line* e documentados na BHP Billiton. Espera-se que os gerentes de ativos responsáveis por esses riscos demonstrem que o gerenciamento de riscos é de fato parte integral de suas funções de gestão, mostrando que estes são monitorados e controlados, e que estão sendo tomadas as ações corretivas necessárias.[50]

Em cada ativo da BHP Billiton, o gerenciamento de riscos é realizado regularmente. Cada ativo informa os principais riscos à gerência sênior e à diretoria. O perfil de riscos da BHP Billiton é revisado duas vezes por ano para garantir que os controles apropriados estejam sendo postos em prática. Por fim, o vice-presidente de gerenciamento de riscos deve apresentar ao CEO a forma como os processos e os controles estão em uso na organização.

Após alcançar um alto estágio de maturidade com seu ERM e seu programa de riscos, o objetivo foi a simplificação. Por exemplo, as diretrizes de gerenciamento de riscos foram reduzidas de quatorze para duas e as normas, de sete para quatro. Simplificar o processo assegura e facilita a identificação dos principais riscos.

---

[49] Vale a pena conferir o site da BHP Billiton (http://www.bhpbilliton.com/home/aboutus/ourcompany/Pages/governance.aspx) para analisar como a sua governança é estruturada, especialmente os termos de referência para o comitê de risco e auditoria.

[50] TILLEY, Kate. Risk Management in Practice: Keeping Your Risks Close. **Risk Management**, 06 de dezembro de 2011.

A política global de riscos da BHP Billiton, supervisionada por um comitê diretor de gerenciamento de riscos, garante que a importância do gerenciamento de riscos seja compreendida pelos funcionários de todos os ativos. O papel do comitê diretor inclui a governança geral de riscos para limitar as incertezas através da administração das exposições a riscos, além de avaliar o perfil de riscos de cada ativo, bem como acompanhar mudanças de riscos potenciais ao longo do tempo. Estratégias para mitigação de riscos são também parte das responsabilidades do comitê.

O plano de gerenciamento de riscos indica metas e estratégias específicas para cada ativo e é preparado, em conjunto com a equipe de gerenciamento de ativos, com base em um modelo de gestão de continuidade dos negócios em duas fases. Quando se detecta um problema que pode afetar a continuidade dos negócios, a resposta inicial, a curto prazo, é controle e contenção, ou seja, a crise deve ser contida e as partes interessadas, informadas. Com a crise contida, é iniciada a fase de retomada e consolidação. Uma equipe local de gerenciamento de incidentes é treinada regularmente para lidar com situações de crise. A fase final inclui a análise de impacto nos negócios, assim como a identificação de vulnerabilidades, ativos críticos e eventos que possam causar qualquer tipo de inatividade prolongada.

O espectro da maturidade

O gerenciamento de riscos assume diferentes formas em diferentes organizações. A responsabilidade pode recair unicamente sobre um profissional em meio expediente ou, no outro extremo, pode requerer um departamento inteiro para lidar com uma série de questões. Na Mars Corporation, empresa conhecida por suas barras de chocolate, um programa ERM foi aprovado pela diretoria e implantado ao longo de um período de quatro anos. Conduziu-se uma série de *workshops* de implantação, para ajudar a criar uma base sólida para colher os benefícios do gerenciamento de riscos. Com uma cultura básica de riscos estabelecida, a Mars começou a integrar ERM a outros pilares de gestão, como planejamento estratégico e gerenciamento de desempenho. O arcabouço de gerenciamento de riscos foi também usado para interagir com as unidades de negócios para identificar e mitigar riscos operacionais.

A equipe de ERM da Mars assume uma postura proativa ao trabalhar com líderes por toda a organização, realizando *workshops* anuais que oferecem uma oportunidade para discutir riscos em potencial e como lidar com eles. Riscos de todas as naturezas são examinados, incluindo estratégicos e operacionais, bem como aqueles relacionados a portfólios, programas e projetos.

Outra organização que aplicou ERM foi a Hydro One[51], a maior companhia de energia elétrica de Ontario, no Canadá. Em 1999, quando a empresa iniciou o processo de adoção do ERM, a diretoria e a gerência estabeleceram metas ambiciosas, junto com governança corporativa e melhoria do desempenho através do uso de melhores práticas. A empresa entendeu o gerenciamento de riscos como uma maneira integrada de identificar ameaças e oportunidades na alocação de recursos em um cenário que envolve uma fiscalização cada vez maior por parte de agências regulatórias do governo.

A alta administração da Hydro One estabeleceu uma equipe, chamada de Grupo de Gerenciamento de Riscos Corporativos (*Corporate Risk Management Group*), para mostrar o valor do ERM e fixou um prazo de seis meses para serem fornecidas provas que dessem um "sinal verde" para o programa. Dois profissionais em tempo integral, um diretor de riscos (*Chief Risk Officer* – CRO) em meio período e o apoio pontual de uma consultoria formavam a equipe.

A equipe inicialmente produziu um documento sobre a política de ERM que estabelecia princípios gerais de governança, responsabilidades e prestação de contas. Uma proposta de ERM também foi preparada, estabelecendo procedimentos de como gerenciar riscos. Ainda exigindo evidências sólidas que justificassem um programa em grande escala, a diretoria recomendou que se fizesse um projeto piloto em uma das suas subsidiárias.

O estudo piloto utilizou *workshops* para ajudar a esclarecer os objetivos de negócios e tratar dos riscos relacionados. O risco foi definido como "tendo potencial de ameaçar a realização dos objetivos de negócios". As discussões nos *workshops* revelaram que várias questões relacionadas a riscos tinham sido pensadas, mas não haviam sido abertamente discutidas e avaliadas. Através do projeto piloto, atingiu-se uma compreensão comum do que é risco e desenvolveu-se um plano para priorizar e gerenciar riscos. O piloto foi um sucesso, e o programa para implantação geral foi aprovado pela diretoria.

A implantação do programa de ERM levou aproximadamente cinco anos. Ele entregou benefícios como uma reação positiva das agências de avaliação de crédito, resultando na redução no custo da dívida da empresa e na melhoria das despesas de capital, com base na redução de riscos por toda a organização.

---

[51] AABO, Tom; FRASER, John R. S.; SIMKINS, Betty J. The Rise and Evolution of the Chief Risk Officer: Enterprise Risk Management at Hydro One. **Journal of Applied Corporate Finance**, vol. 17, n. 3, 06 de outubro de 2011.

O espectro da maturidade em gerenciamento de riscos

O gerenciamento de riscos em organizações evoluiu ao longo do tempo e é afetado por um processo de aprendizado, como mostra a Figura 4-2. Primeiro, as organizações começam a reagir a riscos, e estes são gerenciados em silos, sem uma linguagem comum que se comunique por toda a empresa. Uma vez que as organizações reconheçam a necessidade de uma abordagem integrada, inicia-se um vocabulário comum e identificam-se os principais riscos organizacionais. Mais e mais, a organização entende a necessidade de estruturação.

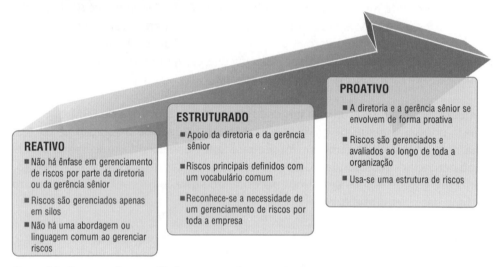

Figura 4-2. Espectro da maturidade em gerenciamento de riscos

Por fim, o gerenciamento de riscos se torna parte do pensamento estratégico da empresa. A adoção de uma política global de gerenciamento de riscos ajuda a sensibilizar e comprometer, mantendo a gerência sênior focada em riscos de alto nível que afetarão os resultados e a capacidade da empresa de atingir seus objetivos. Mesmo assim, há uma ampla percepção de que o atual estado de maturidade das organizações é baixo. Uma pesquisa da COSO em 2010 destacou que o estado de ERM parece imaturo, com 60% dos entrevistados dizendo que sua gestão de riscos é em grande parte informal e aplicada em silos, e que há um notável nível de insatisfação com a forma como as organizações estão atualmente supervisionando riscos empresariais[52].

---

[52] BEASLEY, Mark; BRANSON, Bruce; HANCOCK, Bonnie. **Current State of Enterprise Risk Oversight and Market Perceptions of COSO's ERM Framework.** COSO, 2010. Disponível em: <http://www.coso.org/documents/COSOSurveyReportFULL-Web-R6FINALforWEBPOSTING111710.pdf>. Acesso em: 13 de abril de 2014.

ISO 31000 e ERM

A norma não certificável 31000 (Gestão de Riscos – Princípios e Diretrizes) da ISO (*International Organization for Standardization*), publicada em 2009 com a participação de trinta países, busca dar respostas às diferentes visões sobre o assunto[53]. A norma mantém um jeito simples de pensar sobre riscos e gerenciamento de riscos e visa resolver as muitas inconsistências e ambiguidades entre diferentes abordagens e definições. A norma, já publicada pela Associação Brasileira de Normas Técnicas (ABNT), tem como objetivo estabelecer um processo consistente que possa ser integrado por várias indústrias e regiões e adotado por qualquer organização – incluindo empresas públicas, privadas, sem fins lucrativos e entidades governamentais – que enfrentam os desafios sempre problemáticos de gerenciar riscos.

A ISO 31000 define risco como o efeito da incerteza sobre os objetivos. Risco é a consequência de uma organização definir e perseguir objetivos perante um ambiente incerto. A incerteza é impulsionada por fatores internos e externos que podem impedir a organização de atingir os seus objetivos. Esforçar-se em direção aos objetivos do negócio sempre carrega um elemento de risco e incerteza, e o gerenciamento eficaz desse risco facilita atingir a meta estabelecida. Essa definição está totalmente alinhada com os objetivos da alta administração de dirigir a organização até um ponto desejado no futuro.

A norma ISO foi construída em torno de três pilares fundamentais: princípios, estrutura e processos (Figura 4-3). **Princípios** posiciona o gerenciamento de riscos como fundamental para o sucesso da organização, e não como algo a ser feito por obrigação ou porque outros estão fazendo. Uma das questões básicas na gestão de riscos é a mudança de comportamento com relação à importância da gestão de riscos. Como tal, o gerenciamento de riscos deve ser considerado para proteger e criar valor, e deve ser parte integrante dos processos e da tomada de decisão da organização. Cada tomador de decisão é responsável pelo gerenciamento de riscos, incluindo a identificação, a análise e a avaliação de qualquer risco.

---

[53] **ISO Risk Management – Principles and Guidelines:** ISO 31000. Genebra, 2009.

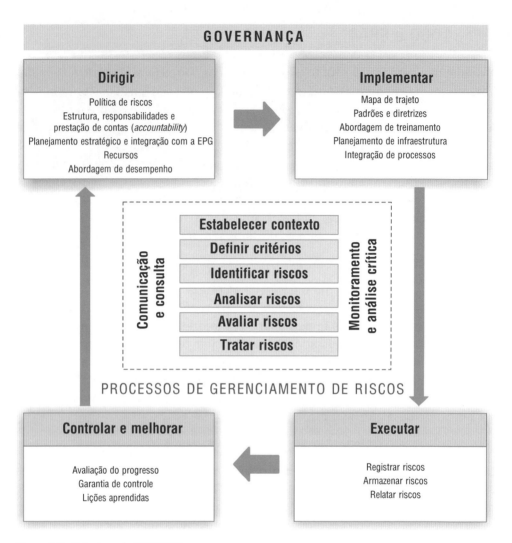

Figura 4-3. Estrutura da ISO 31000

A norma ainda estabelece que, para ser bem-sucedido, o gerenciamento de riscos deve funcionar dentro de uma **estrutura** que forneça as bases e os arranjos organizacionais que a incorpore por toda a organização, em todos os níveis. Essa estrutura é o sistema de gestão que define e descreve como o gerenciamento de riscos vai permear a organização. Uma vez que o compromisso foi estabelecido, a utilização de uma abordagem sistemática, estruturada e oportuna faz do gerenciamento de riscos um processo ativo e contínuo, e não um exercício anual a ser deixado na estante pegando poeira.

A norma mantém total coerência com atividades regulatórias, tais como o Acordo de Basileia II, que considera a supervisão da diretoria e da gerência sênior a base de identificação de possíveis eventos ou mudanças nas condições do mercado que possam afetar adversamente a organização. A diretoria deve assegurar que "a formalidade e a sofisticação dos processos de gerenciamento de riscos sejam apropriadas à luz do perfil de riscos e do plano de negócios" [54].

A norma se destina a ser usada por toda a organização, incluindo a gestão de portfólio, programas e projetos. O tempo de implantação e a sequência podem variar conforme a empresa, mas a ideia é reforçar o conceito de formalidade e estrutura.

Ao simplificar conceitos complexos e ligar a estrutura com processos e princípios, a ISO 31000 irá, provavelmente, agrupar todos os padrões existentes de gerenciamento de riscos, através do fornecimento de uma plataforma para desenvolver uma gestão eficaz de riscos, não importa onde se localizem as operações da organização. Alguns dos benefícios resultantes da gestão dos riscos são:

- Integração completa à estrutura de governança da organização (na qual a EPG está incluída).

- Melhoria da governança.

- Aumento da probabilidade de atingir os objetivos.

- Melhoria na identificação de oportunidades e ameaças.

- Conformidade com o ambiente legal e regulatório relevante.

- Aperfeiçoamento dos controles.

A Figura 4-3 apresenta a integração da governança da organização, a estrutura de riscos e os processos de gerenciamento de riscos a serem implantados em toda a organização, como indicado na norma ISO 31000.

---

[54] **Basel II.** Disponível em: <http://www.basel-ii-accord.com/Basel_ii_719_to_817_Supervisory_Review_Process.htm>. Acesso em: 13 de abril de 2014.

ERM e EPG

Gerenciar riscos de forma integrada é um termo que abrange desde a utilização de meios financeiros para administrar situações de insuficiência de fundos até uma resposta eficaz a rápidas mudanças no ambiente organizacional causadas por desastres naturais e instabilidade política. Dentro dessa compreensão mais ampla sobre a gestão de riscos, é imperativo possuir competência para enfrentar os riscos inerentes à lacuna entre estratégia e execução, como discutido em capítulos anteriores.

O domínio da EPG aborda esta lacuna estratégia-execução considerando o gerenciamento de riscos como parte dos processos do gerenciamento de projetos, programas e portfólio, cobertos por padrões já estabelecidos. É pertinente questionar por que criar uma nova estrutura se os riscos já estão no foco do ERM. Na realidade, a EPG se beneficia com a estrutura geral para o ERM, enquanto o apoia com processos bem estabelecidos para identificar, analisar e mitigar riscos. Alinhar e integrar ERM e EPG é essencial, como mostrado no bloco "Dirigir" da Figura 4-3. A implantação de uma gestão integrada de riscos produz vários benefícios para a organização, ao contrário de um foco limitado a analisar apenas processos de riscos em certas áreas e projetos sem considerar o contexto mais amplo da organização permanente.

Conclusões

O gerenciamento de riscos pode ser aplicado a uma organização inteira e vem conquistando cada vez mais a atenção dos executivos. Também faz parte do gerenciamento de projetos, programas e portfólio e, como tal, integra a Governança de Projetos. Megaprojetos de alta tecnologia, como voos espaciais e explorações petrolíferas em águas profundas, requerem medidas particularmente eficazes de prevenção de riscos, devido à possibilidade de desastres. As grandes organizações podem enfrentar crises e turbulências quando inexiste uma gestão adequada de riscos incluída em seu portfólio de projetos. Por essa razão, o gerenciamento de riscos é um componente da EPG, e uma ligação com o ERM precisa ser estabelecida. Na realidade, deve-se garantir uma integração e articulação entre ERM, EPG, planejamento estratégico e auditoria.

A norma ISO 31000 foi projetada para ser aplicável em diversos setores industriais e regiões e pode ser adotada por qualquer organização. Quando a norma é implantada e mantida adequadamente, o terreno está preparado para o desenvolvimento de uma cultura madura de riscos dentro da organização, reconhecendo que o risco existe em todos os níveis da empresa, mas que pode e deve ser gerenciado de forma proativa a fim de entregar benefícios. Afinal, o maior risco de todos é não se arriscar em nada.

5

Gerenciamento de Portfólio: a Combinação Certa de Projetos Certos

Uma organização pode ser vista como um portfólio de projetos. As organizações cristalizam sua transformação desenvolvendo e implementando projetos que atendam às necessidades da estratégia da empresa. Novos projetos são a chave para se manter na dianteira e garantir o crescimento e a prosperidade[55].

Os resultados agregados de um projeto constituem parte substancial de uma empresa. Missões, objetivos, estratégias e metas transformam-se em programas que convertem intenções corporativas em ações. Esses programas são, por sua vez, divididos em projetos. Os resultados corporativos são então vistos sob uma perspectiva agregada de projeto, em oposição ao modelo convencional departamental.

Duas visões: alinhamento da estratégia *versus* execução

Portfólios de projetos eficazes naturalmente espelham a direção estratégica da empresa, conforme descrito no Capítulo 3. Uma boa estratégia é o alicerce de um gerenciamento de portfólio bem-sucedido, e parte desse gerenciamento consiste

---

[55] LEVINE, H. A. **Project Portfolio Management:** A Practical Guide to Selecting Projects, Managing Portfolios and Maximizing Benefits. San Francisco: Jossey-Bass, 2005.

em assegurar que os projetos permaneçam alinhados à estratégia da organização. O gerenciamento de portfólio, portanto, é responsável por questionar a coerência das estratégias da organização com o conjunto de projetos autorizados e articular os ajustes necessários.

O outro aspecto do gerenciamento de portfólios envolve perceber que projetos são implantados conforme prioridades, qualidade, custo e cronograma. Para que projetos produzam os benefícios propostos, eles precisam ser executados de forma eficaz e eficiente. Em todos os cenários, o trabalho do gerenciamento de portfólio é corrigir situações que não estão correndo bem. As soluções variam desde abortar um projeto que se desvia drasticamente da rota até implantar uma abordagem de recuperação para uma iniciativa embargada. O gerenciamento de portfólio inclui olhar para as oportunidades de investimento e priorizar aquelas que prometem maior impacto sobre os objetivos estratégicos[56].

O portfólio provê uma visão geral. Ele permite que gerentes avaliem todos os projetos que a ele pertencem e o impacto do conjunto. Ou seja, o portfólio facilita a ordenação sensata, a adição e a remoção de projetos com base em informações em tempo real.

Um inventário consolidado de projetos é construído listando-se todos os projetos propostos e em andamento da organização. Alternativamente, múltiplos inventários de projetos podem ser criados representando portfólios para diferentes departamentos, programas ou negócios. Como o gerenciamento do portfólio pode ser conduzido em qualquer nível, a escolha de um portfólio *versus* vários depende do tamanho da organização, da sua estrutura e da natureza dos projetos que estão sendo realizados, bem como das relações entre esses projetos.

Agrupar projetos que utilizam os mesmos recursos é fundamental para alavancar o conhecimento e as competências necessárias para gerenciar o portfólio. Quando portfólios de múltiplos projetos são definidos, projetos relacionados são organizados conjuntamente. Grupos de projetos altamente inter-relacionados são conhecidos como **programas** – projetos selecionados e gerenciados de forma coordenada, a fim de maximizar o sucesso. A Figura 5-1 ilustra uma relação entre portfólios em uma grande organização[57].

---

[56] DINSMORE, Paul C.; COOKE-DAVIES, Terry. **Right Projects Done Right:** From Business Strategy to Successful Project Implementation. San Francisco: Jossey-Bass, 2006.
[57] DINSMORE, Paul. **Winning in Business with Enterprise Project Management.** New York: AMACOM, 1999.

Gerenciamento de Portfólio: a Combinação Certa de Projetos Certos

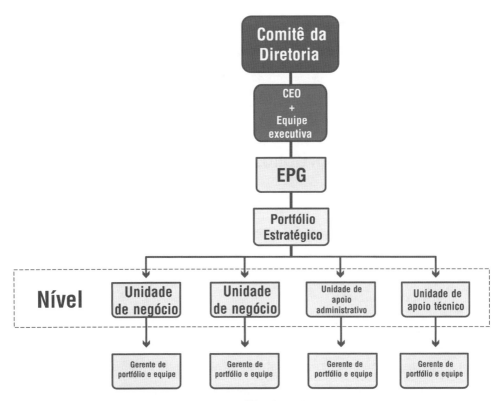

Figura 5-1. Exemplo da organização de um portfólio de projetos

Valor é o elemento-chave na tomada de decisão em portfólios; porém, quantificar o valor não é tão simples. Criar projetos de alto valor é fácil quando os fatores que criam ou destroem valor organizacional estão claramente identificados e quantificados. Avaliar o valor global do portfólio, contudo, é mais complexo. Apesar de projetos individuais serem gerenciados pelo seu valor, o portfólio global requer um conjunto equilibrado de projetos para assegurar um alinhamento entre a disponibilidade dos recursos e as estratégias da empresa. Por exemplo, um grande projeto para um novo produto renderá pouco ganho para a organização se o marketing não possuir em desenvolvimento um projeto correspondente para o lançamento do produto.

A Figura 5-1 mostra programas e projetos que compõem um portfólio concebido para apoiar estratégias em âmbito corporativo ou em unidades individuais de negócios. Como a natureza dos projetos varia substancialmente, faz sentido olhar para grupos de projetos a partir de pontos de vista distintos. Por exemplo, os grupos a seguir podem necessitar de diferentes abordagens tanto para seleção de portfólio quanto para acompanhamento posterior do desempenho:

1. **Estratégico.** Projetos que criam valor empresarial.

2. **Operacional.** Projetos de melhoria ou atualização que tornam a empresa mais eficiente.

3. **Conformidade.** Projetos "obrigatórios", necessários para cumprir regulamentações governamentais.

Por que gerenciar portfólios?

Motivos não faltam para usar uma abordagem estruturada para gerenciamento do portfólio de uma organização. Embora portfólios de empresas sempre tenham sido gerenciados, seja intuitivamente ou através de critérios organizacionais estabelecidos, abordagens estruturadas lidam melhor com os crescentes desafios, como:

- Demanda por projetos de melhoria que surgem "de baixo para cima" dentro da organização.

- Necessidade de inovar e desenvolver novos produtos para garantir a sustentabilidade organizacional.

- Recursos limitados, o que restringe o número de projetos.

- Exigência de equilíbrio entre os projetos.

Uma abordagem estruturada para o gerenciamento do portfólio assegura o alinhamento dos projetos com as estratégias corporativas e otimiza a alocação de recursos. É a ponte que liga a decisão estratégica à execução do projeto. Embora o gerenciamento do portfólio possa ser praticado em múltiplos níveis dentro das organizações, o foco deste capítulo é no seu gerenciamento global. Esse foco se concentra em projetos e programas estratégicos, assim como naqueles que necessitam de integração por toda a organização, não incluindo assim outros portfólios focados em unidades específicas ou departamentais como, por exemplo, TI. Essa abordagem corporativa fornece uma plataforma ágil para selecionar os projetos certos e filtrar os errados, além de apresentar um mecanismo para o uso eficaz dos recursos, unido a uma forma de ajustar o portfólio para atender às flutuações do mercado.

Gerenciamento de portfólio: dois grandes componentes

O que é preciso para gerenciar um portfólio de projetos por toda a empresa? Como a gestão desse portfólio se encaixa na imagem corporativa? A base para lidar com projetos é estabelecida pelos princípios da EPG, conforme descrito no Capítulo 2, que fornece o guarda-chuva abaixo do qual o gerenciamento do portfólio de projetos (*Project Portfolio Management* – PPM) é executado. Garante-se assim a ligação da estratégia global com a execução e priorização do projeto, e os componentes do gerenciamento do portfólio são tratados de forma coerente.

O escopo do portfólio de projetos normalmente inclui uma combinação de processos, incluindo a avaliação de oportunidades, a análise do caso de negócios, aprovações e acompanhamento da execução. Os processos são avaliados e ajustados continuamente com uma forte ênfase na tomada de decisão gerencial. Itens como custos, benefícios, tempo e riscos exigem acompanhamento durante todo o processo, além de avaliação e lições aprendidas no pós-projeto. A seguir, veremos os principais componentes do gerenciamento do portfólio.

Os projetos certos: avaliando e priorizando oportunidades

Os candidatos a fazer parte do portfólio vêm de diferentes unidades organizacionais. Alguns projetos propostos vêm de necessidades orientadas ao mercado. Outros caem na categoria da inovação, onde novas ideias são testadas na esperança de serem criados nichos de oportunidades. Projetos regulatórios são empreendimentos obrigatórios exigidos pelo governo. Projetos de melhoria também podem ser selecionados e competem por espaço no portfólio. Inicialmente, coletam-se todas essas novas iniciativas e ideias de projetos, e as melhores são pré-selecionadas para posterior análise.

Invariavelmente, há mais projetos buscando um espaço no portfólio do que o tempo e os recursos disponíveis. A primeira parte do gerenciamento de portfólio envolve avaliar as oportunidades mais promissoras para que elas possam em seguida ser filtradas e priorizadas.

Para um melhor uso dos recursos limitados de uma organização é necessário um processo de decisão que avalie quais projetos começar, quais manter em curso e quais abortar[58]. Como ilustrado na Figura 5-2, o chamado "filtro de projetos" move a ideia pelo estágio de planejamento antes de chegar ao estágio de execução, que contém ideias que não foram rejeitadas durante o processo. Finalmente, os projetos que sobrevivem passam para a operação.

---

[58] PROJECT MANAGEMENT INSTITUTE. **The Standard for Portfolio Management.** 3 ed. Newtown Square, Penn.: PMI, 2010.

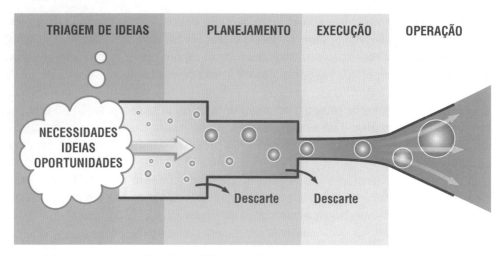

Figura 5-2. Gerenciando o filtro do portfólio de projetos

Eis o que precisa acontecer para garantir que a organização se concentre nos projetos certos:

- Assegurar o equilíbrio dos projetos candidatos.

- Exigir um caso de negócios ("business case") para cada projeto.

- Executar um processo de filtragem com base em critérios de negócios estabelecidos.

O apoio para avaliar as oportunidades pode ser fornecido por analistas de negócios, que podem estar ligados diretamente ao gerenciamento do portfólio quando existe uma estrutura formal de PPM (*Project Portfolio Management*). Em outros cenários, a análise de negócios pode ser atribuída a um grupo de apoio estratégico ou área financeira, ou a escolha pode simplesmente estar nas mãos de um comitê executivo.

Uma vez que as oportunidades e necessidades foram avaliadas, os projetos candidatos passam para a fase de seleção e priorização. Além do caso de negócios já disponível, mais informações (como um detalhado termo de abertura do projeto contendo marcos básicos de orçamento e cronograma) facilita o processo de seleção.

Tradicionalmente, para um projeto passar pelo filtro do portfólio de projetos, ele precisa corresponder a três critérios: adequação, utilidade e equilíbrio (em inglês, *fit*, *utility*, *balance* – FUB).

- **Adequação (*Fit*)** significa alinhamento à direção estratégica da empresa. Existe uma lógica básica para realizar o projeto que tenha relação com o objetivo geral da organização? O projeto de fato resultará em benefícios e contribuirá para a empresa alcançar suas metas?

- **Utilidade (*Utility*)** se refere à relativa vantagem do projeto. De que forma ele agrega valor? Ele oferece um resultado final robusto? Ou o benefício é de natureza mais indireta, ao melhorar motivação, sinergia e produtividade? A utilidade de um projeto é medida pelo seu valor e vantagem comparativa, e é tipicamente definida por custos, benefícios e riscos.

- **Equilíbrio (*Balance*)** se refere à mistura de projetos no portfólio. Existe uma proporção adequada de projetos vindos de áreas-chave da organização, tais como marketing, produção, finanças, operações e logística? Ou é uma relação desigual, com sobrecarga de projetos – digamos, em expansão operacional – sem ímpeto suficiente para alavancar toda a organização?

Como projetos competem por recursos e financiamento, de alguma forma uma decisão precisa ser tomada para trazer à tona os poucos escolhidos. Os critérios FUB são genéricos em natureza e fornecem orientação filosófica em relação à seleção de projetos. Caminhos estruturados também são ferramentas para a triagem e a classificação de possíveis projetos.

Dois métodos aplicáveis são a abordagem da matriz ponderada simplificada e o processo analítico hierárquico (*Analytic Hierarchy Process* – AHP).

Abordagem da matriz ponderada simplificada

Esta técnica é útil para uma análise inicial das relações entre projetos concorrentes. Os critérios são ponderados para estabelecer sua importância relativa, pois alguns fatores são mais importantes do que outros. Isso permite à organização calcular uma pontuação para cada projeto utilizando pesos para cada critério. A Figura 5-3 mostra um exemplo de pontuação de projetos onde os critérios escolhidos para determinar a potencial contribuição de cada projeto são:

- Aumenta a receita (peso 4).

- Diminui os custos (peso 2).

- Otimiza as operações (peso 1,5).

- Satisfaz os clientes (peso 1,5).

- Inova (peso 1).

A importância relativa estabelecida pela organização para cada um desses fatores no exemplo dado é indicada entre parênteses.

Projetos	Tipo	Aumenta a receita	Diminui os custos	Otimiza as operações	Satisfaz os clientes	Inova	Soma ponderada	Prioridade
Fatores ponderados		**4X**	**2X**	**1,5X**	**1,5X**	**1X**		
Projeto A	TI	2 = 8	2 = 4	4 = 6	2 = 3	1 = 1	22	4
Projeto B	Mercado	2 = 8	0 = 0	0 = 0	3 = 4.5	3 = 3	15.5	6
Projeto C	P&D	1 = 4	1 = 2	1 = 1.5	2 = 3	4 = 4	14.5	7
Projeto D	Mercado	3 = 12	1 = 2	1 = 1.5	3 = 4.5	3 = 3	23	3
Projeto E	Despesas de Capital	4 = 16	3 = 6	2 = 3	3 = 4.5	1 = 1	30.5	2
Projeto F	Novo Produto	3 = 12	1 = 2	0 = 0	2 = 3	4 = 4	21	5
Projeto G	Despesas de Capital	4 = 16	3 = 6	2 = 3	2 = 3	3 =3	31	1

Legenda da pontuação: 0 = Não aplicável; 1 = Baixo impacto; 2 = Médio impacto; 3 = Alto impacto; 4 = Altíssimo impacto

Figura 5-3. Exemplo de matriz ponderada simplificada

Esses critérios variam dependendo da natureza do negócio em questão. Para cada projeto, os critérios são pontuados numa escala de 0 a 4; esses números, somados, dão uma nota final ponderada. Essas somas são então comparadas e estabelecem-se prioridades com base na posição relativa das pontuações, da maior para a menor.

A matriz ponderada simplificada é útil para priorizar projetos estratégicos. Análises e estudos adicionais são necessários para chegar a uma priorização final, pois outros fatores não cobertos pela matriz entram em jogo tais como avaliação da coerência da priorização com base, por exemplo, nas estratégias e nas políticas organizacionais.

Processo analítico hierárquico (*Analytic Hierarchy Process* – AHP)

Sistemas sofisticados de apoio à decisão para escolher os projetos certos são apropriados em contextos complexos. O AHP, desenvolvido no início dos anos de 1970, é uma abordagem desse tipo e vem sendo cada vez mais aplicada ao processo de seleção de portfólio. O método divide uma decisão complexa em partes menores e gerenciáveis, que são então recombinadas em uma métrica final.

Em essência, o AHP provê uma estrutura racional de tomada de decisão, quantificando seus elementos, relacionando-os a objetivos globais e avaliando soluções alternativas[59]. Eis os passos:

1. Modelar o processo de seleção de projetos como uma hierarquia contendo o objetivo, as alternativas para atingi-lo e os critérios para avaliar as alternativas.

2. Definir critérios para estabelecer prioridades entre os elementos da hierarquia ao fazer julgamentos com base em comparações. Por exemplo, para um grande projeto de investimento, o retorno (ROI) pode ser a maior das prioridades, enquanto que, para certos projetos de TI, qualidade e funcionalidade podem prevalecer sobre os custos.

3. Resumir essas premissas para servir como pano de fundo para o processo de seleção.

4. Verificar a consistência dos julgamentos e as premissas estabelecidas.

5. Tomar decisões com base nos resultados desse processo.

Apesar de o procedimento descrito indicar um passo a passo simples para uma seleção de portfólio consistente e equilibrada, exige-se de fato um elevado grau de iteração para produzir as premissas e os critérios certos. Para as organizações que já possuem o mapa estratégico (veja Capítulo 3 sobre mapa estratégico e o método do marco lógico) o uso do AHP se encaixa como uma luva, pois o mapa estratégico já possui uma organização hierárquica. A hierarquia de objetivos do AHP pode ser mostrada na figura a seguir:

---

[59] DA SILVA, Amanda C. Simões; BELDERRAIN, Mischel Carmen N.; PANTOJA, Francisco Carlos M. Prioritization of R&D Projects in the Aerospace Sector: AHP Method with Ratings. **Journal Aerospace Technology Magazine**, v. 2, n. 3, sep.-dec. 2010, p. 339-348.

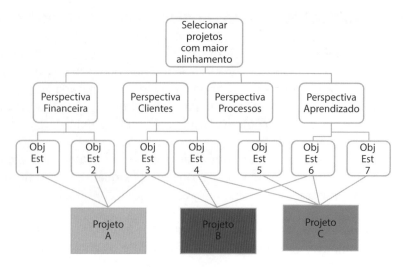

Figura 5-4. Hierarquia de Objetivos AHP

Embora a abordagem da matriz ponderada simplificada e o AHP compartilhem conceitualmente uma lógica comum, a diferença está no grau de complexidade e detalhe envolvidos. Ambos exigem um conjunto de pressupostos. No modelo simplificado, as hipóteses relativas à ponderação de critérios pertinentes, por exemplo, são de natureza ampla. No AHP, o processo evita a necessidade de decompor as premissas em grande detalhe. A literatura técnica é extensa, com vários estudos de caso, e softwares específicos foram desenvolvidos para facilitar o processo.

Projetos feitos do jeito certo

O texto até agora se referiu à parte inicial do PPM, que se resume a escolher os projetos certos, o que obviamente é essencial para um gerenciamento eficaz do portfólio. Com isso feito, a segunda metade dessa gestão entra em jogo. Isso significa certificar-se de que os projetos escolhidos são feitos do jeito certo, ou seja, são executados de forma que produzam os benefícios tal como se estimou na fase de seleção.

Isso requer uma monitoração dos projetos para garantir que eles não se desviem do curso. Assim, o valor para o negócio de cada projeto requer monitoramento, e essa informação é então usada para reposicionar o portfólio de projetos da organização[60]. O Capítulo 6 descreve em detalhes os passos para assegurar que projetos

---

[60] KENDALL, Gerald; ROLLINS, Steven. **Advanced Project Portfolio Management and the PMO.** Fort Lauderdale, Fla.: J. Ross Publishing, 2005.

sejam feitos do jeito certo e que o desempenho global do portfólio seja consistente com as diretrizes da empresa.

Gerenciamento de portfólio – um processo iterativo

Embora o PPM consista, como já descrito, de dois componentes principais – escolher os projetos certos e certificar-se de que eles são feitos do jeito certo – o processo é altamente iterativo e envolve subfases. O PPM é dinâmico, inter-relacionado, contínuo e exige uma gestão hábil para acompanhar o ritmo das mudanças nos mercados, nas trocas organizacionais, nos soluços orçamentários e nos *status* dos projetos.

A primeira iteração envolve o inventário de projetos, para onde são enviados os projetos candidatos a entrar no portfólio. Esse inventário já inclui projetos ativos e propostos, bem como aqueles em espera ou atrasados. Os projetos existentes no portfólio contêm as informações do caso de negócios, incluindo dados sobre cronograma e custos, dependências, relevância estratégica, benefícios esperados, avaliação de riscos e prioridade. Conforme surgem novos projetos candidatos, desencadeia a necessidade de filtrar os projetos que chegam e de reavaliar os projetos existentes.

Sendo assim, o portfólio requer análise periódica, o que implica em outro processo iterativo. Os novos projetos são dimensionados em termos de adequação, utilidade e equilíbrio (*fit, utility, balance* – FUT), e o portfólio global é revisado em termos de prioridade. Os novos projetos enfrentam uma triagem com base nos critérios de entrada relacionados à estratégia organizacional e à contribuição para a organização. Como os projetos novos e os que estão em curso se relacionam? Como a mistura de projetos pode ser otimizada? Uma análise periódica é essencial para priorizar o portfólio e maximizar os benefícios para a organização dentro dos seus recursos disponíveis. Técnicas de apoio, como a matriz balanceada e o AHP, são úteis para avaliar a importância relativa a fatores como orçamento, alinhamento estratégico, marketing e riscos. As relações entre os projetos influenciam a priorização final do portfólio e incluem fatores como alocação de recursos, restrições financeiras e *timing*. Portanto, a fase de análise pede iterações múltiplas, resultando em decisões de "perde-e-ganha" e ajustes no portfólio.

Com os projetos selecionados e iniciados, necessita-se de uma iteração adicional na fase do planejamento do projeto. Aqui os recursos são alocados e os projetos, agendados. Assim, o planejamento do projeto se integra ao planejamento do portfólio, onde decisões de recursos e cronograma são tomadas de forma holística, tendo em vista as exigências do portfólio.

O PPM inclui a monitoração do portfólio, através da comparação de um padrão de métricas estabelecidas para avaliar o desempenho de cada projeto. Projetos grandes e de múltiplos estágios podem precisar de avaliação por fases e portões para garantir que estejam no caminho certo e atingindo seus marcos, como mostra a Figura 5-5. Revisões nesses portões dão os primeiros sinais que podem desencadear uma reavaliação e até mesmo um encerramento imediato do projeto.

Figura 5-5. Revisões dos portões do projeto

Avaliações em fases e portões são parte do processo de acompanhamento e monitoração e envolvem decisões "go/no-go" – quando projetos recebem o sinal verde, ou são postos em espera ou são abortados.

Revisões do portfólio também envolvem uma nova avaliação para garantir a validade contínua dos casos de negócios, assim como uma análise comparativa de projetos em termos de prioridades relativas, que podem ter sido afetados por alterações nos negócios, em cenários tecnológicos e de mercado, dentre outros. As iterações relativas a essas mudanças resultam no realinhamento do portfólio e, como resultado, um replanejamento é necessário, incluindo modificações na alocação de recursos e no cronograma.

Em portfólios de projetos gerenciados com sucesso, a iteração permeia o processo desde o momento em que projetos candidatos são considerados e analisados até as fases de planejamento e execução. Isso significa que é preciso uma grande sinergia entre o gerenciamento de projetos e o gerenciamento do portfólio[61].

---

[61] DYE, Lowell; PENNYPACKER, James S. **Project Portfolio Management.** Glen Mills, Penn.: Center for Business Practices, 1999.

Alinhando projetos uns com os outros

Equipes de projetos tendem a ser muito focadas e às vezes desenvolvem uma visão "territorial" das prioridades no que diz respeito aos seus projetos, de modo que o seu alinhamento se mostra um desafio. Podem ocorrer verdadeiros cabos-de-guerra por recursos escassos. Em última análise, como todos os gerentes de projetos e suas respectivas equipes são julgados com base em quão bem eles concluíram os seus projetos, a colaboração entre projetos não é uma tarefa fácil. A equipe que mais puxar o "cabo" tende a ganhar os recursos, mesmo que a empresa não seja a maior beneficiada. Talvez o outro projeto pudesse produzir maior impacto se fosse acelerado com o aumento dos recursos, mas cada um pensa no seu cercadinho.

Em ambientes com escassez de recursos, necessita-se de um poder superior para arbitrar entre prioridades conflitantes. As equipes de projetos incapazes de resolver pacificamente a busca pela obtenção de recursos limitados precisam apelar para uma autoridade superior. As exceções à regra são projetos independentes com orçamentos que lhes permitem buscar recursos fora da organização.

Alinhando o portfólio aos recursos disponíveis

O clamor por recursos é uma constante na arena dos projetos. Com a pressão para fazer mais com menos sempre presente, os recursos são invariavelmente escassos. Apesar de todos os recursos serem traduzidos em dinheiro, as deficiências geralmente tomam a forma de pouca informação, espaço, pessoas, material ou equipamentos. O fraco desempenho em projetos está muitas vezes ligado à falta de um ou mais desses fatores.

Como os recursos são limitados em todas as organizações, o desafio que tanto os gestores como os planejadores de projetos encaram gira em torno de conseguir aproveitar ao máximo os recursos disponíveis. As demandas por vezes requerem uma habilidade quase mágica para conciliar prioridades conflitantes – malabarismo de recursos. Embora a magia possa acontecer "aos trancos e barrancos", um gerenciamento bem coordenado de recursos é a melhor maneira de lidar com esse eterno problema.

E se os requisitos do portfólio não puderem se alinhar com os recursos disponíveis? Digamos que as ambições de uma organização se distanciam bastante dos níveis tradicionais de investimento. E suponha que os objetivos da empresa só possam ser atingidos com recursos além dos disponíveis. Isso faz do alinhamento algo impossível? Não, a situação é apenas diferente. Nesse caso, a resposta está em obter recursos externos. Embora os recursos não estejam prontamente disponíveis (sejam eles materiais, equipamentos, mão de obra, intelectuais ou puramente monetários), o retorno do investimento projetado para o portfólio de projetos justifica obter apoio externo para sua completa execução.

Monitorando o desempenho do portfólio

Mesmo projetos originalmente bem concebidos podem rapidamente se tornar desalinhados por causa de mudanças e evoluções nos objetivos do negócio. Contudo, o desalinhamento é um resultado natural e esperado. A verdadeira solução está em identificar esses desalinhamentos e tomar ações corretivas e decisões objetivas para prosseguir.

A falha no acompanhamento sistemático do portfólio da unidade de negócio ou portfólio corporativo pode levar a gargalos de recursos, a duplicações de esforços e a orçamentos que são constantemente acrescidos de custos desnecessários. Sob tais circunstâncias, alcançar os objetivos corporativos se torna um caso de "tentativa e erro". Monitorar o desempenho de um portfólio permite detectar riscos e oportunidades. Por exemplo, a escassez de recursos pode ser um risco manifesto que atrasa a realização de benefícios.

A Braskem é um grupo petroquímico brasileiro presente em mais de setenta países e líder na produção de resinas termoplásticas nas Américas; a companhia opera 28 unidades industriais no Brasil e três nos EUA. A missão da Braskem tem como base o desenvolvimento de produtos e serviços com valor agregado para clientes e o desenvolvimento de projetos em segmentos atraentes do mercado com base na criação de valor por toda a cadeia de produção petroquímica e de plásticos, em expansão e proteção dos principais negócios na América Latina, na garantia de materiais de baixo custo e fornecimento de energia, e em acesso a mercados atraentes (Figura 5-6).

A empresa possui duas abordagens de portfólio: uma para investimentos de capital e outra para P&D. Ambas se baseiam em quatro etapas: (1) identificação de projetos; (2) caracterização e centralização; (3) priorização; e (4) execução de projetos e programas, como mostra a Figura 5-7.

Gerenciamento de Portfólio: a Combinação Certa de Projetos Certos

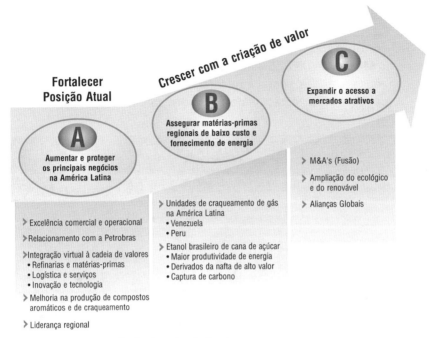

Figura 5-6. Intenções para criação de valor da Braskem

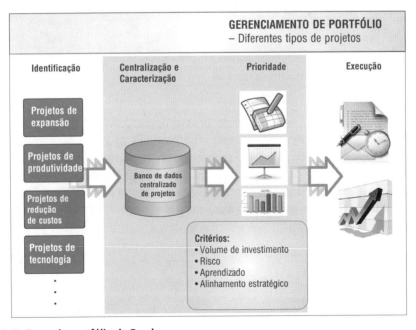

Figura 5-7. Fases do portfólio da Braskem

O programa de investimento se destina à modernização de ativos, à expansão da capacidade e a aquisições, e é realizado em conformidade com disciplina financeira e critérios de retorno sobre o investimento. Em 2010, isso incluiu um complexo petroquímico no México de US$ 2,5 bilhões, um complexo petroquímico na Venezuela de US$ 3 bilhões e estudos para a implantação de um complexo petroquímico no Peru. A abordagem para a gestão de despesas de capital é mostrada na Figura 5-8.

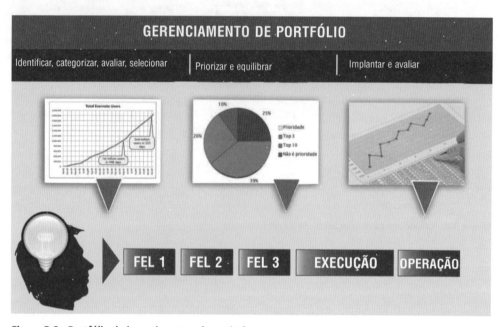

Figura 5-8. Portfólio de investimentos de capital

O Centro de Inovação & Tecnologia da Braskem, de US$ 150 milhões, é um dos mais bem equipados da América Latina, com mais de 250 patentes no Brasil, nos EUA e na Europa. A abordagem P&D é gerenciada como um portfólio, visando inovação com criação de valor que começa com a geração de ideias que são filtradas para criar projetos, sendo então gerenciados em um portfólio. Alguns projetos de pesquisa se desenvolvem através do conceito de aliança, tal como apresentado no Capítulo 10.

As perguntas a seguir fornecem uma visão sobre a saúde do gerenciamento do portfólio de uma organização:

- Os projetos estão alinhados às estratégias da organização?

- Existe um processo formal para assegurar tal alinhamento?

Gerenciamento de Portfólio: a Combinação Certa de Projetos Certos

- Existe algum processo para realinhamento no caso de mudança de estratégias?

- Os projetos aprovados possuem um caso de negócios?

- É dada prioridade aos projetos que proporcionam o maior retorno?

- Existe algum processo formal para garantir que os projetos mais importantes tenham um tratamento prioritário?

- O número de projetos se limita aos recursos disponíveis?

- Existe algum processo de fases e portões (decisões "go/no-go") que permita abortar projetos?

- Existe alguma estrutura formal (comitê, departamento, escritório de projetos) para gerenciar as questões do portfólio?

- Há algum canal claro de comunicação entre a gerência do portfólio e a alta administração?

- Existe um equilíbrio adequado entre as disciplinas da empresa no portfólio global?

- Questões de curto, médio e longo prazo são abordadas adequadamente?

- O impacto dos projetos de regulamentação foi levado em conta?

- Há recursos suficientes para levar a cabo os projetos?

Software para gerenciar portfólios

Existem softwares que apoiam a gestão do portfólio. O processo de seleção para esse tipo de programa começa com a compreensão das necessidades e dos objetivos da organização. Algumas das ferramentas disponíveis são bastante abrangentes; deve-se tomar cuidado no seu processo de implantação, para não sobrecarregar os potenciais usuários. Recomenda-se um processo gradual, com a introdução de um recurso por vez. Aqui estão algumas características que compõem um bom sistema de gerenciamento de portfólio:

- Relatório de andamento de projetos

- Painel executivo

- Critérios de comunicação

- Metodologia de avaliação de projetos

- Monitoração de custos e benefícios

- Registro de questões e acompanhamento

- Planejamento de capacidade de recursos

Os softwares de gerenciamento de portfólio fornecem informações para a gerência rever periodicamente o portfólio, proporcionando uma base sólida para a tomada de decisões financeiras e de negócio importantes para a organização.

Conclusões

Embora as organizações possuam muitas atividades operacionais que necessitam da atenção da gerência, o futuro das empresas depende do teor e do gerenciamento bem-sucedido do seu portfólio de projetos. Novos projetos são a chave para se manter na dianteira e garantir o crescimento e a prosperidade de uma organização. Portanto, o gerenciamento de portfólio de projetos é um componente essencial da Governança de Projetos.

Portfólios eficazes espelham a direção estratégica da empresa e são gerenciados de forma a manter essa direção. Conduzir a seleção e priorização dos projetos se enquadra no escopo do PPM. Técnicas de apoio, como a matriz de decisão ponderada e a ferramenta analítica AHP, são úteis para escolher e priorizar os projetos certos. A outra parte da gestão do portfólio inclui a supervisão de projetos para assegurar implantações de acordo com as prioridades, a qualidade, o custo e o cronograma. Esse é o desafio geral do gerenciamento de portfólio: garantir que a combinação certa dos projetos certos seja feita da forma certa.

6

Transformando Estratégias em Realidade

Pôr em prática iniciativas estratégicas nas organizações é como fazer uma curva em um transatlântico a pleno vapor. Embora o comando do capitão ecoe em alto e bom som, e mesmo que o procedimento para a curva esteja em andamento, nenhuma mudança de direção é aparente nos primeiros momentos. A inércia desses navios gigantes, com centenas de metros de comprimento, é tão grande que uma resposta rápida está fora de questão. É preciso planejar com antecedência e permitir um tempo de reação para fazer a mudança certa na trajetória de um transatlântico.

Esse mesmo desafio permeia o mundo corporativo. Enquanto tomadores de decisão da alta administração podem apontar uma determinada estratégia, superar a inércia da rotina diária leva tempo. Entender a existência desse hiato de tempo é crucial para o sucesso dos projetos estratégicos. Assim, o hiato de tempo para implementar o processo de mudança de rumo deve ser considerado dentro dos componentes da Governança de Projetos. Este capítulo identifica as políticas e práticas a serem definidas na EPG para garantir que as estratégias sejam devidamente implementadas e traduzidas em resultados.

O ponto inicial é a própria estratégia. Isso pressupõe a existência de clareza e transparência dos resultados desejados, formalizados em termos de iniciativas estratégicas. Essas estratégias agem como o alicerce que sustenta a implantação de projetos concebidos pelos estrategistas da organização. Uma estratégia robusta, implementada com agilidade, garante o sucesso e gera benefícios, satisfação e recompensas. No entanto, as taxas efetivas de sucesso ainda deixam a desejar. Considere alguns números desanimadores:

- Uma pesquisa da revista *The Economist* em 2004 com 276 executivos sêniores constatou que 57% das empresas não obtiveram sucesso na execução de suas iniciativas estratégicas ao longo dos três anos anteriores[62].

- Em pesquisa feita pelo A*merican Management Institute* e pelo *Human Resource Institute* em 2006 com mais de 1.500 executivos, apenas 3% dos entrevistados classificaram suas empresas como muito bem-sucedidas ao executar estratégias corporativas, enquanto 62% descreveram suas organizações como medíocres ou ruins[63].

- Em 2007, o *Conference Board* pediu que setecentos executivos listassem os seus dez principais desafios. "Excelência em execução" e "execução consistente da estratégia por parte da alta gerência" ocuparam respectivamente a primeira e a terceira posições[64]. Claramente, a habilidade de transformar planos estratégicos em ações é uma preocupação universal.

Sendo assim, mesmo uma estratégia inspirada, se mal aplicada, pode fracassar. Por exemplo, um portfólio maravilhosamente equilibrado é de pouca utilidade se os seus projetos são executados desordenadamente, ultrapassando o orçamento e sem alcançar os resultados pretendidos. Por outro lado, um projeto soberbamente gerenciado que termina fora de sincronia pode inadvertidamente sabotar um esforço estratégico bem concebido. Por exemplo, se a estratégia é ser o primeiro do mercado, e se a fase de execução carece de agilidade, então a estratégia pode acabar não funcionando. Além de estouros de cronogramas, outras barreiras podem bloquear uma boa estratégia. Custos crescentes tornam os números do ROI desanimadores. Falhas na qualidade são outra fonte de sabotagem, mesmo para as estratégias mais iluminadas[65].

---

[62] ECONOMIST INTELLIGENCE UNIT. Strategy Execution: Achieving Operational Excellence, The Benefits of Management Transparency. **The Economist**, nov. 2004.

[63] AMERICAN MANAGEMENT INSTITUTE; HUMAN RESOURCE INSTITUTE. **Keys to Strategy Execution:** A Global Study of Current Trends and Future Possibilities. New York: AMACOM, 2007.

[64] CONFERENCE BOARD. **CEO Challenges 2007:** Top Ten Challenges. New York: Conference Board, 2007. Disponível em: <http://www.conference-board.org/publications/publication-detail.cfm?publicationid=1362>. Acesso em: 23 de abril de 2014.

[65] BOSSIDY, Larry; CHARAN, Ram. **Execution:** The Discipline of Getting Things Done. London: Random House, 2002.

Quatro visões sobre fazer acontecer

O sucesso duradouro das organizações depende de duas dimensões: estratégia (decisões sobre quais caminhos seguir) e execução (a realização do trabalho ao longo do caminho). Expandindo as combinações clássicas de estratégia *versus* execução apresentadas no Capítulo 5, a Figura 6-1 mostra como essas dimensões se desdobram em quatro quadrantes de desempenho.

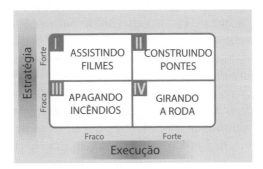

Figura 6-1. Quadrantes de desempenho

Cada quadrante possui características específicas de desempenho:

- **Quadrante I – Assistindo filmes.** Neste quadrante, o negócio possui uma forte estratégia, porém mal executada, o que significa que a organização vai ficar onde está. A estratégia é como um poderoso e criativo filme, mas com seu público assistindo passivamente, sem estar motivado. Embora exista uma visão clara, a organização é incapaz de mover na direção desejada. Os sonhos não são traduzidos em benefícios e resultados desejados.

- **Quadrante II – Construindo pontes.** O quadrante II requer uma organização disciplinada, que atenda às necessidades de hoje enquanto constrói o amanhã. Neste quadrante, uma boa estratégia é combinada com uma boa execução. Isso significa manter consistentemente as estratégias adequadas, juntamente com uma execução ágil dos projetos estratégicos. Richard Lepsinger afirma que cinco pontes ajudam as pessoas a atravessar o fosso da execução[66]: (1) a capacidade de gerenciar mudanças; (2) uma estrutura que dê suporte à execução; (3) o envolvimento dos funcionários

---

[66] LEPSINGER, Richard. **Closing the Execution Gap:** How Great Leaders and Their Companies Get Results. Hoboken: John Wiley & Sons, 2010.

na tomada de decisão; (4) o alinhamento entre as ações dos líderes e as prioridades e os valores da empresa; e (5) coordenação e cooperação por toda a empresa. Organizações neste quadrante são capazes de construir corretamente as pontes entre estratégia e execução.

- **Quadrante III – Apagando incêndios.** Empresas operando neste quadrante estão focadas em operações, usando processos deficientes e mantendo gerência e funcionários sobrecarregados, confusos e sem motivação, devido ao foco no que é urgente, mas não necessariamente importante. Robert Kaplan, autor de vários livros sobre *balanced scorecard*, afirma que "embora executivos formulem uma excelente estratégia, ela facilmente desaparece da memória enquanto a organização trata de questões operacionais do dia a dia". Ele acrescenta que isso cria uma situação de "apagar incêndio, com os funcionários reagindo a questões dentro do negócio em vez de gerenciar o negócio em si". Como a estratégia é fraca e a execução é caótica, a prioridade é resolver as questões sempre urgentes e atuais, deixando o futuro para um amanhã que nunca chega[67].

- **Quadrante IV – Girando a roda.** Um negócio sem estratégia, ou com uma estratégia ruim, porém com boa execução, pode até ir bem por algum tempo, mas, cedo ou tarde, será vítima de um competidor ou de um ambiente sempre mutante. Não existe excelência operacional capaz de evitar falhas decorrentes de decisões ruins ou má estratégia. Para empresas que querem se manter competitivas no mercado, excelência operacional é necessária, mas não suficiente. Essas empresas podem falir ou ser alvo de aquisições.

Movendo-se pelos quadrantes

A Askey's, fabricante de complementos para sorvetes, foi fundada em 1910. O negócio foi vendido em 1965 para a Kellogg's, a gigante americana de fabricação de alimentos. Sob a nova direção, a Askey's foi usada apenas como uma fábrica, com serviços de apoio sendo executados a partir da sede da Kellogg's no Reino Unido. Durante esse período, a fábrica se concentrou na produção de uma gama limitada de cones e *wafers*, que eram vendidos a sorveterias, quiosques, carrocinhas de sor-

---

[67] LAGACE, Martha. Strategy Execution and the Balanced Scorecard. **Working Knowledge**, Harvard Business School, august 11, 2008. Disponível em: <http://hbswk.hbs.edu/item/5916.html>. Acesso em: 07 de julho de 2014.

vete e outros varejistas. No entanto, durante a década de 1980, o mercado deu uma guinada, e as vendas começaram a se dar através de supermercados. Por volta dos anos 1990, a grande maioria dos produtos Askey's era comercializada através dos maiores supermercados. As vendas para os varejistas e comerciantes de sorvete diminuíram. Sob uma pressão implacável por preços baixos, exercida pelos supermercados, a lucratividade despencou. Mesmo assim, a Askey's manteve a sua posição de maior fabricante britânica de complementos de sorvete, porém houve pouco esforço na articulação de uma estratégia que criasse novos produtos ou expansão geográfica. A Askey's estava apenas "girando a roda".

Em 1995, a Askey's foi adquirida por dois executivos experientes da indústria de alimentos, financiados por capitalistas de riscos. Os novos proprietários começaram a ampliar o leque de produtos. Embora essa aquisição parecesse anunciar um novo começo para a empresa, após um período de falta de investimentos, não demorou muito para que os problemas surgissem. Tentou-se uma nova estratégia baseada na criação de novos produtos, mas isso apenas resultou em lucro imediato, o que não era sustentável a longo prazo, devido à falta de investimentos. A empresa entrou no quadrante "apagando incêndios", por causa da expansão sem uma estratégia clara e articulada. Após mais de uma década de constantes combates a incêndios, o negócio foi vendido novamente.

Em 2004, a Askey's foi comprada pela Silver Spoon, a maior produtora de açúcar e adoçante da Grã-Bretanha. A estratégia da empresa era continuar a expansão do negócio, através da exploração de novos mercados, ampliando os já existentes, e do desenvolvimento de novos produtos. Isso resultou em um salto para 80% da fatia do mercado de varejo de complementos de sorvetes do Reino Unido e uma fatia significativa do mercado de restaurantes, cafés e carrocinhas de sorvete. A empresa mudou-se, assim, para o quadrante "construindo pontes".

Desde 1910 até agora, a Askey's se moveu por três dos quatro quadrantes, excluindo-se o "assistindo filmes", que retrata uma boa estratégia mal implementada. Ao longo do tempo, empresas passam naturalmente por períodos de mudança, e diferentes relacionamentos entre estratégia e execução. Um forte equilíbrio entre estratégia e execução é o caminho óbvio para organizações saudáveis e sustentáveis. Fortes estratégias, juntamente com ótimas execuções, representam a fórmula mágica para alcançar o nirvana organizacional sugerido no quadrante II.

Enquanto esse equilíbrio é alcançado algumas vezes por empresas durante certos períodos de tempo, mudanças no mercado, na tecnologia e mudanças na economia mundial invariavelmente impactam até mesmo as organizações mais eficazes de tempos em tempos. Segue-se um exemplo de como uma indústria altamente bem-

Os desafios da indústria farmacêutica

As mudanças competitivas e tecnológicas na indústria farmacêutica estão remodelando o negócio[68]. Nada menos do que nove dos dez maiores sucessos da indústria farmacêutica terão suas patentes expiradas até 2016 e enfrentarão a concorrência dos genéricos de baixo custo. Isso terá um impacto gigantesco nas grandes empresas farmacêuticas. Segundo algumas estimativas, a expiração das patentes de medicamentos custará à indústria mais de 50 bilhões de dólares em receitas até 2020. Tais pressões tendem a modificar o modelo de negócios tradicional da indústria farmacêutica, integrado verticalmente. Remédios populares como o redutor de colesterol Lipitor, o medicamento mais receitado do mundo, perderam a patente em 2011. Esse remédio é responsável por 20% da receita anual da Pfizer. Enquanto tais remédios perdem a patente, um novo fluxo de medicamentos para o controle do colesterol entra no mercado. Então surge a pergunta: será que eles vão evoluir rápido o bastante para compensar as perdas para os genéricos?

Uma pesquisa com executivos da indústria farmacêutica mundial, feita pela Roland Berger Strategy Consultants[69], da Alemanha, abrangendo empresas que totalizam 40% da receita mundial dessa indústria (incluindo sete das dez maiores), revelou que 65% dos pesquisados consideravam que o setor estava enfrentando uma "crise estratégica". Quase metade dos entrevistados concordou que os atuais investimentos em pesquisa e desenvolvimento produziriam um retorno negativo. Mudanças relativas à saúde, pressões orçamentais, difícil acesso ao mercado e expirações maciças de patentes causaram um grande desequilíbrio no modelo tradicional de negócios, até agora focado exclusivamente em medicamentos inovadores protegidos por patentes e com alta margem de lucro.

Como resultado, a indústria começou a remodelar e alterar a forma de condução de seus negócios. Para enfrentar o desafio, a gigante GSK (GlaxoSmithKline) estabele-

---

[68] KNOWLEDGE AT WHARTON. **Cures for an Industry in Crisis:** Big Pharma Scrambles to Find New Ways to Develop Drugs Faster. Feb. 10, 2011. Disponível em: <http://knowledge.wharton.upenn.edu/article.cfm?articleid=2709>. Acesso em: 27 de abril de 2014.
[69] ROLAND BERGER. **Fight or Flight?** Diversification Versus Rx – Focus in Big Pharma's Quest for Sustainable Growth. Entrevista coletiva. Germany: Roland Berger, 2010.

Transformando Estratégias em Realidade

ceu as seguintes estratégias destinadas a aumentar o crescimento, reduzir riscos e melhorar o desempenho financeiro a longo prazo[70]:

- Desenvolver um negócio global diversificado.

- Entregar mais produtos de valor.

- Simplificar o seu modelo operacional.

- Incluir na sua estrutura corporativa a posição de diretor estratégico, cuja tarefa é formular estratégias apropriadas com base em informações de mercado e contribuições das partes interessadas e fazer interface com outras áreas, para assegurar que tais estratégias se tornem realidade.

Para que estratégias se tornem realidade, a GSK conta com um sólido conjunto de princípios e estruturas de Governança de Projetos. Para começar, um PMO corporativo faz parte do escritório do CEO e encarrega-se de acompanhar projetos estratégicos e de assegurar que estão sendo adequadamente apoiados. Unidades de negócio também possuem seus próprios PMOs, e faz parte da organização GSK uma metodologia básica de gerenciamento de projetos.

Nesse cenário emergente, estratégias corporativas apontam menos para a exploração de descobertas de grande sucesso e mais para uma mistura que envolve tanto crescimento orgânico como aquisições em áreas como biotecnologia, dermatologia, oncologia e genéricos. Isso cria um portfólio de projetos. Surge então a necessidade de uma cultura de projeto por toda a empresa, capaz de gerenciar projetos nos níveis estratégico, tático e operacional. Projetos de gestão de mudanças, marketing e reestruturação organizacional são particularmente relevantes nesse cenário.

Na GSK, projetos de fabricação e de P&D continuam a ser gerenciados sob um portfólio de projetos tradicional. Maior atenção, no entanto, é dada ao amplo conjunto de projetos emergentes, comerciais, administrativos e organizacionais como resposta ao mercado em mudança. Iniciativas chamadas de "impulsionadores críticos de negócio" (aqueles que afetam fortemente os resultados do negócio) são rotuladas como projetos estratégicos e recebem alta prioridade. Enquanto em regiões como a América Latina, constituída de 37 países, centenas de projetos individuais

---

[70] REDFERN, David. **JP Morgan 2011 Healthcare Conference.** Jan. 12, 2011. San Francisco: GSK, 2011. Disponível em: <http://www.gsk.com/content/dam/gsk/globals/documents/pdf/JPMorgan-Jan11.pdf>. Acesso em: 27 de abril de 2014.

disputam recursos orçamentários, apenas sete projetos chegam a ser escolhidos para receber atenção de alto nível e monitoramento executivo. Outros projetos táticos e operacionais aprovados são tratados em nível nacional.

A indústria farmacêutica é um exemplo notável de setor impactado por mudanças radicais. Invariavelmente, uma grande turbulência no mercado exige reformulação não apenas na direção estratégica como também na transformação dessas estratégias em realidade. Quando as estratégias certas são feitas do jeito certo e colocadas em prática em tempo hábil, boas coisas acontecem para a organização. Contudo, se a empresa carece de conhecimentos em gerenciamento de projetos e de agilidade para transformar rapidamente suas estratégias em realidade, a sobrevivência organizacional é posta à prova em muito pouco tempo.

Como transformar estratégias em realidade

Uma das principais funções da Governança de Projetos é definir políticas e colocá-las em prática, para que a composição certa de projetos seja gerenciada de forma eficaz. Uma vez que projetos estratégicos são selecionados e priorizados, conforme descrito no Capítulo 5, transformar estratégias em resultados requer iniciativas para que o portfólio de projetos gere os benefícios almejados pelos tomadores de decisão da empresa[71]:

- Equilibrar o portfólio global.

- Usar o gerenciamento de programas para agrupar e coordenar projetos relacionados.

- Monitorar projetos individuais estratégicos através de fases e portões.

- Aplicar os princípios clássicos de gerenciamento de projetos.

- Implementar a gestão de benefícios.

---

[71] DINSMORE, Paul. **Winning in Business with Enterprise Project Management.** New York: AMACOM, 1999.

Mantendo o portfólio balanceado

O Capítulo 5 resume os desafios de formar e balancear portfólios de projetos. Esse balanceamento é vital para implementar com sucesso a estratégia da organização. A combinação certa de projetos prepara o terreno para a transformação da estratégia em resultados. Contudo, o planejamento e a concepção do portfólio são apenas parte da equação. Outros fatores são cruciais para otimizar os resultados desejados. Por exemplo, manter o portfólio balanceado com revisões periódicas. Elas podem ocorrer semestralmente, trimestralmente ou até mesmo mensalmente, dependendo da dinâmica organizacional.

As revisões de portfólio valem o esforço porque obrigam a alta gerência a avaliar os benefícios ao longo do tempo. Essas revisões são produtivas quando decisões são tomadas de forma proativa, tais como: acelerar projetos, colocar alguns em espera e abortar outros. A seguir, listamos as questões que merecem reflexão durante uma sessão de revisão de um portfólio de projetos:

- Equilíbrio entre projetos de curto prazo e longo prazo.

- Ajustes de orçamento conforme o tempo avança.

- Avaliação de riscos, oportunidades e benefícios conforme o perfil de risco da organização.

- Consequências para o fluxo de caixa.

- Impactos operacionais de projetos concluídos.

As revisões de portfólio podem ocorrer em vários tipos de unidades organizacionais. Por exemplo:

- **PMO estratégico.** Normalmente, o escopo dos PMOs estratégicos inclui executar revisões periódicas para o alinhamento do portfólio. Isso envolve a participação das partes interessadas adequadas.

- **Comitê de gerenciamento de portfólio.** Outra opção é a revisão de portfólio ser feita por uma comissão reunida para esse propósito.

- **Comitê executivo.** Por fim, a revisão pode chegar até a agenda de um comitê executivo, incumbido de responsabilidades gerais da gestão.

O local onde a revisão ocorre não é importante, desde que seja eficiente, aborde os tópicos certos e resulte em tomadas de decisão proativas. É, em última instância, responsabilidade da EPG fixar políticas adequadas e coerentes para que essas revisões de portfólio de projetos sejam realizadas periodicamente.

Alinhando projetos relacionados: gerenciamento de programas

O alinhamento contínuo de projetos relacionados pode ser garantido reunindo-os sob a égide de um programa abrangente. O gerenciamento de programas coordena projetos inter-relacionados para a obtenção de resultados estratégicos. As ligações entre os projetos em um determinado programa podem ser fortes ou fracas. Esse é o caso do programa global de exploração espacial gerenciado pela NASA, que inclui programas visando estudos relacionados à Terra, voo tripulado ao espaço, planetas e asteroides, ciência e tecnologia, estrelas e o cosmos, e o sol. Cada um desses grupos reúne projetos inter-relacionados, e os próprios programas também estão fracamente relacionados, pois todos são relativos ao espaço.

Mantendo projetos individuais em curso: fases e portões

Portões e etapas são pontos de verificação ao longo do trajeto do projeto que ajudam a verificar o *status* do projeto, a dimensionar a situação do negócio e a avaliar os recursos designados. A visualização de um ciclo de vida para o projeto com suas fases e portões dão mais confiança ao cliente e ao patrocinador do projeto de que as premissas estabelecidas no início continuam válidas.

Vários nomes são usados para esse conceito de ponto de verificação e fases. Contudo, a terminologia mais utilizada para projetos de investimento de capital, como por exemplo investimento em plataformas de petróleo, identifica três grandes portões: FEL 1, FEL 2 e FEL 3. FEL significa, em inglês, "front end loading", referindo-se ao início dos ritos de passagem que precedem o desembolso de grandes investimentos, otimizando assim o projeto e evitando retrabalho e custos desnecessários, como mostrado na Figura 6-2.

Figura 6-2. FEL no processo de portões e fases

Uma visão do FEL no Brasil

São inúmeros os benefícios de utilizar o processo FEL com disciplina, desde a melhora na previsibilidade dos custos e cronograma planejados até melhores resultados alcançados de funcionalidade do sistema, após o projeto estar finalizado.

Normalmente, o FEL está dividido em três fases. Cada uma delas contém um grupo de entregas para que possa ser avaliada a sua maturidade; e somente após cada fase passar por um portão de aprovação, é iniciada a etapa seguinte.

Na fase 1, ocorre o desenvolvimento do caso de negócio. Nesse momento, ainda não existe realmente um projeto; o objetivo é validar a oportunidade encontrada e iniciar a seleção de alternativas para a fase seguinte. O desafio nesta fase é ter o caso de negócio robusto, para que o número de alternativas a serem avaliadas seja pequeno. Um número ideal de alternativas a serem avaliadas na fase seguinte não deve passar de cinco, pois a equipe de projeto pode perder o foco – em algumas oportunidades o caso de negócio é esquecido. Além disso, o esforço empreendido na fase 2 é muito grande, sem contar que os custos sobem significativamente nas próximas fases de planejamento.

O FEL 1 é um ótimo momento para cancelar ou postergar alguma oportunidade, já que os gastos realizados ainda são relativamente baixos. Uma ideia cancelada neste momento pode ser vista como um êxito do sistema de portões de projetos, já que se espera que a maioria das oportunidades discutidas aqui não sejam transformadas em projetos. Em alguns casos, até 75% de projetos são cancelados ou postergados nesta fase.

No FEL 2 busca-se a viabilidade de uma, e apenas uma, das alternativas selecionadas na fase 1. Em outras palavras, é nesta fase que deve acontecer o congelamento do escopo do projeto. A falta desse fechamento de escopo é uma das principais causas de mudanças no projeto e consequente aumento de custos no FEL 3, sem nem mesmo ter iniciado a execução do projeto.

A correta avaliação de um projeto ao final do FEL 2 é um dos momentos cruciais, já que é possível verificar se o escopo do projeto realmente atende às necessidades do negócio apresentadas na fase anterior. Observam-se muitos casos em que a empresa tenta executar essa fase o mais rápido possível, para chegar logo na execução do projeto. Essa rapidez é um fator que degrada os resultados do projeto, já que muitas vezes os projetos iniciam uma fase mais avançada de seu desenvolvimento, sem finalizar elementos da fase anterior.

Existem casos em que há dificuldade de aprovar um projeto, por não ser economicamente viável, e da alta direção chamá-lo de "estratégico". Provavelmente, esses projetos ditos "estratégicos" serão cancelados em fases mais avançadas, quando os custos incorridos já são muito maiores. Em um caso na América Latina, um projeto foi colocado "em espera" até ser avaliada uma nova estratégia e um novo escopo, mas não antes de ser gasto um terço de seu orçamento total durante a fase de execução e ter avançado aproximadamente um ano no cronograma.

O FEL 3, que precede a autorização do orçamento final para o projeto, é o momento de refinar o escopo e de definir o projeto com detalhes suficientes para uma estimativa de controles para o projeto. Nesse momento, preparam-se todos os planos de execução, incluindo um cronograma com caminho crítico e carregado de recursos. Além disso, todos os documentos relacionados à engenharia básica do projeto devem estar finalizados. Sem essas entregas finalizadas nessa fase, o projeto corre o risco de sofrer com mudanças tardias durante toda a sua execução.

Em geral, as empresas que tentam encontrar atalhos durante qualquer uma das fases de FEL, para tentar finalizar o trabalho mais rapidamente, acabam pagando por isso. Os serviços custam muito mais, além do retrabalho ser quase que inevitável.

Por exemplo, uma empresa de grande porte na área de mineração postergou a decisão sobre uma parte do escopo de fornecimento de energia elétrica para a contratada que iria realizar a execução do projeto, em vez de incluí-lo no planejamento, mesmo que preliminar. Isso fez com que o serviço de fornecimento atrasasse, impactando toda a execução do projeto, e a equipe teve que buscar alternativas, muito mais dispendiosas, para poder iniciar o projeto. A ideia de economizar em tempo durante o planejamento acabou trazendo impacto tanto em cronograma quanto em custo para a empresa.

O Brasil tem vivido um momento muito interessante, com diversos projetos na área industrial e de infraestrutura. No entanto, esses projetos estão sendo feitos sem um planejamento adequado e sem um correto processo para sua avaliação econômica e de viabilidade. Em outras palavras, a maturidade, ou a definição, dos projetos está muito aquém do necessário.

Existe a pressão por uma data de início de operação. A velocidade com que muitas empresas tentam executar seus projetos resulta na falta de um bom planejamento de execução, incluindo um cronograma realista, que permita identificar o caminho crítico e os gargalos.

Um dos fatores que influenciam grandemente os projetos no Brasil é a queda de produtividade, tanto de mão-de-obra, quanto de engenharia, fato demonstrado por diversos estudos. Neste caso, é necessário concluir o planejamento com uma base ainda mais robusta, sem querer usar atalhos durante a fase de FEL.

Um correto sistema de governança, aprovando apenas projetos na carteira que estejam de acordo com o nível de maturidade requerida, além da disciplina do negócio e da equipe de projetos em seguir este processo, fará com que os projetos possam ter resultados muito melhores do que aqueles que temos visto, não somente no Brasil, mas em toda a América do Sul e no mundo.

Carlos Flech
Diretor América Latina
Independent Project Analysis

Não importa o apelido, a técnica de portões e fases fornece uma abordagem poderosa para reduzir incertezas, de forma que os parâmetros de custo-tempo-qualidade sejam satisfatórios para a organização patrocinadora.

Em alguns casos, apenas três portões são apropriados, porém ter até mesmo seis portões pode fazer sentido – o número fica a critério do modelo adotado por cada organização ou conforme as melhores práticas da indústria em questão. Aqui estão os fatores que influenciam a decisão acerca do número de portões:

- A estabilidade do caso de negócio em relação às mudanças no ambiente.

- O alinhamento adequado para que o gerente de projetos possa tomar decisões alinhadas à estratégia.

- A natureza do projeto e a periodicidade apropriada para revisões externas.

- A qualidade das métricas disponíveis para a equipe do projeto e para o patrocinador.

Políticas eficazes de Governança de Projetos não especificam o número de fases ou as informações a serem apresentadas em cada portão, mas determinam o uso de uma abordagem de portões e fases para assegurar que os projetos sejam adequadamente avaliados e monitorados.

Fazendo projetos da maneira certa: metodologias, melhores práticas e padrões

Fazer com que as estratégias aconteçam depende da implementação dos projetos que se desdobram a partir dessas estratégias. Essa implementação requer foco para completar projetos dentro dos parâmetros de custo, das limitações de tempo e das especificações de qualidade. Para que isso ocorra, as melhores práticas de gerenciamento de projetos entram em jogo.

Já que uma abordagem de projeto é necessária para dar o salto da estratégia até os resultados, faz sentido utilizar as melhores práticas acumuladas da profissão de gerenciamento de projetos. É responsabilidade da Governança de Projetos certificar-se de que os fundamentos do gerenciamento de projetos estejam definidos e em prática na organização.

Projetos são realizados ao longo de um período de tempo, conhecido como **ciclo de vida do projeto**. Isso é válido para projetos de todas as naturezas, seja estratégico, operacional ou inovador. Já que os projetos, assim como as pessoas, são finitos por definição, eles são concebidos para nascer e serem finalizados. Projetos também possuem uma vida e passam por fases distintas. É responsabilidade da EPG padronizar um ciclo de vida para os projetos da organização. Conforme o tamanho da organização, pode existir mais de um ciclo de vida, dependendo da categoria dos projetos, mas que mantenham coerência entre si e uma nomenclatura padronizada.

A seguir, apresentamos as questões pertinentes que patrocinadores e revisores devem fazer ao longo do ciclo de vida do projeto:

Fase pré-projeto

- O projeto atende aos requisitos da empresa em termos de rentabilidade ou retorno do investimento? Existem recursos disponíveis para a realização do projeto?

- As premissas e informações utilizadas no estudo de viabilidade são válidas?

Fase de concepção

- Um termo de abertura define a missão do projeto e seus objetivos primários?

- O escopo geral do projeto está claramente definido?

- Toda a informação necessária para o projeto prosseguir está disponível e organizada?

- As premissas foram validadas?

- Os requisitos do cliente foram formalmente confirmados?

- Uma avaliação macro dos riscos foi realizada?

- As principais partes interessadas estão envolvidas?

- E o gerente de projetos? Será que ele necessita de mais apoio ou treinamento no trabalho? Ou seria útil uma orientação adicional durante uma determinada fase?

- A partida (*kickoff*) do projeto foi planejada? Em que formato? Reunião? *Workshop*?

Fase de planejamento

- Foi desenvolvido um plano de garantia de qualidade?

- Metodologias e estratégias de implementação e de gerenciamento de projetos estão sendo postas em prática?

- Os riscos do projeto foram identificados e quantificados? E as respostas aos riscos?

- Foram colocados em prática sistemas para gestão de documentos, agendamento e monitoramento de atividades, gerenciamento de aquisições, estimativas, orçamentação e controle de custos?

- Esses sistemas foram depurados? Há pessoal competente para operá-los?

- Um plano de projeto global, detalhado, tecnicamente orientado, foi desenvolvido? (O que precisa ser feito no projeto e como esse trabalho será realizado?)

- Um plano de gerenciamento de projetos foi desenvolvido? (Como o projeto será gerenciado?)

- Existe um plano de gerenciamento das partes interessadas?

- Declarações de trabalho (SOWs – *statements of work*) foram escritas para os pacotes de trabalho?

- O plano de comunicações do projeto foi desenvolvido?

- Os critérios para reuniões e relatórios foram desenvolvidos?

Fase de implementação

- Estão ocorrendo reuniões de acompanhamento?

- A gestão de mudanças está sendo formalmente gerenciada?

- A tomada de decisão é proativa e orientada a solução?

Fase final

- Foram desenvolvidos procedimentos para o encerramento do projeto? Eles estão em prática?

- Foi preparado um plano de transição (da conclusão do projeto até a fase de operação)? Ele está sendo seguido?

Fase pós-projeto

- O que foi feito corretamente no projeto e o que precisa ser melhorado para o próximo?

- Como se avalia o projeto em relação a outros comparáveis dentro ou fora da empresa?

- Que lições aprendidas devem ser compartilhadas com outras pessoas na empresa?

- Como os resultados do projeto podem ser usados para fins promocionais e de marketing?

O gerenciamento de projetos visto pelas associações profissionais

A essência do gerenciamento de projetos era tradicionalmente representada por um triângulo, mostrando a necessidade de gerenciar tempo, custo e qualidade. Essas áreas centrais há muito tempo se transformaram em um quadrado, representando restrições quádruplas, com a adição do gerenciamento do escopo, porque ele está muito fortemente entrelaçado com os elementos do triângulo clássico. Portanto, tempo, custo, qualidade e escopo são os pilares para transformar projetos estratégicos em resultados.

PMI

Essas quatro áreas básicas desde então evoluíram para dez áreas de conhecimento, conforme descrito pelo PMI: gerenciamento de tempo, escopo, qualidade, custo, riscos, comunicações, partes interessadas, aquisições, recursos humanos e integração[72]. Todas essas áreas precisam ser gerenciadas para que as coisas funcionem. Um deslize em qualquer área é o suficiente para começar um efeito dominó que termina por afetar as demais áreas. Por exemplo, uma falha de comunicação no ciclo de aquisições pode detonar um atraso não previsto, afetando a qualidade e resultando em acréscimo de custos. Isso pode colocar o projeto em perigo e ter um forte impacto nos recursos humanos. Portanto, existem conexões entre todas as áreas. O modelo do PMI é dinâmico e evolui conforme novas percepções são reconhecidas. Por exemplo, o gerenciamento das partes interessadas foi recentemente acrescentado como área de conhecimento na mais recente edição do PMBOK® *Guide*, pois vem recebendo cada vez mais atenção da literatura conforme pesquisadores e profissionais percebem o seu impacto substancial no sucesso ou no fracasso de projetos. A Figura 6-3 mostra as áreas de conhecimento definidas pelo PMI.

IPMA (International Project Management Association)

O IPMA representa mais de cinquenta associações de gerenciamento de projetos de todos os continentes e oferece outro modelo básico. O *IPMA Competence Baseline* (ICB)[73] é a base para um sistema de certificação e serve de padrão para profissionais e partes interessadas. Esse modelo assume que profissionais devem ter competência em três áreas básicas: comportamental, técnica e contextual.

Padrões relativos à execução de projetos

Ao longo dos anos, o PMI desenvolveu uma biblioteca de padrões globais. Cinco temas refletem o caráter expansivo da carreira de gerenciamento de projetos: proje-

---

[72] PROJECT MANAGEMENT INSTITUTE. **PMBOK:** A Guide to the Project Management Book of Knowledge. 5th ed. Newtown Square, Penn.: PMI, 2013.
[73] INTERNATIONAL PROJECT MANAGEMENT ASSOCIATION. **IPMA Competence Baseline**, v. 3. Holanda: IPMA, 2008.

tos, programas, pessoas, organizações e profissão. O IPMA também atualiza periodicamente o seu padrão de competências. O Cabinet Office, do Reino Unido, possui manuais e orientações que incluem os temas portfólio, programas e projetos, bem como a metodologia Prince 2, amplamente aceita.

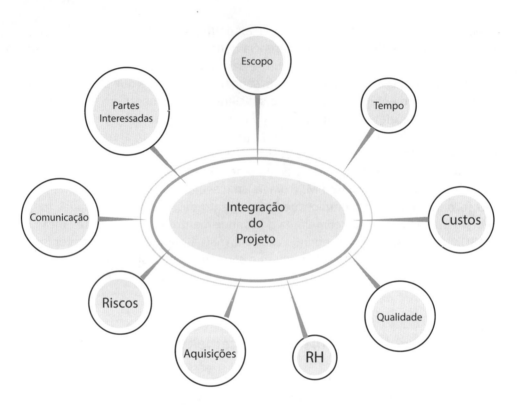

Figura 6-3. Integrando as áreas básicas de gerenciamento de projetos

Com o gerenciamento de projetos crescendo e ganhando reconhecimento globalmente, a ABNT (Associação Brasileira de Normas Técnicas) publicou em 2012 a Norma ABNT NBR ISO 21500:2012, Orientações sobre Gerenciamento de Projetos, que fornece diretrizes para gerenciamento de projetos e pode ser usada por organizações públicas, privadas ou organizações não governamentais e para qualquer tipo de projeto, independentemente de complexidade, tamanho ou duração. Essa norma deve ser considerada por qualquer organização interessada em implementar padrões e melhores práticas.

Transformando Estratégias em Realidade

Uma estratégia de implementação na prática

A secretaria de transportes do estado da Virgínia (VDOT – *Virginia Department of Transportation*), nos EUA, com sede na cidade de Alexandria, enfrentou grandes desafios ao implantar sua estratégia para construir um projeto de rodovia de alta capacidade com pedágio, no valor de 1,4 bilhão de dólares, que começou em 2007[74]. Eis o cenário:

- O projeto foi estruturado como uma parceria público-privada (PPP) do tipo projeto-construção (*design-build*) entre a VDOT, a Fluor-Lane, empreiteiras parceiras e a Transurban, investidor de estradas com pedágio.

- A área situava-se em um corredor viário congestionado ao redor de Washington, D.C, EUA.

- O trabalho envolvia nova construção, em substituição à infraestrutura antiga, relocação de casas e adição de pistas de pedágio.

- A economia estava em recessão.

- O projeto envolvia trezentas empresas contratadas, trabalhando em turnos durante 24 horas, incluindo fins de semana.

A governança do projeto foi regulamentada por uma lei de 1995 chamada *State of Virginia's Public-Private Transportation Act*, um arcabouço legislativo que permitia à VDOT celebrar acordos que autorizassem entidades do setor privado a desenvolver e/ou operar infraestrutura de transporte. Os critérios estabelecidos pela lei incluíam políticas relativas ao controle de qualidade, um painel independente de revisão, recomendações do conselho estadual de transportes, seleção de propostas detalhadas, negociações e análise jurídica final do acordo.

Sob essas diretrizes, o projeto foi gerenciado usando técnicas clássicas de gerenciamento de projetos, como planejamento, organização e controle. As áreas de conhecimento do gerenciamento de projetos também entraram em cena, incluindo o gerenciamento eficaz de escopo, tempo, custos, qualidade, aquisições, recursos humanos, comunicações, partes interessadas, riscos e integração. Como as coisas nem sempre saem como o planejado, a implementação de estratégias necessitou de ajustes quando as coisas começaram a sair do rumo. Foi o que ocorreu com a VDOT.

---

[74] A Closer Look: Virginia Department of Transportation. **PM Network Magazine**, apr. 2009, p. 48-51. Newtown Square, Penn.: Project Management Institute.

A estratégia da VDOT era realizar o projeto de mais de um bilhão de dólares com o mínimo de perturbação no tráfego, sob o guarda-chuva da governança de uma parceria público-privada. Mas como fazer isso acontecer? O formato projeto-construção era novo para o estado, assim como o modelo de parceria público-privada.

Com o início da construção em 2007, tornou-se evidente que faltava uma peça fundamental na governança do projeto. Enquanto a VDOT focava em avaliar cada pacote de contrato, a equipe da Fluor-Lane estava cada vez mais ansiosa para obter as concessões, e isso criou desde o início uma tensão entre os parceiros. Para atender às ambiciosas linhas de tempo fixadas para o projeto, a VDOT não possuía a mão de obra ou conhecimento para avaliar e aprovar as concessões conforme necessário. Como resultado, devido à falta de modelos aprovados, alguns contratantes se encontravam mobilizados, mas sem os detalhamentos de engenharia para prosseguir. Isso significava lutar por formas alternativas de utilizar a força de trabalho até que os procedimentos fossem concluídos.

Para resolver isso, a VDOT trouxe um participante adicional para atender às demandas. A ATCS CH2M Hill, uma *joint-venture* entre duas empresas de engenharia com sede nos EUA, foi contratada para assumir a responsabilidade de gerenciar o megaprojeto, atuando como gerente técnico e braço administrativo. Consequentemente, a ATCS CH2M Hill se tornou uma parte interessada adicional na estrutura da governança do projeto. O maior desafio da *joint-venture* foi encontrar um equilíbrio entre as necessidades que competiam por supervisão adequada e medidas urgentes.

Transformar estratégias em realidade exige a aplicação dos conceitos básicos de gerenciamento de projetos e então ir além. Avaliação constante e aperfeiçoamento são também parte da fórmula para que as estratégias realmente aconteçam. No caso do megaprojeto da VDOT, uma importante questão de governança foi negligenciada no início e acabou causando tumulto. Embora a lei tivesse estabelecido uma base sólida para governança, uma ligação estrutural básica estava faltando, em termos de gerenciamento prático do projeto. Ao trazer um consórcio de engenharia para atuar como gerente de projetos no apoio ao cliente, a questão da governança foi corrigida e o projeto voltou ao seu trajeto normal.

Construindo pontes

Ao longo dos anos, as organizações vêm tentando arduamente criar um modelo para implementação bem-sucedida da estratégia. Evoluir da estratégia à execução exige um conjunto coerente e reforçado de práticas e estruturas de apoio. Um modelo que vem persistindo ao longo dos anos é o 7S, de McKinsey, que envolve sete fatores interdependentes que precisam estar alinhados e se reforçarem mutuamente para o bom desempenho de uma organização.

O modelo 7S é adequado para analisar o momento atual e uma situação futura proposta e para identificar lacunas e inconsistências que precisam ser tratadas para que a jornada seja bem-sucedida. É então uma questão de ajustar os elementos para garantir que a organização trabalhe de forma eficaz rumo à direção estabelecida. Vejamos cada um dos elementos:

- **Estratégia (*Strategy*).** É a visão integrada e a direção da empresa, assim como a maneira pela qual se desdobra, articula, comunica e implementa pela organização.

- **Estrutura (*Structure*).** É a maneira como a empresa é organizada para executar a estratégia, incluindo políticas, procedimentos, papéis e responsabilidades que regem a forma como a organização atua, assim como quem se reporta a quem.

- **Sistemas (*Systems*).** São os sistemas voltados para dar suporte à tomada de decisão e ao monitoramento e controle.

- **Valores compartilhados (*Shared values*).** São os princípios adotados pela empresa para orientar o seu estilo e comportamento (os valores e comportamentos desejados devem ser comunicados e internalizados por todos da organização).

- **Estilo (*Style*).** É o jeito semelhante e compartilhado de pensar e de se comportar, envolvendo a cultura da organização e o estilo de liderança, e refletindo a maneira pela qual a empresa interage com as partes interessadas, os clientes e os órgãos reguladores.

- **Pessoas (*Staff*).** Uma gestão de pessoas eficaz cria a força de trabalho certa para alcançar os objetivos desejados. Significa que a empresa contratou pessoas capazes, as treinou bem e lhes atribuiu as funções certas.

- **Habilidades (*Skills*).** É a identificação das habilidades e competências necessárias bem como dos hiatos existentes que bloqueiam a implementação das estratégias empresariais.

Isso tudo pode parecer simples e óbvio, mas não é. A mensagem principal é que uma multiplicidade de fatores influencia a capacidade de mudar uma organização.

E um ponto crucial é que as organizações nem sempre conseguem acertar no lado humano da implementação (valores compartilhados, estilo, pessoas e habilidades) e na sua reação às mudanças envolvidas.

Na realidade, fazer a ponte entre a estratégia e a execução requer um programa que gerencie todos os projetos e iniciativas para alcançar os resultados esperados, tudo sob a estrutura de supervisão da EPG.

Conclusões

O capítulo abrange abordagens para implementar projetos de forma coerente com a estratégia corporativa. Como projetos são necessários para implementar as estratégias, os conceitos básicos de gerenciamento de projetos foram detalhados. Três abordagens foram apresentadas para assegurar o alinhamento de projetos e portfólio com as estratégias de organização: (1) balanceamento do portfólio de projetos, (2) gerenciamento de programas e (3) revisões de fases e portões. Além disso, o estabelecimento de uma forte estratégia associada a uma forte execução (construção de pontes) requer um conjunto de práticas integradas que se reforçam e interagem. Uma EPG eficaz determina políticas que garantam que as práticas descritas neste capítulo estejam enraizadas na cultura de gerenciamento de projetos da organização. A implementação de estratégias pede também a aplicação dos conceitos de gerenciamento de projetos, começando pela governança e detalhando a seguir os procedimentos e padrões de gerenciamento de projetos, programas e portfólio adequados à organização.

7

Organizando-se para a EPG

Para que a EPG se torne realidade, os fundamentos para gerenciar projetos pela empresa devem estar implementados. Como descrito em capítulos anteriores, são vários os elementos que tornam a EPG operacional, mas todos podem ser classificados em quatro categorias:

- **Governança.** Este grupo inclui o alinhamento com a governança corporativa e a alta administração e criação de políticas globais para a gestão de portfólios, programas e projetos. Estabelece também papéis e responsabilidades para organizar, gerenciar e apoiar as atividades do projeto, além de aderir às melhores práticas para projetos relacionados com a indústria em questão.

- **Competências.** Este grupo supervisiona o alinhamento das competências necessárias de gerenciamento de projetos com os modelos de competência existentes da organização. Perfil profissional e plano de carreira também pertencem a este grupo. Em termos de aprimoramento das competências de gerenciamento de projetos, atividades de desenvolvimento, como programas educacionais, treinamentos no local de trabalho, *coaching* e *mentoring* são elementos essenciais para melhorar o desempenho global nos projetos.

- **Processos.** Este grupo incorpora as metodologias e técnicas que asseguram que os projetos de toda a empresa estejam sendo gerenciados de forma eficaz. Isso também inclui os sistemas e as ferramentas automatizadas que adicionam velocidade e sinergia ao gerenciamento de múltiplos projetos. Outras partes do grupo de processos são a aferição da maturidade em gerenciamento de projetos e a garantia de melhoria contínua nas abordagens usadas.

- **Cultura.** Fazer da EPG parte do modo de vida de uma organização requer o desenvolvimento de uma cultura de gerenciamento de projetos. Isso exige mudanças para garantir que conceitos e práticas de projetos permeiem por toda a organização. Para esse fim, a gestão de mudanças é a prática recomendada para facilitar a transição de uma cultura operacional para uma com a dinâmica do gerenciamento de projetos. Também essencial para alcançar uma cultura GP é uma gestão do conhecimento, englobando experiências e lições aprendidas relacionadas à empresa e à sua indústria.

A Figura 7-1 mostra os quatro agrupamentos dos elementos que constituem a Governança de Projetos. Neste capítulo, será dada ênfase ao grupo de governança que lida com questões organizacionais. Os demais grupos – competência, processos e cultura – complementam os elementos necessários para a implantação da EPG.

Colocar a EPG em ação requer avaliação da situação, planejamento, implementação e manutenção. Os planos necessariamente abrangem os elementos resumidos nos quatro grupos listados no início do capítulo. A intensidade de um determinado programa de implantação de EPG varia conforme o grau de maturidade em gerenciamento de projetos de uma organização. Como isso será feito também dependerá dos fatores contextuais.

Figura 7-1. Organizando-se para a EPG

Três cenários

A estrutura da Governança de Projetos em organizações depende em parte de como a governança corporativa é formulada. A diretoria poderá optar por uma abordagem prescritiva, na qual define algumas políticas relativas a projetos para a organização. Ou pode preferir normatizar o mínimo necessário para cumprir com os requisitos regulatórios e deixar o resto para o nível executivo, sob a responsabilidade do CEO. Nesse segundo cenário, mais uma vez a abordagem pode ser prescritiva, onde estruturas e políticas são predeterminadas, ou pode-se deixar a cargo de executivos em unidades específicas de negócios ou de chefes dos principais departamentos. Assim, a EPG pode ser desenvolvida em três cenários:

- Comitê da diretoria.
- CEO e equipe executiva.
- Gestão média.

Primeiro cenário

Neste primeiro cenário, a governança corporativa cria comitês específicos relacionados à EPG com nomes como "planejamento estratégico e implantação", "supervisão de operações", "desenvolvimento de produtos" ou "programas". Esses comitês podem influenciar as políticas da EPG e também manter direitos de supervisão. Exemplos de organizações que possuem comitês de governança corporativa com escopos relativos à Governança de Projetos incluem:

- **Global Fund.** Uma grande organização que se destina a combater a AIDS, a tuberculose e a malária cuja diretoria delegou ao comitê de estratégias, investimentos e impactos a supervisão do portfólio[75].

- **L'Oréal.** O conglomerado francês de cosméticos mantém um comitê de estratégia e desenvolvimento sustentável que supervisiona as principais linhas estratégicas, opções e projetos[76].

De que forma esses comitês podem ajudar a moldar as políticas da EPG? Embora a responsabilidade executiva global para implementar projetos resida com o CEO e a equipe de diretores, um comitê pode exercer influência na seleção e implantação de projetos estratégicos – aqueles que, em última análise, afetam o futuro da empresa. Listamos aqui ações adequadas desses comitês que se propõem a focar em questões como planejamento, estratégia e implementação:

- Exigir políticas para a seleção e priorização de projetos estratégicos.

- Exigir que a organização trate de questões referentes à Governança de Projetos, incluindo gerenciamento de portfólio de projetos.

- Montar uma política para a revisão da supervisão de algumas iniciativas-chave.

- Estabelecer canais de comunicação apropriados.

- Solicitar avaliações periódicas de maturidade em gerenciamento de projetos.

---

[75] Um dos seis comitês do conselho do Global Fund é o Strategy Investment and Impact Committee. Disponível em: <http://www.theglobalfund.org/en/board/committees/>. Acesso em: 07 de julho de 2014.

[76] Um dos quatro comitês da L'Oréal é o de Strategy and Sustainable Development. Disponível em: <http://www.loreal-finance.com/eng/board-committees>. Acesso em: 07 de julho de 2014.

Segundo cenário

Nesse segundo cenário, a governança corporativa não faz qualquer menção a questões estratégicas e a sua implementação. Nesse cenário, a governança corporativa se restringe ao cumprimento básico de normas referentes a práticas éticas, financeiras e de auditoria, bem como ao funcionamento da própria diretoria, que requer um comitê para a nomeação de novos membros e para a escolha do CEO, além de um comitê executivo para questões pontuais que surgem entre reuniões formais da diretoria.

Assim, nesse contexto, a governança corporativa não impõe políticas para a EPG, e sim delega todas as questões relativas a projetos, bem como assuntos de gestão geral e operacional, ao CEO. A EPG é, então, um assunto a ser organizado e estruturado pelo CEO e a equipe executiva, sendo apenas uma das várias responsabilidades do CEO, que se encarrega de fazer com que os projetos, e tudo o mais, funcionem de maneira eficaz. Esse escopo limitado da EPG em comitês de diretoria prevalece no mundo corporativo e é adotado em organizações como General Electric, Accenture, Roche e Volkswagen.

Quando a governança corporativa delega responsabilidade total ao CEO para lidar com todas as questões gerenciais e organizacionais, incluindo estratégias e projetos, então o CEO precisa estabelecer a interface entre os estrategistas (alta administração e planejadores de negócios) e os implementadores (gerentes de programas e de projetos). Listaremos a seguir algumas soluções que o CEO pode efetivamente usar para lidar com questões relativas a projetos por toda a organização.

O **diretor de projetos (*Chief Project Officer* – CPO)** é uma opção. Outros cargos, como vice-presidente para projetos especiais ou chefe do gerenciamento de programas, também são usados para descrever a mesma função. Em grandes organizações hierarquizadas, o desafio de coordenar efetivamente centenas de projetos complexos pode ser bem complicado. Uma solução para isso é designar um alto executivo para ajudar a coordenar a governança e a supervisão de múltiplos projetos e programas importantes.

Esse executivo, chamado CPO, arca com a responsabilidade global pela EPG na organização. A forma de atuar do CPO vai depender do nível de maturidade da organização em relação ao gerenciamento de projetos, do tamanho e da complexidade dos projetos e da convicção da alta gerência sobre utilizar uma abordagem corporativa para o gerenciamento. Também vai depender da natureza da organização – se ela é movida a projetos, como em uma empresa de engenharia, ou se é funcional, como em um fabricante de pasta de dente que usa o gerenciamento de projetos como um meio para se chegar a um fim. A função do CPO faz especial sentido em organizações que são globais e multidisciplinares e que requerem a entrega oportuna de projetos múltiplos e complexos.

A responsabilidade do CPO é cuidar do portfólio de projetos da organização – desde o caso de negócios até sua implementação –, incluindo:

- Envolvimento nas decisões de negócios que resultam em novos projetos.

- Planejamento de projetos estratégicos.

- Definição de prioridades e negociação de recursos para projetos.

- Supervisão da implementação estratégica de projetos.

- Supervisão de um sistema de gerenciamento de projetos para toda a empresa.

- Desenvolvimento de competência em gerenciamento de projetos por toda a organização.

- Revisão periódica de projetos, incluindo a decisão de descontinuá-los.

- Gerenciamento das partes interessadas, facilitação e *mentoring*.

O **PMO corporativo (*Corporate Project Management Office* – CPMO)**, às vezes chamado de escritório de projetos estratégicos, é outra opção. Trata-se de um grupo pequeno e estratégico que atua como o elo entre a visão executiva e os projetos oriundos do plano estratégico da organização. Suas funções incluem: a supervisão de itens estratégicos, como maturidade em gerenciamento de projetos, cultura de projetos e integração de sistemas por toda a empresa; a gestão da qualidade e dos recursos entre projetos e portfólios; e o gerenciamento do portfólio de projetos[77].

O CPMO é responsável pelo processo de gerenciamento do portfólio e garante que os projetos da organização estejam ligados às estratégias corporativas. O CPMO se certifica de que o portfólio de projetos da organização continue a atender às necessidades do negócio, mesmo que elas mudem. Serve como o elo crítico entre a estratégia de negócios e a execução dos planos táticos.

---

[77] DINSMORE, Paul. **Winning in Business with Enterprise Project Management.** New York: AMACOM, 1999.

Uma terceira opção é o **escritório de gerenciamento de programas** (*Program Management Office* – abrevia-se **PgMO** para distingui-lo do escritório de gerenciamento de projetos, o PMO, ou *Project Management Office*). Esse escritório opera em um nível menos estratégico que o CPMO, fornecendo coordenação e alinhamento para projetos que estão inter-relacionados sob a alçada de um determinado programa.

Comitês também oferecem outra abordagem para lidar com questões da EPG. Trata-se de usá-los para prover orientação estratégica e supervisão para empreendimentos de gerenciamento de projetos. Exemplos: comitê para projetos estratégicos, comitê de direção estratégica e comitê de revisão de portfólio. Esses comitês têm autoridade para priorizar projetos que envolvam departamentos funcionais ou unidades de negócio e são compostos por executivos de toda a organização, para assegurar consenso e equilíbrio.

O CEO, portanto, tem à disposição várias formas de prestar orientação estratégica para o gerenciamento de projetos por toda a empresa. A abordagem mais adequada e sua organização dependerão da cultura existente na empresa, das necessidades de desenvolvimento dentro da organização e das opiniões dos principais tomadores de decisão.

Terceiro cenário

A terceira abordagem opera sob as seguintes premissas: a governança corporativa não oferece o apoio de um comitê para a EPG, e a organização sob o CEO não estabelece qualquer estrutura formal, como um CPO ou CPMO, para tratar de questões relativas a portfólios, programas e projetos. Aqui, persiste o desafio de lidar com múltiplos projetos de naturezas diversas, porém a responsabilidade está espalhada por toda a organização. Como proceder?

Quando falta orientação vinda de cima, para minimizar um potencial caos em projetos, a liderança é assumida pelos chefes de unidades de negócios ou de unidades funcionais. Áreas como TI e engenharia frequentemente implementam PMOs devido à alta concentração de projetos nessas disciplinas. Muitas unidades de negócios são suficientemente grandes para criar as suas próprias abordagens que lidem com questões de EPG. Pode existir um PMO para apoiar os projetos na unidade de negócios ou no departamento em questão. Para a EPG ocorrer nesse tipo de cenário, é necessário um movimento "de baixo para cima". Aqui, a conscientização sobre os benefícios do gerenciamento de projetos, quando aplicado em toda a organização, começa, basicamente, com esforços heroicos e individuais. Isso significa que a alta

EPG

administração está concentrada em outras prioridades e que as questões relativas à EPG não aparecem no radar estratégico. Assim, deve-se aumentar a sua conscientização acerca do assunto nos níveis mais altos da administração. Nesse cenário, há uma crescente sensibilização nos níveis profissional e de gerência acerca da necessidade de existir por toda a empresa um conjunto coerente de políticas, competências e metodologias para gerenciar projetos de todos os tipos. Os benefícios de uma abordagem EPG ficam evidentes para as partes interessadas, pois essa visão aponta para uma organização apoiada por sistemas adequados, pessoal treinado e por uma cultura global de projetos.

A conscientização, entretanto, não é tão evidente para a alta administração. Propostas para um programa abrangente como a EPG entram por um ouvido e saem pelo outro, restando aos interessados duas opções. A primeira é seguir o fluxo – continuar trabalhando da melhor forma possível e esperar que algo mude no futuro. A outra opção é tomar uma atitude proativa e iniciar a defesa da causa EPG. Isso significa usar técnicas de gestão de influência para criar interesse e sensibilização. Aqui estão algumas abordagens eficazes:

- Mirar em pessoas influentes que possam ajudar a carregar a bandeira a favor da EPG.

- Disseminar referências que documentem como os competidores ou outras organizações estão abordando a questão.

- Usar influência indireta, envolvendo pessoas com acesso aos tomadores de decisão.

- Preparar um caso de negócios mostrando a viabilidade e propor uma abordagem passo a passo.

Tal abordagem "de baixo para cima" pode ser articulada pelos PMOs existentes, pois eles certamente possuem interesse na causa.

Os nomes dados aos PMOs variam e espelham a diversidade de atividades realizadas nas organizações. A grande variedade de títulos inclui: escritório de programas, iniciativa de gerenciamento de projetos, escritório de gerenciamento de produtos, escritório de apoio a projetos, escritório de apoio a programas, grupo de apoio a projetos, grupo de controle de projetos, escritório de grupo de programas, PMO virtual, escritório de divisão de programas, centro de excelência em gerenciamento de projetos, escritório de organização e apoio a projetos, centro de competências em gerenciamento de projetos e iniciativa de apoio aos negócios.

Não importa o seu escopo, PMOs são um elo indispensável na cadeia de uma Governança de Projetos eficaz. Independentemente de sua estrutura, um PMO eficaz inclui, em seu escopo de atividades, pelo menos:

- Controle e elaboração de relatórios.

- Apoio, metodologia e recursos.

- Competência e treinamento em gerenciamento de projetos.

Em muitos casos, os PMOs evoluem com o tempo para atender às necessidades que surgem. Isso é comum nas áreas de TI e de construção, e tal abordagem evolutiva muitas vezes se encaixa na finalidade pretendida. É recomendado, no entanto, um diagnóstico situacional antes de estruturar um PMO. Isso estabelece uma base para desenvolver um escritório que enderece tanto as necessidades imediatas da organização como as futuras. A seguir, listamos as questões que exigem reflexão e avaliação antes de se conceber um PMO.

- **Nível dos relatórios dentro da organização:** corporativo, departamental ou de programa?

- **Saídas desejadas:** informação para a gerência, apoio e consultoria interna para projetos, padronização de metodologias, implantação de tecnologia de ponta, articulação das partes interessadas?

- **Tamanho da organização:** global ou espalhada geograficamente, local e concentrada? O público-alvo é apenas uma parte da organização?

- **Prováveis obstáculos:** falta de apoio da alta administração, forte resistência das bases, subestimando a gestão de mudanças necessária para implantar o conceito?

- **Características da organização:** orientada a projetos (construção, desenvolvimento de software) ou orientada a produtos (produtos de consumo)?

Essas perguntas definem o cenário para o processo de concepção do PMO. Com base nas questões levantadas na avaliação inicial, uma análise detalhada é necessária, focando na miríade de variáveis que afetam o formato e o desempenho subsequente do PMO. A seguir, as principais questões que carecem de definição para que se desenvolva um formato eficaz.

Contexto

- A necessidade de um PMO foi provocada pelo mercado ou foi impulsionada internamente?

- Quem são os principais articuladores – alta gerência, gerência média, uma área específica?

- Qual é a intenção da implantação – revolucionária ou evolucionária?

- A abrangência do escritório se destina apenas à implementação de projetos ou está ligada também à estratégia de negócio?

Organização e pessoal

- O PMO terá uma equipe ou uma linha de trabalho?

- A quem o PMO vai se reportar? CEO, chefe de departamento, comitê?

- Qual é o escopo dos projetos? Todos os projetos, projetos estratégicos, projetos de determinada área?

- De quem é a responsabilidade pela equipe de projetos – recrutamento, treinamento, alocação, apoio?

- Qual é o tamanho do PMO? Grande grupo, duas ou três pessoas, meio período, principalmente virtual?

Escopo da função de apoio

- Qual é a responsabilidade – desenvolver, implementar, monitorar?

- Quais ferramentas de GP serão usadas – seleção, adaptação, treinamento?

- Como os registros são mantidos – para todos os projetos ou apenas para os projetos prioritários?

- Que tipo de apoio é necessário? Proativo ou mediante solicitação?

Organizando-se para a EPG

Responsabilidades pela execução do projeto

- Acompanhamento e elaboração de relatórios – para a gerência ou projeto a projeto?

- Auditoria – função de apoio para gerentes de projetos ou para o controle da alta administração?

- Planejamento e programação – apoio a projetos ou atribuições práticas?

- Comunicações – por toda a empresa ou apoio a um único projeto?

- Gestão de mudanças – gerenciamento proativo ou apoio processual?

Depois de estabelecer os parâmetros para o PMO, o próximo passo é defini-los e formalizá-los em documentos por escrito:

- Um termo de abertura para o projeto do PMO.

- Organização interna e interfaces externas.

- Políticas e procedimentos.

- Papéis, responsabilidades e descrições de cargos.

- Requisitos de competência e treinamento.

Como em qualquer projeto, iniciar um escritório de gerenciamento de projetos requer uma sequência lógica de ações. Um projeto de PMO envolve questões técnicas e comportamentais[78]. Segue a ordem:

- **Dimensionamento da situação e design conceitual.** Avaliar as práticas atuais e desenvolver um conceito que seja coerente com as necessidades da empresa.

- **Projeto detalhado e desenvolvimento de soluções.** Desenvolver a solução, incluindo a metodologia e os requisitos do sistema, bem como os requisitos organizacionais.

---

[78] Partes deste trecho foram adaptadas do capítulo 4 de: ENGLUND, Randy; GRAHAM, Robert; DINSMORE, Paul C. **Creating the Project Office.** San Francisco: Jossey-Bass, 2003.

EPG

- **Teste.** Testar as soluções propostas em um projeto específico.

- **Implantação.** Usar as soluções em uma escala mais ampla, com especial atenção ao lado comportamental da gestão de mudanças.

- **Manutenção.** Gerenciar os processos e treinar.

Ajustar apropriadamente o PMO à organização é essencial. Quando a EPG já está instalada, um arcabouço organizacional existe para garantir que novas iniciativas de PMO adicionem valor para a causa global da gestão de projetos. Nesse ambiente ideal, existe uma relação lógica entre as estratégias da empresa, as políticas do portfólio e as comunicações acerca de assuntos relacionados a projetos. Um novo PMO se localizaria então sob o guarda-chuva protetor da EPG e se combinaria perfeitamente ao contexto de GP da organização.

Em um ambiente não tão ideal, contudo, os PMOs de diversos tipos surgem para atender a necessidades específicas de departamentos ou unidades de negócios sem que exista uma abordagem EPG. Isso significa que provavelmente falta alinhamento entre os PMOs, ou seja, a roda foi reinventada e os esforços, duplicados. Aqui, um cuidado especial é necessário ao conceber um novo PMO. O momento pode ser adequado para reunir as lições aprendidas dos PMOs existentes e plantar as sementes para o estabelecimento de um movimento em direção à EPG – ou pelo menos reforçar os canais de comunicação entre a comunidade de GP da organização.

O sucesso de um PMO é medido pelo grau com que ele foca nos problemas dos projetos em questão e interage efetivamente com a organização para assegurar que projetos sejam executados dentro dos procedimentos e alinhados às estratégias organizacionais. Atingir esse objetivo requer adequação com base nas perguntas e nos parâmetros descritos, pois, no caso de um escritório de gerenciamento de projetos, não existe receita de bolo!

Comunicação e construção de compromisso para implantação da EPG

Diversas peças compõem o conceito de EPG. Mapear a visão e a estratégia para a EPG usando as variáveis dadas é um passo imenso na direção certa. No entanto, não é o suficiente para fazer a EPG realmente acontecer. Embora o conceito correto de EPG seja um fator crítico de sucesso, como essa visão é vendida ao resto da organização é igualmente importante.

Organizando-se para a EPG

Enquanto a concepção da EPG é primariamente um processo intelectual, comunicar-se e obter apoio para a ideia é uma questão comportamental. Vender a ideia envolve o ego humano, reação a mudanças, disputas territoriais – e inclui dar tempo para que os novos conceitos se aprofundem. Assim, com o conceito de EPG lançado, necessita-se de um planejamento baseado no comportamento humano para fazer a ideia de fato acontecer.

Fazer com que as principais partes interessadas (gerentes de projetos, vice-presidentes, gerentes funcionais e equipe de apoio) adotem a EPG requer um processo de compreensão, aceitação e adesão. Para desenvolver a compreensão, expor a ideia é essencial, além de permitir que ela amadureça. Isso pode incluir ouvir uma palestra sobre o tema, participar de um *workshop*, navegar na web para obter mais detalhes, ler livros sobre o assunto e discuti-lo com colegas. Algumas pessoas podem precisar de semanas e outras de meses só para entender do que se trata a EPG.

Levar as pessoas a aderir envolve outras questões também. Por exemplo, as partes interessadas podem se debater com perguntas como essas:

- O que eu ganho com isso?

- Como a EPG vai afetar o meu *status* atual?

- Será que alguém vai invadir o meu território?

- Que riscos eu corro?

- Quem mais apoia a ideia?

- Como a EPG vai afetar a política interna?

Leva tempo até que as partes interessadas encontrem respostas para tais perguntas e evoluam para a plena aceitação.

Adesão à EPG significa compreender e abraçar o conceito e estar pronto para colocá-lo em prática. Para que isso ocorra, são necessários pré-requisitos, como entusiasmo, planejamento, implementação e acompanhamento persistente. Na prática, a implantação da Governança de Projetos deve seguir um caminho que garanta o compromisso com a causa por parte das principais partes interessadas. Ações que facilitam a adesão incluem:

- Campanhas para promover a compreensão, incluindo ações como palestras, publicações na intranet e distribuição de literatura.

EPG

- Fóruns para estimular a discussão através de seminários, *workshops* e intranet.

- *Workshops* de iniciação ou seminários de integração para assegurar que as partes interessadas trabalhem em direção aos mesmos objetivos.

Assim, a implantação da EPG não depende apenas da visão certa para a organização, mas também de como o conceito é comunicado às principais partes interessadas e ao resto da organização. As pessoas precisam compreender o conceito de EPG, aceitá-lo como válido, comprar a ideia e apoiá-la totalmente.

Uma grande empresa multinacional

Gerenciar vários tipos de projetos de maneira eficaz requer estrutura e organização. Uma importante empresa global em produtos de consumo, com vendas anuais superiores a £ 12 bilhões, inclui o PMO corporativo na área de estratégia e planejamento. PMOs também estão estabelecidos em cada uma das cinco regiões do mundo, cada uma mantendo uma relação matricial com o diretor regional e o PMO de nível corporativo. Gerentes regionais dos PMOs coordenam os gerentes de PMO subordinados a sua área geográfica e com pelo menos uma pessoa na equipe de apoio[79].

As áreas de responsabilidade do PMO incluem:

- **Gerenciamento de portfólio**, envolvendo a manutenção do modelo de governança, o alinhamento estratégico, a priorização e a alocação de recursos e o apoio à tomada de decisão.

- **Centro de excelência**, incluindo consultoria para negócios internos, melhores práticas e lições aprendidas, desenvolvimento de competências e avaliação da saúde dos projetos.

- **Apoio**, o que inclui articulação, gerenciamento de riscos, monitoração de benefícios, processos e ferramentas.

Os PMOs por toda a organização têm a responsabilidade de relatar à gerência os progressos, riscos e problemas que requerem atenção e tomada de decisão. Os PMOs monitoram as melhores práticas dessas comunicações como parte de uma filosofia global da EPG. A seguir, amostras dos relatórios usados.

---

[79] CAMPOS, Roberto. PMO Estratégico em Contexto Regional. **7º Fórum Nacional de Benchmarking em Gerenciamento de Projetos**, PMI-RJ, 2010.

- **Relatórios de destaques.** O objetivo é fornecer à diretoria e às principais partes interessadas um resumo executivo periódico dos *status* dos projetos. A diretoria utiliza o relatório para monitorar o progresso dos projetos. O gerente de projetos o usa como uma ferramenta de comunicação para aconselhamento acerca de potenciais problemas ou áreas para as quais a diretoria precisa fornecer apoio ou sobre as quais deve tomar alguma decisão. Os tópicos do relatório incluem *status* do orçamento, andamento do cronograma, produtos completados durante o período, problemas atuais ou potenciais e atualização dos riscos, ações a serem completadas durante o próximo período e *status* dos problemas dos projetos, impacto ou qualquer mudança no orçamento e no cronograma.

- **Revisão pós-projeto.** Também são parte do *kit* de ferramentas do PMO as ações tomadas ao final dos projetos. Os objetivos aqui são:

  - Entender as questões com relação ao produto final e problemas existentes.

  - Avaliar se os produtos estão entregando os benefícios definidos no caso de negócios.

  - Verificar se os custos gerados pelos produtos estão de acordo com o caso de negócios.

  - Verificar KPIs[80]/métricas para mostrar a eficácia do projeto.

  - Conferir as ações corretivas recomendadas.

- **Atualizações em reuniões mensais.** Esse relato de uma hora é dado durante a reunião da equipe executiva. O foco é na tomada de decisão e em ações prioritárias em relação ao portfólio.

---

[80] *Key Performance Indicators* (em português, indicadores-chave de desempenho).

Conclusões

Para a EPG se tornar realidade, os fundamentos para gerenciar projetos precisam ser implementados por toda a organização. Os elementos básicos para efetivamente implantar e tornar a EPG operacional são muitos, mas eles podem ser agrupados em quatro categorias: (1) governança em gerenciamento de projetos, (2) cultura, (3) macroprocessos e (4) competência. A EPG pode ser desenvolvida sob uma liderança distinta em três cenários: (1) comitê da diretoria, (2) CEO e equipe executiva e (3) movimento de base. Algumas das opções organizacionais são diretor de projetos (CPO – *Chief Project Officer*), PMO corporativo (CPMO – *Corporate Project Management Office*), escritório de gerenciamento de programas (PgMO – *Program Management Office*) e comitês de projetos, assim como variações do PMO clássico. O ajuste para cada uma das peças do quebra-cabeça da EPG é essencial. A implantação da EPG e de seus respectivos componentes deve atender aos requisitos da organização, bem como à comunicação e à construção de compromisso. Um exemplo de uma empresa global de produtos de consumo mostra a importância de estruturar o gerenciamento de projetos em termos corporativos para que os conceitos permeiem a organização.

8

Gerenciamento das Partes Interessadas e o Papel do Patrocinador

O gerenciamento das partes interessadas é um dos pilares básicos da Governança de Projetos e lida com problemas de relacionamento organizacional, incluindo questões como poder, política e influência. Interesses especiais, agendas ocultas, negociações e conflitos interpessoais também entram em jogo. Embora às vezes percebido como uma questão menor, o que se observa é que muitos problemas nas organizações resultam de questões de relacionamento entre as partes interessadas.

Para implantar a Governança de Projetos, que exige uma mudança de mentalidade organizacional, é necessária uma abordagem inicial em relação às partes interessadas – com foco nas questões específicas do gerenciamento de um projeto de mudança organizacional.

A EPG também serve como um elo para políticas sólidas das partes interessadas que são vitais para o sucesso estratégico dos projetos da organização. Ela trata de garantir a combinação certa de projetos feitos da forma certa, em particular megaprojetos ou outros empreendimentos altamente estratégicos. Portanto, a EPG possui o papel de assegurar que altos executivos relacionados a projetos, patrocinadores e profissionais por toda a organização estejam aptos a gerir todos os personagens que afetam os seus projetos.

Os interesses presentes

Um caso ilustrativo envolve questões complexas entre as partes interessadas associadas com a construção de um gigantesco avião militar para a IAF (*Indian Air Force*, a força aérea indiana). Em 2008, a IAF fez uma parceria com a USAF (*U.S. Air Force*, a força aérea americana) e, subsequentemente, com a Lockheed Martin para projetar e construir seis aviões C-130J Super Hercules.

O complexo projeto de fabricação das aeronaves incluiu mais do que apenas construir aviões, envolvendo também partes interessadas de fora do processo de fabricação. Sistemas de apoio, armazenamento e fornecimento de peças, equipamentos de manutenção e programas de treinamento também fizeram parte do cenário. Necessitou-se de pessoal em Nova Délhi (IAF), em Washington, D.C. (USAF) e em Marietta, no estado da Geórgia, nos EUA (Lockheed Martin)[81].

Para a Lockheed Martin, não era prática comum essa relação entre três grandes partes interessadas. "A IAF não entendia o processo de trabalhar por intermédio do governo dos EUA nem o processo de vendas militares ao exterior da Lockheed Martin", disse o diretor e gerente de projetos da Lockheed, Abhay Paranjape. "E a Lockheed Martin precisava perceber que essa era a primeira aeronave que a Índia comprava dos EUA em décadas. E nós não tínhamos um bom entendimento dos requisitos, dos procedimentos e dos processos da IAF".

As questões das partes interessadas foram gerenciadas com sucesso através de uma combinação de comunicações virtuais, reuniões periódicas presenciais e práticas eficazes de governança entre os três principais interessados. Essa combinação contribuiu fortemente para a entrega da primeira aeronave em dezembro de 2010, dois meses antes do programado.

A relação triangular criou desafios no gerenciamento das partes interessadas e levantou questões acerca da governança de projetos. Logo no início, reconheceu-se que a relação colaborativa entre as duas forças aéreas exigiria amplo diálogo e ajuste. Assim, as partes estabeleceram práticas de governança que asseguraram uma comunicação eficiente ao longo do projeto. Quando a Lockheed Martin entrou em cena, ocorreram negociações adicionais envolvendo o principal trio de partes interessadas, para garantir um alinhamento geral. Para o projeto C-130 da IAF e outros empreendimentos vitais para os objetivos das partes, o gerenciamento das partes interessadas e a governança de projetos foram fatores-chave do sucesso. Parte da missão da EPG é certificar-se de que essas questões são tratadas sistematicamente em todos os projetos, por toda a empresa.

---

[81] BOWLES, Michelle. Double the Stakeholders. **PM Network**, v. 25, n. 4, abr. 2011, p. 44.

Poder, política e influência

A EPG tem muito a ver com poder, política e influência. Embora a estrutura e os procedimentos sejam fatores relevantes, são essas questões mais amorfas que, em última análise, determinam a eficácia da Governança de Projetos. Os conceitos são descritos neste capítulo. Se essas visões não fazem parte da cultura da organização, recomenda-se realizar um conjunto de iniciativas para garantir que as principais partes interessadas saibam como navegar nas águas da EPG.

EPG e poder

"O poder é o mais forte dos afrodisíacos", disse Henry Kissinger quando era o Secretário de Estado dos EUA. A declaração sugere que o poder exerce uma atração quase sensual; as pessoas são seduzidas pelo poder, por uma força magnética, quase erótica. Sendo isso verdadeiro ou não, é fato que o poder é necessário para que executivos e outras importantes figuras de projetos façam seus trabalhos. O poder fornece a energia para tomar a iniciativa, para expor planos e para acompanhar os resultados. Do ponto de vista de uma empresa, a atração que as pessoas sentem pelo poder é uma influência saudável porque, quando utilizado corretamente, ele move uma empresa na direção certa. Para a Governança de Projetos, temos os seguintes tipos predominantes de poder:

- **Formal.** Decorrente da posição, o poder formal indica que o participante possui autoridade. Um escopo do trabalho é associado às suas responsabilidades, que devem ser realizadas de acordo com a cultura e os valores da empresa. O poder formal é o tipo mais fácil de entender.

- **Relacionamento.** "Não é o que você sabe, mas quem você conhece", diz o velho ditado. A rede de relações é uma forma de poder, seja através de laços familiares, pessoas de confiança, participação em associações profissionais ou conhecidos da igreja ou da vizinhança. O poder do relacionamento abre portas.

- **Conhecimento.** Embora a autoridade possa ser formal, pode também ser expressa através do conhecimento. Ganhadores do prêmio Nobel, por exemplo, nem sempre detêm um poder formal, mas se tornam autoridades pela sua sabedoria, o que por sua vez se transforma em poder. Assim, poder e autoridade andam de mãos dadas.

- **Competência.** Esse tipo de poder transcende o do conhecimento, já que a pessoa é reconhecida como alguém que faz as coisas acontecerem. Poder derivado de competência decorre tanto de conhecimento técnico como de habilidades comportamentais.

Do ponto de vista de uma parte interessada, faz todo o sentido estabelecer uma base de poder e até brandi-lo quando necessário, desde que se respeite a ética e os sentimentos alheios. É preciso poder para realizar as coisas, particularmente em uma rede que exerça sua influência pela empresa. Seguem algumas dicas de como executivos e outros atores podem usar o poder de forma eficaz na organização:

- **Entenda a organização.** Todas as empresas possuem uma cultura. Elas têm tradição e uma história. Mesmo que uma grande intervenção possa ser necessária, entender a essência de uma organização é fundamental para montar a governança de uma empresa orientada a projetos.

- **Aprimore suas habilidades interpessoais.** Para que a Governança de Projetos funcione, executivos seniores e membros da equipe de projetos devem ter habilidades comportamentais e políticas para lidar de forma inteligente com os fatores de poder presentes.

- **Construa sua imagem.** Assim como produtos precisam ser anunciados para transmitir uma imagem, todos os atores-chave em um ambiente de projetos precisam que suas imagens pessoais sejam lapidadas. Chame de autopromoção, contar vantagem, ou o que seja; tenha o cuidado de sempre ser visto como alguém articulado e competente em projetos.

- **Desenvolva e cultive aliados.** A Governança de Projetos é como um esporte coletivo. Ações individuais se tornam significativas apenas dentro de um contexto maior com uma série de iniciativas. Como no vôlei, onde um jogador recebe a bola e um segundo a posiciona para o terceiro jogador cravar, membros de organizações projetizadas precisam construir apoio em rede.

EPG e política

A política tem sido descrita em círculos governamentais como a "arte do possível". O possível nas empresas depende da arte de conciliar interesses e opiniões divergentes entre as pessoas que compõem a rede de poder na organização. Os executivos, portanto, precisam atuar politicamente para influenciar o processo decisório da empresa, e levar a decisões consistentes com os seus interesses e opiniões – e que ao mesmo tempo sejam possíveis. A chave para a política está na compreensão de que só fatos e argumentos técnicos não bastam na hora de tomar certas decisões. Muito mais importantes são as questões em jogo, como interesses setoriais ou departamentais e agendas pessoais. E o principal: as opiniões dos indivíduos, que são formadas por razões históricas, culturais ou psicológicas, são a essência de toda política. Ao gerenciar partes interessadas em um ambiente empresarial, leve em conta algumas técnicas para ser bem-sucedido ao fazer política em favor de uma determinada causa:

- Semeie a iniciativa ao comentar casualmente sobre o tema, fazendo circular artigos ou citando terceiros.

- Não pressione; dê tempo para que absorvam e processem novas ideias e questões.

- Envolva outros, pois política, por natureza, inclui e afeta grupos de pessoas.

- Conforme as discussões evoluam, dê detalhes a favor da sua causa.

- Inclua as sugestões de outros e negocie qualquer detalhe que envolva os interesses de todos.

EPG e influência

Em um ambiente empresarial, a influência está intimamente relacionada à competência. Quanto maior for o nível de competência técnica e comportamental, maior será o nível de influência. Por conta do grande número de relacionamentos em rede e matriz em um ambiente empresarial, poder e política precisam ser exercidos de forma sutil, usando diferentes formas de influência. Seguem as premissas para uma efetiva gestão de influência:

- A maioria dos executivos possui a experiência básica e os conhecimentos necessários para exercer a gestão de influência, porém esse potencial não é totalmente utilizado.

- Um jeito fácil de influenciar os outros é dar *feedback* positivo, desde que seja oportuno, relevante e sincero.

- A arte de ouvir, embora seja uma atitude aparentemente passiva, é uma técnica poderosa para influenciar os outros. Isso cria um vínculo que inevitavelmente é um bônus em termos de relacionamentos e boa vontade.

- A abordagem clássica no estilo "cada macaco no seu galho" continua a ser válida quando se trata de influenciar outras pessoas. Isso significa personalizar o comportamento com indivíduos de diferentes características, para que cada pessoa receba um tratamento personalizado.

- Gestão de interfaces, ou a construção de pontes para a comunicação e conciliação de interesses entre as partes interessadas, é uma atividade-chave em organizações projetizadas.

- Relações multidirecionais entre executivos e atores-chave de projetos, envolvendo comunicações verticais e horizontais, são norma em organizações geridas por projetos.

- Gerenciamento de conflitos é parte do trabalho do executivo em qualquer organização; naquelas gerenciadas por projetos, a propensão para o conflito é ainda maior, por causa dos múltiplos relacionamentos.

Quando o mundo quase acabou

Em outubro de 1962, o governo americano descobriu que os soviéticos estavam instalando ogivas nucleares em Cuba, com capacidade de atingir os Estados Unidos. Era imperativo reagir à situação, e rápido.

O evento representou o auge da "Guerra Fria", que durou de 1945 até 1989. No período, o mundo estava partido em duas áreas de influência político-ideológica: o bloco capitalista liderado pelos EUA e o bloco comunista liderado pela URSS. A estratégia dos dois blocos foi o desenvolvimento de arsenais nucleares com capacidade de destruição sem precedentes de todo o planeta Terra. Sobre esse período, o ex-secretário de Estado Henry Kissinger declarou: "a diplomacia contemporânea se desenvolve em circunstâncias sem precedentes. Raras vezes existiu base menor de entendimento entre as grandes potências, mas tampouco jamais foi tão coibido o uso da força".

Em pronunciamento na televisão, o presidente americano John F. Kennedy anunciou que os soviéticos estavam instalando mísseis nucleares em Cuba e que o nível do alerta nuclear fora elevado para DEFCON 2, o maior antes do conflito.

Kennedy ouviu de seus conselheiros duas alternativas. A primeira era invadir a ilha e destruir o arsenal soviético. A segunda opção era conformar-se com a existência de um arsenal atômico inimigo no quintal de casa. Kennedy criou uma terceira via, abrindo espaço para negociar com os russos.

Gerenciamento das Partes Interessadas e o Papel do Patrocinador

O impasse durou treze dias e o ponto de vista americano foi retratado no filme "Os 13 Dias que Abalaram o Mundo". Ao final, as duas superpotências chegaram a um acordo. Os russos retiraram as armas da ilha e os americanos se comprometeram a não invadir Cuba e a desmantelar seus mísseis (obsoletos) na Turquia. Como observado pelo presidente Kennedy sobre o processo decisório: "A essência da decisão final permanece impenetrável para o observador – muitas vezes para o próprio decisor (...) sempre existirão desdobramentos intrincados e obscuros no processo decisório – misteriosos até para aqueles intimamente envolvidos".[82]

A crise dos mísseis é um caso clássico do uso de liderança, política, poder, influência, gestão de partes interessadas e resolução de conflitos. Depois da crise, a Casa Branca e o Kremlin instalaram o "telefone vermelho", uma linha direta entre os presidentes das duas potências, para facilitar a solução de impasses futuros.

Por onde começo a desenvolver meu poder pessoal?

Amy Cuddy é psicóloga social e professora da escola de negócios de Harvard que trabalha com o sentir ou não poder através das posturas corporais que assumimos e suas implicações desde a sala de aula até as salas dos conselhos de grandes organizações[83].

Em sua palestra "Sua Linguagem Corporal Molda Quem Você É"[84], Cuddy mostra que adotar uma postura de poder por dois minutos estimula os níveis de testoterona (o hormônio relacionado com poder e dominância no mundo animal e humano). Ainda segundo a pesquisadora, dois minutos são tudo o que você precisa para sentir poder e assumir maiores tolerâncias ao risco. Por que não tentar?

---

[82] CUBAN MISSILE CRISIS. **Thirteen Days Analyses.** Harvard Kennedy School, Belfer Center for Science and International Affairs, 2012. Disponível em: <http://www.cubanmissilecrisis. org/for-educators/media-depictions/thirteen-days-analyses/>. Acesso em: 07 de julho de 2014.

[83] HANNA, Julia. Power Posing: fake it until you make it. **Working Knowledge,** Harvard Business School, sep. 10, 2010. Disponível em: <http://hbswk.hbs.edu/item/6461.html>. Acesso em: 07 de julho de 2014.

[84] CUDDY, Amy. **Your body language shapes who you are.** TEDGlobal 2012. Disponível em: <http://www.ted.com/talks/amy_cuddy_your_body_language_shapes_who_you_are#t-3631>. Acesso em: 07 de julho de 2014.

Gerenciamento estruturado das partes interessadas

As questões de poder, política e influência envolvidas no gerenciamento de projetos podem ser observadas usando um formato estruturado. Um plano de gerenciamento das partes interessadas mapeia uma forma estruturada de influenciar cada ator. A palavra-chave é "estruturada", em oposição ao uso de uma abordagem puramente intuitiva.

Lidar com as partes interessadas de maneira estruturada aumenta as chances de uma navegação tranquila em um ambiente de projetos. Por outro lado, a falta de uma sistemática ao lidar com os tomadores de decisão, com os formadores de opinião que atuam nos bastidores e com as demais partes interessadas é um convite ao desastre: mais cedo ou mais tarde um descontente vai lançar uma bomba inesperada. No mínimo, a correção para uma situação imprevista implica em retrocesso, retrabalho e gerenciamento de crises.

Walmart, batalhando pelos corações e mentes das partes interessadas

O *status* mundial da Walmart como a empresa número um no varejo vem sendo frequentemente documentado pelas listas anuais da revista Fortune. Entretanto, a partir do ano 2000 a Walmart tem sido alvo de severas críticas com relação a suas práticas comerciais. As acusações incluem baixos salários, discriminação sexual e o uso de mão de obra ilegal de imigrantes[85]. O *American Customer Satisfaction Index*[86], da Universidade do Michigan, coloca a Walmart entre os últimos da lista desde o seu início, em 2004.

Grupos de interesse de consumidores, políticos e organizações não governamentais (ONGs) lançaram campanhas contra a empresa usando técnicas como *lobby* e atuação em mídias sociais. Ao mirar na líder mundial, os grupos de consumidores visam influenciar todo o mercado. Por exemplo, a missão da *Making Change at Walmart* é fazer a empresa prestar contas do seu impacto nas comunidades, na força de tra-

---

[85] DE AVILA, Joseph. Why Wal-Mart Needs Help. **CBS Moneywatch**, aug. 8, 2007. Última atualização: 17 de junho de 2008. Disponível em: <http://www.cbsnews.com/news/why-wal-mart-needs-help>. Acesso em: 17 de maio de 2014.
[86] Índice americano de satisfação do cliente.

balho, no setor de varejo, no meio ambiente e na economia americana. A *Making Change at Walmart* desafia de forma constante a empresa a abraçar plenamente suas responsabilidades sociais e a fazer jus à posição de maior corporação de varejo dos Estados Unidos.[87]

O gerenciamento da reputação e das relações públicas (RP) da Walmart não existia até a empresa se tornar o foco de tantas críticas. Em 2005, a Walmart criou uma "sala de guerra", com alguns dos maiores nomes da indústria de RP, para se antecipar aos ataques negativos. O mais visível e combinado esforço da Walmart para retribuir à sociedade tem sido o seu programa de sustentabilidade, abrangendo muitas das suas iniciativas em comunicação externa e adotando o conceito de que sustentabilidade vai além do meio ambiente e possui componentes sociais e econômicos mais amplos, incluindo cuidados com saúde, oportunidades econômicas e a qualidade de vida das pessoas que fazem os produtos que a empresa vende.

No final de 2007, a Walmart lançou o *Sustainability Progress to Date, 2007-2008*, onde apontava seu compromisso com a sustentabilidade, desde o consumidor até o empregado, desde o fabricante até a loja:

> Descobrimos que não há conflito entre o nosso modelo de negócios de custos e preços baixos todo dia e ser um negócio sustentável. Para tornar a sustentabilidade sustentável na Walmart, nós a vivemos dentro do nosso negócio. Muitos dos nossos esforços ambientais de sustentabilidade, por exemplo, significam redução de custos para nós, nossos fornecedores e nossos consumidores.[88]

Para que a sustentabilidade vivesse dentro do negócio – um objetivo que requer uma execução impecável – foram criadas redes, a *Sustainable Value Networks* para integrar as práticas do negócio e aproximar líderes da empresa, fornecedores, universidades, governo e ONGs para explorar desafios e desenvolver soluções que beneficiassem os negócios e também as comunidades locais e globais. Cada rede possui um patrocinador em nível de vice-presidente e é liderada por um "capitão", que tem uma equipe de sustentabilidade supervisionando as atividades. Para lidar

---

[87] MAKING CHANGE AT WALMART. Disponível em: <http://makingchangeatwalmart.org/>. Acesso em: 17 de maio de 2014. Este site contém muitas críticas e informações sobre a Walmart.

[88] WALMART. **Sustainability Progress to Date, 2007-2008.** Disponível em: <http://www.walmartstores.com/sites/sustainabilityreport/2007/documents/SustainabilityProgressTo-Date2007-2008.pdf>. Acesso em: 17 de maio de 2014.

com uma situação crítica envolvendo tantas partes interessadas, a Walmart tomou as seguintes medidas[89,90]:

- Criou uma "sala de guerra" para lidar com os problemas.

- Identificou e analisou todas as partes interessadas que tinham interesse no problema e no resultado desejado (tanto positivo quanto negativo).

- Planejou como envolver as partes interessadas ao criar um programa de sustentabilidade para endereçar muitas das questões.

- Desenvolveu um plano de comunicação e informação.

- Começou a executar o programa, ajustando-o, melhorando-o ao longo dos anos e emitindo anualmente um relatório consolidado.

O programa com a bandeira da sustentabilidade foi usado pela Walmart para repelir os ataques dos grupos opositores. O fato de que a empresa estava sob forte assédio traz à tona uma verdade sobre o gerenciamento das partes interessadas: se elas não são gerenciadas de forma proativa, vão atirar pedras em você. Embora o programa de defesa tenha se provado razoavelmente eficaz ao lidar com os problemas de relações públicas da Walmart, um gerenciamento preventivo e proativo das partes interessadas é sempre o melhor caminho a seguir.

Desde 1995 no Brasil, o país é o terceiro mercado da marca fora dos Estados Unidos, atrás de México e Canadá. A Walmart Brasil segue as diretrizes da sede com relação à gestão das partes interessadas e, conforme apontado no seu Relatório de Sustentabilidade, busca engajar, formal e informalmente, clientes, empregados, fornecedores, governos, organizações sociais e demais públicos estratégicos que integram sua cadeia de valor.

Em suma, de maneira institucionalizada, são considerados três pilares distintos nas estratégias corporativas da Walmart Brasil: o crescimento, a rentabilidade e a responsabilidade socioambiental empresarial. O grande conjunto de partes interessadas atuante nesses pilares é considerado responsável por atingir os objetivos da

---

[89] WALMART. **2009 Global Sustainability Report.** Disponível em: <http://www.walmartstores. com/sites/sustainabilityreport/2009/index.html>. Acesso em: 17 de maio de 2014.
[90] WALMART. 2014 **Global Responsibility Report.** Disponível em: <http://corporate. walmart.com/global-responsibility/environment-sustainability/global-responsibility-report>. Acesso em: 17 de maio de 2014.

Gerenciamento das Partes Interessadas e o Papel do Patrocinador

organização. A partir do diálogo estabelecido, são então formuladas estratégias, que são traduzidas em iniciativas com as quais seus empregados se comprometem, sendo eles os agentes de mudança dessas ações.

Afinal, quem são as partes interessadas?

A primeira viagem tripulada à lua em 1969 possuía muitas partes interessadas, incluindo o presidente dos EUA, os líderes do Congresso, os meios de comunicação e, claro, a NASA.

Certamente, o primeiro homem a pisar na lua, Neil Armstrong, sentiu-se uma das principais partes interessadas no projeto Apollo. Certas pessoas carregam riscos mais elevados que outras, assim como o proverbial comprometimento do porco em um prato de presunto com ovos que é sem dúvida maior que a mera participação da galinha. Diz a lenda que o objetivo original do projeto Apollo era "antes do fim dessa década, nós vamos levar um homem à lua", mas que os astronautas da NASA acrescentaram: "e trazê-lo com segurança de volta à Terra" no famoso discurso do presidente Kennedy em 1961[91].

A seguir, listamos algumas partes interessadas com diferentes participações em projetos:

- **Campeões do projeto.** São responsáveis pela existência do projeto. Iniciam o movimento e estão, em última análise, interessados em vê-lo chegar ao seu estágio operacional. Moldam a forma como uma organização percebe e gerencia os seus projetos. Os campeões determinam até que ponto a empresa está preparada para gerenciar múltiplos projetos. Exemplos de pessoas que defendem a causa são investidores, patrocinadores do projeto, supervisores da alta gestão, clientes (internos ou externos) e políticos (locais, estaduais, federais).

- **Time do projeto.** Realiza o trabalho do projeto. Do ponto de vista do gerenciamento de projetos, essas partes interessadas merecem um cuidado especial, pois, no final das contas, são elas as grandes responsáveis pelo sucesso do projeto. O papel dos membros da equipe do projeto se relaciona com o projeto em si; eles geralmente não se envolvem com as fases conceituais e provavelmente não seguirão pelas fases operacionais.

---

[91] JOHN F. KENNEDY PRESIDENTIAL LIBRARY AND MUSEUM. **NASA Moon Landing.** Disponível em: <http://www.jfklibrary.org/JFK/JFK-Legacy/NASA-Moon-Landing.aspx>. Acesso em: 07 de julho de 2014.

- **Partes interessadas externas.** Este grupo, teoricamente não envolvido, pode sofrer com as consequências do projeto. Em outras palavras, ele é afetado pelo projeto conforme este se desenrola ou pelos resultados finais, quando é implementado. Ele também pode influenciar o rumo de um projeto. Algumas dessas influências externas podem não ser gerenciáveis pela equipe designada para um projeto; nesses casos, necessita-se de apoio de outras partes da organização. Exemplos de partes interessadas externas: ambientalistas, líderes comunitários, grupos sociais, meios de comunicação (imprensa, TV etc.) e grupos opositores, como descrito no caso da Walmart.

A Figura 8-1 retrata algumas das principais partes interessadas na arena da EPG:

Figura 8-1. Partes interessadas no ambiente da EPG

Como o modelo das partes interessadas se aplica à Governança de Projetos?

Para a Governança de Projetos, as principais partes interessadas caem na categoria dos campeões. Eles têm o poder de iniciar projetos e dar forma ao seu impacto final na organização, e suas decisões acabam afetando todas as partes interessadas, internas e externas. Um olhar cuidadoso sobre a EPG, porém, revela uma lista mais detalhada de setores com interesses na estruturação e na gestão de projetos por toda a organização. Aqui estão:

Gerenciamento das Partes Interessadas e o Papel do Patrocinador

- **Membros da diretoria.** Se a diretoria possuir um comitê estratégico ou algo similar, então o presidente dessa comissão exerce influência sobre a EPG.

- **CEO, membros do comitê executivo, Diretor de Projetos (CPO) ou vice-presidente de projetos especiais.** O CEO é o responsável final pela EPG, mas é provável que delegue tal responsabilidade para outro alto executivo de mesmo nível. Isto é, mesmo delegando para outro, a responsabilidade final permanece com o CEO.

- **PMO estratégico, PMO corporativo ou gerente de portfólio de projetos.** Em alguns casos, a responsabilidade pode ser delegada diretamente a PMOs de alto nível ou a gerentes de portfólio.

- **Unidade de negócios ou PMO departamental.** PMOs de nível operacional possuem um papel importante ao garantir que as políticas de gerenciamento de projetos sejam implementadas e seguidas.

- **Gerentes de projetos.** Esses são os personagens que, a cada projeto, transformam as políticas globais de EPG em realidade.

Quais são as etapas do gerenciamento das partes interessadas?

A abordagem para o gerenciamento das partes interessadas descrita nesta seção é plenamente aplicável na arena da EPG.

Recomenda-se um passo a passo para assegurar que todas as questões sejam levadas em consideração.

- **Identifique e colete informações preliminares sobre as partes interessadas.** Faça uma lista de todos aqueles que reivindicam, sob qualquer forma, uma parte dos resultados do projeto. No caso do projeto para implantar a EPG, quem são os campeões, os membros da equipe e as partes interessadas externas? Lembre-se de que as partes interessadas devem ser identificadas como indivíduos – com nomes e rostos – e não como departamentos ou grupos. Não deixe de incluir as seguintes informações:

  - Nome

  - Papéis e responsabilidades do indivíduo

- Circunstâncias especiais

- Experiências anteriores

- **Analise o comportamento provável de cada parte interessada e seu potencial impacto.** Até que ponto as partes interessadas podem impactar um projeto? E até que ponto o seu comportamento pode ser influenciado? A seguir, um modo simples de classificar as partes interessadas:

  - A = Partes interessadas que podem ser fortemente influenciadas.

  - B = Partes interessadas que podem ser moderadamente influenciadas.

  - C = Partes interessadas que podem ser muito pouco influenciadas.

As partes interessadas também podem ser classificadas pelo seu grau de impacto no projeto. Por exemplo:

  - D = Partes interessadas que têm forte impacto sobre o projeto.

  - E = Partes interessadas que têm médio impacto sobre o projeto.

  - F = Partes interessadas que têm pouco impacto sobre o projeto.

- **Desenvolva estratégias para as partes interessadas.** As partes interessadas são do jeito que são – exceto quando são diferentes! Assim como nos esportes coletivos, são necessárias pessoas com características únicas, cada uma desempenhando uma função diferente, para gerenciar uma organização orientada a projeto. Times profissionais, seja de futebol, basquete ou vôlei, possuem jogadores dentro e fora de campo. Fora de campo temos os presidentes dos clubes, gerentes, promotores, técnicos, atletas e grupos de apoio. Organizações que gerenciam projetos possuem um elenco semelhante, e todos precisam fazer a sua parte para que as metas da organização sejam cumpridas. Um plano precisa ser desenvolvido para expor como cada parte interessada deve ser gerenciada. Para entender como tratar as partes interessadas, essas perguntas exigem respostas:

  - Quais são as metas ou posições declaradas das partes interessadas?

  - Qual será a provável agenda oculta?

Gerenciamento das Partes Interessadas e o Papel do Patrocinador

- Quais influências são exercidas sobre a parte interessada?

- Quem é a melhor pessoa para abordar essa parte interessada?

- Quais táticas são as mais adequadas?

- Qual é o melhor momento?

- **Implemente e mantenha as estratégias.** Esta fase exige a realização das atividades planejadas na fase anterior, através de um plano de implementação do gerenciamento das partes interessadas. Esse plano aponta ações, responsáveis e datas de conclusão para essas ações, e então é ajustado e retrabalhado conforme necessário. Porém, para começar, as estratégias são implementadas de acordo com a importância relativa das partes interessadas. Por exemplo, haveria grande ênfase em um pequeno número de partes interessadas com um forte impacto sobre o projeto, esforços normais no caso de um grupo intermediário e atenção moderada a partes interessadas avaliadas como tendo um impacto menor.

Influenciar as partes interessadas não é uma tarefa fácil

Um banco de propriedade de um fabricante de automóveis europeu enfrentou um desafio de alinhamento das partes interessadas quando vários projetos ocorriam simultaneamente dentro da empresa. O calcanhar de Aquiles do banco era um projeto centralizado de aprovação de crédito que se destinava a acelerar o processamento e eliminar a burocracia nas concessionárias, onde geralmente era feita a solicitação de crédito. O projeto era fonte de grande conflito entre o pessoal de TI, que tocava o trabalho, e a alta gerência, que exercia forte pressão para colocá-lo de volta aos trilhos. O chefe de treinamento percebeu uma necessidade de melhorar o desempenho do projeto e organizou cursos sobre os conceitos básicos de gerenciamento de projetos. Contudo, esses cursos nunca aconteceram porque o grupo de qualidade do banco se convenceu de que era o momento certo para introduzir um viés de gerenciamento-por-projetos na organização; porém, esse grupo precisava de aval das instâncias superiores para prosseguir. A alta gerência não deu o ok porque os executivos não estavam em sintonia com as necessidades de uma abordagem estratégica para manejar projetos. Ninguém, em nenhum nível, levou em conta o fato de que a nova estrutura reduziria substancialmente as funções de dezenas de pessoas e inverteria o equilíbrio de poder dentro do banco. Essa situação é um retrato clássico de partes interessadas desalinhadas. Cada uma tinha uma percepção diferente de quais eram os problemas e do que precisava ser feito.

A responsabilidade pelo gerenciamento das partes interessadas encontra-se com aquele que possuir a maior conscientização acerca de gerenciamento de projetos. No exemplo do banco, o grupo de qualidade carregou o fardo de influenciar as partes interessadas em torno do conceito de gerenciamento-por-projetos. Uma vez que esse compromisso foi alcançado – após uma conversa com um especialista convidado para sensibilização –, o grupo de qualidade começou a avançar na direção desejada. Esse exemplo ilustra os dois princípios mencionados anteriormente: primeiro, analise quem são as partes interessadas e suas participações; e, segundo, introduza sua nova abordagem sensível aos interesses e às preocupações de todos os envolvidos.

Promovendo o gerenciamento de projetos entre as partes interessadas da empresa

O primeiro obstáculo na implantação da EPG em uma organização é a conscientização. Os agentes de mudança envolvidos podem ser a alta administração, a gerência ou facilitadores internos. Não importa; o procedimento para convencer as pessoas é o mesmo. Visto que é necessário envolvimento para que qualquer coisa dê certo, eventos como programas de treinamento, palestras e campanhas informativas podem espalhar o espírito do gerenciamento de projetos por toda a empresa.

Outra visão é a teoria da evolução para promover uma causa. O autor Tom Peters analisa assim a questão: "como você 'vende' esse conceito ao seu chefe? Não venda!" Em vez disso, diz ele, os resultados positivos obtidos através do gerenciamento de projetos deveriam ser filtrados para cima através do sistema e fazer o próprio marketing[92]. O marketing de terceiros por meio do cliente (interno ou externo), é uma forma de os chefes ficarem sabendo do ótimo trabalho que está sendo feito via aplicação cuidadosa do gerenciamento de projetos.

Se a abordagem de Peters soa um pouco simplória, existem outras maneiras mais proativas de promover o gerenciamento de projetos entre as partes interessadas da corporação. Uma forma é comparar o desempenho com outras empresas ou participar de grupos de *benchmarking* para ver quais práticas predominam e são eficazes. Outro caminho é usar números; demonstrar a economia que o gerenciamento de projetos é capaz de proporcionar com certeza vai comover até mesmo a parte interessada mais resistente.

---

[92] DINSMORE, Paul. Tom Peters is behind the times. **Project Management Journal**, 1996.

Patrocinadores: principais partes interessadas da EPG

O patrocinador fornece a conexão entre a organização formal e os projetos que implementam as estratégias empresariais. É um papel crucial que exige qualificação. Como o consultor Terence Cook-Davies ressalta: "esse papel é normalmente assumido por executivos sêniores, já que apenas gerentes experientes tendem a possuir credibilidade e conhecimento sobre a organização para interagir eficazmente com outros executivos acerca dos impactos estratégicos e operacionais resultantes dos projetos".[93] Um dos papéis da Governança de Projetos é assegurar que a organização tenha patrocinadores competentes e bem treinados em número suficiente para garantir que os projetos da empresa se mantenham no caminho certo.

Tal nível de competência é particularmente relevante em ambientes formais onde a figura do patrocinador é institucionalizada e está associada a responsabilidades específicas. Na realidade, porém, o papel do patrocinador nem sempre é formalizado ou totalmente compreendido por ele próprio ou por aqueles com quem interage. Isso cria uma área de incerteza em termos de responsabilidades organizacionais. As responsabilidades formais institucionalizadas do patrocinador são descritas a seguir, juntamente com observações para patrocinadores que trabalham em ambientes menos formais.

Os papéis que descrevem a essência das contribuições dos patrocinadores para a EPG são:

- Ser responsável pelo caso de negócios.

- Agir como padrinho do gerente de projetos.

- Fornecer apoio político e defender a causa.

- Ser facilitador em questões do projeto.

Tais papéis, devidamente cumpridos, contribuem para a rota de sucesso do projeto, enquanto um patrocínio fraco tende a preparar o terreno para o seu fracasso.

---

[93] Partes deste capítulo foram adaptadas do capítulo 6 de DINSMORE, Paul. **Winning in Business with Enterprise Project Management.** New York: AMACOM, 1999.

O caso de negócios do início ao fim

Um papel vital do patrocinador é verificar se o projeto adere aos objetivos do negócio. Isso requer um caso de negócios que justifique o comprometimento de recursos, com base nas premissas e nos objetivos a serem alcançados. O papel do patrocinador é então garantir que a estrutura, a melhoria, o produto ou o serviço propostos sejam devidamente entregues dentro das exigências feitas e, em última análise, forneçam os benefícios desejados, como apresentado no caso de negócios.

O patrocinador do projeto costuma estar à frente do processo de aprovação do caso de negócios, que descreve os desejos dos estrategistas da organização. Diversos fatores, no entanto, influenciam a evolução do projeto. Logo, o patrocinador é na verdade um guardião do projeto, encarregado de evitar que o projeto desvie do caminho e de articular ajustes necessários em direção a um final feliz.[94]

O patrocinador como padrinho do gerente de projetos

A atuação do patrocinador como gerente das partes interessadas junto com outros executivos sêniores é essencial para o gerente de projetos realizar o seu trabalho. O patrocinador fornece um escudo político, evitando que o gerente se distraia das funções de gestão. Esse papel é necessário para responder aos desafios que só podem ser resolvidos nos níveis executivos. O patrocinador trata de obstáculos políticos como a relutância dos departamentos funcionais em fornecer recursos ou a falta de apoio de atores-chave.

O papel de padrinho envolve dar cobertura política, conselhos e orientação ao gerente de projetos. Afinal, o sucesso do patrocinador está diretamente ligado ao sucesso do gerente de projetos, que lida com as questões diárias e está encarregado de implementar o projeto. Pode ser que o patrocinador precise dar algum treinamento (*coaching*) e sugestões sobre questões específicas.

Mesmo enquanto o projeto está sendo executado, a organização que o patrocina estará passando por suas próprias mudanças. Nesse contexto, o patrocinador é a pessoa mais capaz de relacionar o risco geral do projeto e seus desafios ao plano de negócios e à própria incerteza da organização.

---

[94] Partes deste capítulo foram adaptados de: DINSMORE, Paul; COOKE-DAVIES, Terry. **Right Projects Done Right:** From Business Strategy to Successful Project Implementation. San Francisco: Jossey-Bass, 2006.

O patrocinador como supervisor do projeto

O patrocinador, que invariavelmente possui outras responsabilidades dentro da organização, é de fato responsável por supervisionar o projeto. É claro que o gerente de projeto executa o projeto e é encarregado dos detalhes de planejamento, implantação e controle. Porém, a governança geral do projeto recai sobre o patrocinador, que pode ou não ter conhecimento profundo de projetos. Portanto, é essencial estabelecer e monitorar os principais pontos de verificação e obter respostas a perguntas específicas em cada fase, como:

- **Pré-projeto.** O plano de negócios é coerente com a estratégia da organização?

- **Conceito.** O termo de abertura do projeto fornece definições completas dos objetivos, benefícios, recursos e parâmetros de custos e tempo?

- **Planejamento.** O plano do projeto inclui detalhes suficientes para conduzir o projeto de forma eficaz, com tópicos como qualidade, risco, documentação, pacotes do escopo e gerenciamento das comunicações?

- **Implantação.** A comunicação formal é feita de modo oportuno? Ocorrem reuniões regulares para assegurar uma implantação efetiva?

- **Encerramento.** Os contratos estão sendo fechados de forma adequada? Existe um plano de transição para a fase operacional?

- **Pós-projeto.** As lições aprendidas estão totalmente documentadas? Que ações pós-projeto precisam ser feitas para realizar os benefícios previstos?

Em alguns casos o patrocinador pode receber apoio de um órgão formal de governança, como uma diretoria de projetos, um grupo de orientação ou um comitê de desenvolvimento.

Conclusões

O gerenciamento bem-sucedido das partes interessadas requer uma abordagem estruturada para lidar com aqueles que possuem interesses no projeto e é essencial para uma efetiva Governança de Projetos. Isso significa que todos os atores (defensores, participantes e partes interessadas externas) necessitam de gerenciamento proativo; logo, o gerenciamento das partes interessadas entra em campo de duas formas distintas. Primeiro, para implantar a Governança de Projetos, as partes interessadas devem ser gerenciadas. Depois, uma vez que o conceito é colocado em prática, os executivos da empresa devem garantir que o conceito se torne parte da cultura corporativa. O patrocinador é crítico para o sucesso ou o fracasso dos projetos e para a eficácia da Governança de Projetos. É um papel multifacetado, variando desde garantir a execução do projeto conforme o caso de negócios e agir como padrinho do gerente de projetos até cumprir papéis de supervisão do projeto.

9

Desempenho em EPG: Além do Tempo, do Custo e da Qualidade

Dirigindo um carro, ao olhar para o painel de controle, é possível verificar dados sobre o desempenho do veículo. Velocidade, níveis de combustível e temperatura do motor são mostrados, e um GPS informa a rota mais conveniente e eficiente. O destino informado pelo GPS corresponde à estratégia de uma organização, pois ela define para onde a empresa quer ir. Para chegar lá, as empresas necessitam de orientação e indicadores para ajudar a medir o progresso ao longo do caminho. A importância de medir o desempenho é resumida por Peter Drucker: "o que é medido é realizado, o que é medido e realimentado é bem realizado, o que é recompensado se repete".

Assim que uma estratégia específica é determinada, é hora de selecionar os critérios de medição de desempenho. Com o *feedback* apropriado e os critérios de recompensa em vigor, há grande chance de uma boa estratégia atingir os resultados desejados. Como a EPG se baseia no princípio de fazer os projetos certos de forma certa, a gestão do desempenho é o componente-chave para garantir que os projetos estratégicos sejam feitos corretamente.

A rede de pizzarias

Uma grande rede de pizzarias, com mais de cem lojas pelos EUA, entre restaurantes e serviços de entrega, vendia cem mil pizzas por dia com um rendimento médio de US$ 1,5 milhão diários. O departamento financeiro propôs diminuir a quantidade de queijo em 10%, a fim de economizar cinco centavos de dólar por pizza, ou US$ 150 mil por mês, já que os clientes não perceberiam. O departamento de marketing sugeriu o oposto: que cinco centavos de dólar a mais de queijo ("nossa pizza tem mais queijo!") fariam as vendas subirem para 120 mil pizzas por dia, aumentando o rendimento para US$ 1,8 milhão diários, gerando assim mais valor para a empresa. Ou seja, a gerência poderia deixar as coisas como estavam, seguir a proposta do financeiro ou seguir a proposta do marketing. É assim que forças opostas interagem em uma organização. Tais forças são boas se puderem ser avaliadas ao longo do caminho. A medição do desempenho é a maneira de controlar as forças e os movimentos em uma empresa como forma de apoio à tomada de decisão.[95]

Medindo o desempenho da EPG

A medição do desempenho, ao promover uma prestação de contas às partes interessadas, facilita uma tomada de decisão informada e um monitoramento confiável. Além disso, é possível analisar e comunicar o grau no qual as organizações satisfazem os objetivos-chave. A seguir, cinco passos para atingir uma medição de desempenho eficaz:

1. **Estabelecer os tópicos fundamentais do desempenho.** Para encontrar os tópicos cruciais do desempenho, o processo se inicia considerando a estratégia do negócio. A representação correta desses tópicos – ou seja, o que precisa ser avaliado em relação ao desempenho – levará ao que será feito para o alinhamento com a estratégia proposta. O foco está em fazer com que esses tópicos permitam avaliar a lacuna entre o que a empresa é hoje é para onde ela deseja ir. A segunda fonte para escolher os tópicos do desempenho são as partes interessadas. Este processo começa com a compreensão do que as partes interessadas valorizam como sucesso na EPG e então traduzir essas expectativas em tópicos do desempenho. Comumente, tal processo revela interesses conflitantes e fatores de desempenho em tensão uns com os outros, o que precisa ser equilibrado. Outras duas fontes a serem analisadas são os processos críticos e as capacidades que precisam ser melhoradas para que se aproveitem futuros resultados.

---

[95] FROST, Bob. **Measuring Performance.** Dallas, Tex.: Measurement International, 2000.

Desempenho em EPG: Além do Tempo, do Custo e da Qualidade

2. **Identificar os fatores-chave do desempenho.** Com os tópicos do desempenho estabelecidos, um ou mais fatores-chave do desempenho (*Key Performance Factors* – KPF, em sua sigla em inglês) devem ser definidos para cada tópico. KPFs são usados para identificar se o desempenho está dentro do previsto (atendendo aos padrões desejados) ou se requer melhorias.

3. **Criar indicadores de desempenho associados aos KPFs.** Esses indicadores medem as atividades realizadas durante a execução e são muitas vezes comparados às práticas recomendadas. Para acompanhar cada KPF, um ou mais indicadores de desempenho devem ser estabelecidos.

4. **Atribuir responsabilidades relativas aos KPFs e aos indicadores de desempenho.** Uma organização é feita de pessoas que se juntam para servir a propósitos comuns, mas que frequentemente criam forças opostas. Por essa razão, atribuir responsabilidades pela medição do desempenho é o jeito de forçar o alinhamento necessário.

5. **Relatar o desempenho.** Após atribuir responsabilidades e estabelecer metas com áreas e indivíduos, os resultados devem ser acompanhados, o desempenho, revisado, o ritmo e a direção, ajustados, e as recompensas estabelecidas. Para isso, deve-se determinar uma revisão periódica do progresso para monitorar a implementação e a execução.

Executivos e equipes de gestão são responsáveis por mapear quais são os melhores projetos, iniciativas, KPFs e indicadores de desempenho para acelerar a organização até o seu destino estratégico. Um exemplo particularmente impressionante da influência positiva dos KPFs ocorreu na rede de farmácias Walgreens.

Fundada em 1901 como uma farmácia de bairro, a Walgreens é uma das principais drogarias dos EUA, com uma extensa rede de lojas por todo o país. Nos anos 1990, a empresa empreendeu um projeto para determinar KPFs estratégicos com o objetivo de melhorar a rentabilidade. Isso resultou na definição de uma única métrica central para o negócio. A Walgreens queria ter lojas convenientemente localizadas, mas isso às vezes significava locais caros. Se o lucro por loja fosse usado como um indicador, locais mais baratos seriam os preferidos, mas isso iria contra o conceito de conveniência. Após análise, a Walgreens trocou o seu foco de lucro por loja para lucro por visita de cliente. Toda estratégia, toda iniciativa, todo departamento se esforçava para maximizar essa métrica central. Apesar de a gerência também usar outras métricas, ter aquela que permitia um entendimento unificado de como avaliar a organização como um todo, desde a alta administração até o nível mais baixo, foi

EPG

essencial para o sucesso. Como nem sempre pode ser possível encontrar um fator-chave de desempenho único, o simples fato de existir esse diálogo já ajuda a gerar informações valiosas e a selecionar os indicadores-chave realmente importantes.

O significado do sucesso

Enquanto um bom gerenciamento de projetos não pode salvar uma organização de uma estratégia ruim, um mau gerenciamento de projetos pode prejudicar uma boa estratégia. Projetos problemáticos são má notícia para os acionistas e os CEOs. Um gerenciamento de projetos ruim pode ter impactos duradouros na percepção do cliente e no relacionamento com ele, e no potencial de futuras vendas. Projetos acima do orçamento afetam a margem de lucro. Projetos com problemas aumentam a necessidade de capital de giro. Atrasos em obter aceitação do cliente acrescidos de encargos financeiros adicionais sobrecarregam o fluxo de caixa, impactando-o negativamente. Lançamentos tardios de novos produtos postergam o fluxo das vendas. Problemas de cronograma na implementação de soluções como ERP (*Enterprise Resource Planning* – em português, planejamento dos recursos empresariais) sabotam benefícios esperados, além de multas e taxas judiciais resultantes de uma execução falha que pode causar tropeço nos lucros.

Em junho de 2004, o *National Offender Management Service* (NOMS – em português, serviço nacional de gestão de infratores), do Reino Unido, iniciou o projeto *National Offender Management Information System*, concebido para rastrear criminosos em um único sistema que abrangia tanto os presos quanto aqueles em liberdade condicional. O projeto, denominado C-NOMIS, propunha uma forma integrada de gestão, substituindo os registros separados de prisioneiros e infratores em liberdade condicional e permitindo que os agentes penitenciários e os oficiais de justiça acessassem os registros compartilhados em tempo real. O objetivo do projeto era criar uma base de dados única que permitisse às autoridades das penitenciárias o acompanhamento e a gestão de criminosos sob custódia e após a sua libertação. A implantação do projeto foi marcada para janeiro de 2008 e deveria ter um custo aprovado de £ 234 milhões até 2020. A menos de seis meses da data de entrega, £ 155 milhões já haviam sido gastos no projeto, que estava com dois anos de atraso e cujos custos estimados já haviam subido 2,5 vezes em relação ao valor previsto. Após os atrasos iniciais e o aumento nos custos, abandonou-se o conceito de base de dados única e o seu escopo foi refeito. Em janeiro de 2008, começou o trabalho de revisão do projeto, agora com um custo estimado de £ 513 milhões.

O escritório nacional de auditoria (*National Audit Office* – NAO), uma organização do Reino Unido que examina os gastos públicos em nome do parlamento, analisou o C-NOMIS e concluiu que:[96]

> Em geral, o projeto C-NOMIS foi conduzido de forma ruim, e deu-se pouco valor aos recursos investidos. Muitos dos excessos de custos e das causas dos atrasos poderiam ter sido evitados com melhor gerenciamento de questões bem conhecidas. O fracasso do projeto, no início, em analisar a customização do produto e as mudanças necessárias no negócio, sua supervisão inadequada e as fracas relações com os fornecedores levaram a uma duplicação dos custos do programa, a um atraso de três anos e a reduções de escopo e benefícios. Em particular, o objetivo central de ter uma base de dados com um registro único de infratores, acessível por todos os prestadores de serviços, não será atingido.

As questões levantadas pelo NAO descrevem um amplo conjunto de problemas de gerenciamento de projetos e governança que levaram a essa falha e enumeram as seguintes razões para os atrasos e os aumentos de custos:

- **Houve supervisão inadequada por parte da alta administração.** Enquanto a diretoria do projeto se reunia pelo menos uma vez a cada dois meses, esta não monitorava ativamente a entrega do projeto e não tinha conhecimento do tamanho dos atrasos ou das implicações das suas decisões sobre o custo do projeto. Após três anos do início do projeto descobriu-se que ele estava com dois anos de atraso e que os custos tinham mais que dobrado.

- **As estruturas e os recursos apropriados não foram postos em prática para entregar um projeto tão complexo.** A governança geral e os recursos aplicados não eram adequados, dada a dimensão da tarefa. Papéis e responsabilidades eram obscuros. Em particular, a prestação de contas não era clara, e os recursos qualificados aplicados ao projeto eram insuficientes.

- **O gerenciamento do projeto era pobre em aspectos-chave, incluindo planejamento, monitoramento financeiro e mudanças.** O planejamento inicial era excessivamente otimista em termos de custo e prazo. Por exemplo, não havia contingência, apesar de haver algum entendimento de que o projeto possuía um alto nível de risco. O monitoramento do orçamento era inexistente, com o controle dos custos focando no monitoramento dos gastos em relação ao orçamento anual, em vez de associar os custos

---

[96] NATIONAL AUDIT OFFICE. **The National Offender Management Information System.** London: Stationery Office, 2009.

com as entregas do projeto. O controle das mudanças era fraco, e não havia nenhum processo que avaliasse o impacto cumulativo das solicitações de mudanças individuais no orçamento do projeto ou no cronograma de entrega.

- **A complexidade técnica do projeto foi significativamente subestimada.** Uma base de dados única de infratores é tecnicamente viável, mas outras potenciais soluções não foram adequadamente exploradas, e o valor da customização do software selecionado para o serviço foi subestimado. O custo estimado para desenvolver a aplicação aumentou de £ 99 milhões (quando o caso de negócios completo foi aprovado em junho de 2005) para £ 254 milhões em julho de 2007, basicamente por conta da customização.

- **A necessidade de investir em processos de negócios foi subestimada.** Nenhum esforço sustentado foi feito para simplificar e padronizar os processos de negócios das prisões e de liberdade condicional pelo país.

- **Arranjos contratuais com fornecedores-chave eram fracos, e a sua gestão de fornecedores, pobre.** Em vez de licitar contratos-chave do projeto, o NOMS optou por usar seus fornecedores habituais sob acordos já existentes para desenvolver e entregar a aplicação. O NOMS permitiu que esses contratos prosseguissem por mais tempo do que deveria, ou seja, não houve pressão suficiente nos fornecedores para entregar a tempo e no custo adequado.

O NAO e o *Office of Government Commerce* (OGC) identificaram oito causas comuns para o fracasso de projetos. É rotina do NAO avaliar os projetos sob a ótica dessas oito causas. Usando a lista da NAO e da OGC como referência e as lições aprendidas de projetos, programas e portfólios, os autores indicaram as dez maiores causas de fracassos da EPG:

1. **Falta de alinhamento com as prioridades estratégicas da organização.** A questão do alinhamento é crítica quando os objetivos do projeto não estão em sintonia com a visão básica da organização.

Obstáculos:

- Os membros da equipe e outros recursos são levados para os projetos "estratégicos", de maior prioridade.

Desempenho em EPG: Além do Tempo, do Custo e da Qualidade

- O comprometimento de tempo por parte da gerência é limitado.

- A gerência é lenta na resposta a questões críticas e riscos.

Itens de ação:

- Identifique quais itens do plano estratégico o seu projeto favorece.

- Entenda a prioridade do plano estratégico.

- Esclareça o valor que o projeto e os programas trazem para o negócio.

- Estabeleça os fatores-chave do sucesso.

2. **Falta de uma governança e de uma liderança claras.** Tempo e esforço são necessários, às vezes nos mais altos níveis dentro de uma organização, para que os arranjos de governança funcionem corretamente e proporcionem às partes interessadas confiança em tais arranjos. Qualquer iniciativa sofrerá imensamente se os gerentes de projetos forem incapazes de desenvolver uma estratégia coerente e de supervisionar a direção do esforço.

Obstáculos:

- O nível certo de apoio está ausente quando necessário.

- As resoluções para os problemas chegam lentamente, causando às vezes paralisações ou atrasos.

- Há falta de foco.

- Ausência de liderança.

Itens de ação:

- Identifique os patrocinadores.

- Determine os papéis e as responsabilidades dos patrocinadores.

- Induza o patrocínio dos altos executivos.

3. **Falta de engajamento das partes interessadas.** Uma EPG é bem-sucedida em grande parte por causa de partes interessadas engajadas. Sejam eles executivos de unidades de negócio, patrocinadores ou gerência executiva, a cadeia de comando é em geral um participante ativo no projeto de sucesso.

Obstáculos:

- Os produtos desenvolvidos não atendem às necessidades do cliente.

- O *design* do produto leva mais tempo que o esperado.

- Os clientes não aceitam o produto.

- Os produtos desenvolvidos não fornecem um retorno no investimento ou não adicionam valor ao negócio.

- Os benefícios não são alcançados.

Itens de ação:

- Estabeleça um plano de gerenciamento das partes interessadas.

- Assegure-se de que compreende os requisitos das partes interessadas.

- Comunique-se consistentemente com as partes interessadas.

4. **Falta de uma abordagem comprovada.** Deve existir uma abordagem coerente para EPG que guie as equipes na aplicação das melhores práticas, fornecendo orientação sobre as ações que precisam ser realizadas e a informação necessária para tomar decisões acertadas, e que garanta que o progresso seja relatado corretamente.

Obstáculos:

- Conflitos e problemas de tempo atrasam projetos e programas.

- Surgem subitamente necessidades inesperadas de pessoal.

Desempenho em EPG: Além do Tempo, do Custo e da Qualidade

- Ocorrem necessidades inesperadas de equipamento e suprimento, aumentando o custo do projeto.

Itens de ação:

- Faça um plano detalhado antes do início de projetos e programas.

- Aloque recursos suficientes.

- Revise e ajuste o plano frequentemente.

5. ***Scope creep***[97]. Alteração de produtos pode ser arriscado e é a forma mais comum de *scope creep*. A melhor prática é implementar e obter o benefício rapidamente, e modificar depois. Para questões complexas e caras, contendo muitas incertezas e riscos voláteis, institua uma fase de investigação do escopo antes da aprovação e da execução.

Obstáculos:

- O desenvolvimento nunca acaba; o produto muda com frequência.

- Modificações no produto durante o desenvolvimento inicial aumentam drasticamente o risco de fracasso.

- Custo, esforço e duração aumentam inesperadamente.

Itens de ação:

- Modifique os produtos apenas se eles forem críticos para o negócio.

- Teste a mudança no escopo em relação ao caso de negócio.

- Avalie o impacto no custo, no cronograma e nos riscos.

- Modularize o projeto.

---

[97] Mudança gradual do escopo.

- Implemente mudanças de escopo na próxima versão, no caso de TI.

- Crie um comitê de gestão de mudanças.

6. **Nenhuma consideração é feita no caso de negócio acerca do valor no longo prazo e da garantia de entrega dos benefícios.** A justificativa para um projeto ou programa se baseia em uma combinação de fatores intangíveis e qualitativos. Em várias organizações, essa é a última vez que alguém olha detalhadamente o caso de negócio para analisar a entrega dos benefícios esperados.

Obstáculos:

- Falta de comprometimento da alta gerência.

- Há uma necessidade desesperada de recursos.

Itens de ação:

- Explique cuidadosamente por que o projeto deve ser feito.

- Considere todas as implicações das forças externas – competitivas, ambientais, regulatórias.

- Leve em conta a criticidade do negócio e sua viabilidade financeira.

7. **Falta de compreensão e de contato com a cadeia de suprimentos nos níveis mais altos da organização.** A cadeia de suprimentos fornece uma oportunidade real de inovar e implementar estratégias para aumentar a eficiência, que, por sua vez, pode trazer uma economia significativa.

Obstáculos:

- Os fornecedores não entendem os resultados desejados do projeto e seu prazo de entrega.

- Aumentar o desempenho e a eficiência é difícil.

- Há uma fragmentação e não existe colaboração.

Itens de ação:

- Estabeleça uma estratégia de envolvimento com os fornecedores.

- Arrume um tempo para entender as necessidades e as possíveis soluções para destravar as melhorias de eficiência.

- Estabeleça mecanismos para compartilhar os ganhos de eficiência com os fornecedores.

8. **Integração e desenvolvimento ineficientes da equipe.** Embora a recompensa seja potencialmente grande, a formação de uma equipe é complicada. Exigem-se dedicação e persistência para que um grupo de profissionais com um alto grau de interdependência deixe de focar apenas na realização de um objetivo para se tornar uma equipe que trabalha em harmonia e com eficácia.

Obstáculos:

- Comunicação frágil.

- Equipe em conflito.

- Reuniões de equipe improdutivas.

- Ausência de metas individuais de desenvolvimento.

Itens de ação:

- Esclareça expectativas, papéis e responsabilidades.

- Defina os canais de comunicação.

- Estabeleça meios de compartilhar os ganhos de eficiência com a equipe de projeto.

- Considere uma integração com a equipe fornecedora.

- Estabeleça planos individuais de desenvolvimento.

9. **Abstração aos riscos.** Uma das questões cruciais para o sucesso dos projetos é o gerenciamento de riscos. Porém, em muitos casos, quando o risco é uma parte ativa do processo de execução, o rigor dedicado a essa área é insignificante. E muitas vezes, os problemas são tratados de forma reativa.

Obstáculos:

- Ninguém gosta de discutir riscos.

- As equipes não estão preparadas para desastres.

- A visão do *status* do projeto não é realista.

- Há atrasos inesperados e custos crescentes.

Itens de ação:

- Identifique os riscos nos processos da EPG.

- Revise continuamente a mitigação de riscos e os planos de contingência.

- Eduque as equipes sobre os benefícios do gerenciamento de riscos.

- Decida se os riscos são altos demais para continuar.

10. **Subestimar a transformação para o negócio.** A gestão de transformação (vale lembrar que mudanças feitas no projeto diferem de transformação gerada pelo projeto) exige alterações nos processos de negócio. Ao implantar a EPG, o fracasso geralmente ocorre quando os patrocinadores não entendem que eles precisam ou mudar o negócio para trabalhar com a EPG ou mudar a EPG para funcionar com o negócio. Um elemento importante da gestão de transformação é a conscientização das pessoas e seu treinamento na operação ou no uso do produto do projeto.

Obstáculos:

- A EPG e os processos de negócio não estão alinhados.

Desempenho em EPG: Além do Tempo, do Custo e da Qualidade

- Mudanças nos processos de negócio não são considerados.

- Mudanças drásticas, de última hora, nos processos ou na EPG, acarretando maiores custos e atrasos.

- Aumento dos custos durante a operação e a manutenção.

- A aceitação do cliente é baixa.

Itens de ação:

- Esclareça quais são os benefícios esperados.

- Entenda o impacto do processo de negócio no produto.

- Estabeleça um plano de gestão de transformação com treinamento incluído.

- Crie um comitê de gestão de transformação.

O desempenho da EPG aos olhos do observador

Como acabamos de mostrar, podem ser várias as causas do fracasso. Mas como determinar o sucesso ou o fracasso da EPG? Por um lado, algumas falhas são claras:

- Nada foi entregue, desperdiçando tempo e dinheiro.

- Foram entregues os benefícios, produtos ou serviços errados.

- A entrega foi feita com tanto atraso que os benefícios, produtos ou serviços se tornaram inúteis.

- A qualidade era tão ruim que tornou a EPG inútil.

- A EPG custa muito caro, tornando-se financeiramente inviável.

Por outro lado, alguns sucessos são indiscutíveis:

- A entrega superou todas as expectativas em termos de custos e tempo.

- A qualidade e a funcionalidade são aclamadas pelo mercado.

O desempenho da EPG depende dos olhos do observador. Portanto, requer uma avaliação que permeie o espectro entre fracasso e sucesso, com base em uma medição do desempenho que equilibre alinhamento da estratégia, satisfação das partes interessadas, processos críticos e capacidades, como ilustrado na Figura 9-1.

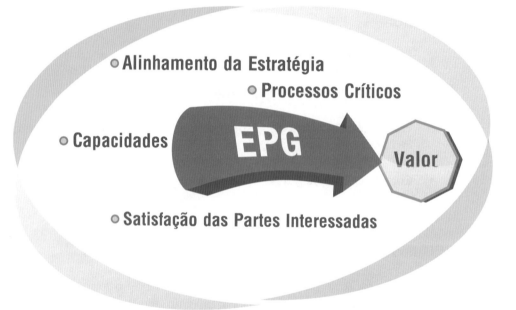

Figura 9-1. Avaliando o espectro do desempenho da EPG

Tomados em conjunto, os quatro fatores de desempenho produzem uma visão abrangente do sucesso ou do fracasso da EPG[98]. Com essas dimensões de desempenho detalhadas e monitoradas, são maiores as chances de sucesso do projeto, especialmente em relação aos seus quatro marcos cruciais: início, execução, encerramento e conclusão.

---

[98] RYAN, Nelson. Project Retrospectives Evaluating Project Success, Failures and Everything Between. **MIS Quarterly Executive**, vol. 4, n. 3, p. 361-372.

Os Jogos Olímpicos

Em julho de 2005, Londres foi escolhida para sediar as Olimpíadas de 2012, com uma estimativa de que os jogos custariam £ 2,4 bilhões. Tal estimativa foi descrita como "robusta" pela *Greater London Authority* e pela *London Development Authority* e "bem apoiada e documentada" pela avaliação do Comitê Olímpico Internacional (*International Olympic Committee*)[99]. Contudo, de acordo com a *United Kingdom's Taxpayer Alliance*, entre julho de 2005 e março de 2007 o orçamento das Olimpíadas de 2012 quase quadruplicou, saltando dos £ 2,4 bilhões para £ 9,35 bilhões.

Em 05 de março de 2007, o *Public Accounts Committe* (PAC) revelou problemas generalizados com o projeto das Olimpíadas, incluindo uma estrutura falha de gerenciamento, que não possuía uma pessoa na liderança, a falta de um orçamento adequado antes da candidatura e garantias de financiamento do governo que não contribuíram para limitar o custo do projeto. O presidente do PAC, Edward Leigh, concluiu que "não há uma única pessoa no controle geral, o que será um prato cheio para desentendimentos e atrasos".[100] Dez dias depois, em meio a críticas generalizadas, a Secretária de Cultura, Mídia e Esporte, Tessa Jowell, anunciou o orçamento revisado para £ 9,35 bilhões, indicando sérios problemas no valor inicial, como falta de custos tributários e margens de contingência, e a não inclusão de elementos significativos para uma operação de segurança. Além disso, a proposta inicial estimava que o setor privado financiaria até £ 738 milhões, um quarto dos custos totais, embora houvesse poucas perspectivas de que isso ocorresse.

Considerando as dimensões do desempenho do projeto, o sucesso das Olimpíadas de Londres foi programado sob o ponto de vista do tempo e da operação, mas a um custo muito alto e em meio a muitas críticas das partes interessadas.

Lições do Golfo Pérsico

Revisitar as dimensões do desempenho ao longo do ciclo de vida do projeto ajuda a determinar ações para sua recuperação ou seu encerramento. Um exemplo é o *Saudi Peace Shield Program* (Programa de Blindagem Saudita). Em 1985, a Arábia

---

[99] NATIONAL AUDIT OFFICE. **The Budget for the London 2012 Olympic and Paralympic Games.** London: Stationery Office, 2007, p. 21-24.

[100] PUBLIC ACCOUNTS COMMITTEE. **Preparations for the London 2012 Olympic and Paralympic Games:** risk assessment and management. London: Stationery Office, 2007, p. 5-6.

Saudita, com o apoio da Força Aérea dos EUA, começou a desenvolver um sistema de radares, computadores e centros de comando para servir como "cobertor eletrônico" das fronteiras aéreas do país. Os objetivos eram defender as instalações econômicas e os centros populacionais amplamente dispersos da Arábia Saudita de ataques e, particularmente, repelir ataques aéreos ou por mar às estações de bombeamento de petróleo do país, altamente vulneráveis, às instalações de processamento e carregamento, e às plataformas de petróleo no Golfo Pérsico.

Para implantar o programa, os sauditas contrataram um consórcio liderado pela Boeing. Em 1991, foi anunciado que a Hughes Aircraft Corporation, posteriormente adquirida pela Raytheon, assumiria o gerenciamento do projeto, que havia sido objeto de sucessivos atrasos. O pedido, no valor de US$ 1 bilhão, foi feito para a Hughes logo após a Guerra do Golfo, e num momento em que os líderes militares sauditas se sentiam vulneráveis a um ataque aéreo do Irã ou do Iraque. Como eles queriam o produto o mais rapidamente possível, o contrato incluía um grande incentivo: antecipem a entrega do projeto em três meses e recebam um bônus de US$ 50 milhões. Se entregarem depois, perdem o bônus. Nesse caso, a recuperação do projeto foi feita alterando a parte contratada e oferecendo um bônus para a conclusão antecipada. O projeto foi concluído três meses antes do previsto, e a Raytheon faturou o bônus. Tempo e insatisfação geral das partes interessadas foram determinantes para impulsionar a recuperação do projeto.

Se o projeto saudita foi contornado com sucesso, para outros projetos a melhor opção pode ser o seu término. Essa não é uma tarefa fácil, pois a decisão de abortar um projeto causa frustração para as partes interessadas, que acreditavam que o projeto poderia levar aos resultados esperados, e ao gerente de projetos e membros da equipe, que sentirão que falharam.

Além disso, alguns projetos tomam uma vida própria de tal maneira que se torna virtualmente impossível detê-los, mesmo que todos os sinais apontem para um eventual fracasso. Como os projetos criam esse tipo de força, e por que é tão difícil acabar de uma vez por todas com tamanho fiasco? Isabelle Royer, em "Why Bad Projects Are So Hard To Kill"[101], põe a culpa em um otimismo irracional que cega todos os envolvidos. Essa crença coletiva é uma forte convicção baseada em sentimentos, e não em evidências, de que o projeto eventualmente terá êxito. Essa convicção é compartilhada pela maioria dos tomadores de decisão, que minimizam o retorno negativo. Além disso, mesmo quando são capazes de detectar problemas, essa mentalidade já formada os leva a aumentar o seu comprometimento e a

---

[101] ROYER, Isabelle. Why Bad Projects Are so Hard to Kill. **Harvard Business Review**, feb. 2003.

Desempenho em EPG: Além do Tempo, do Custo e da Qualidade

prosseguir com o projeto de forma ainda mais vigorosa. Eles estão emocionalmente ligados ao projeto e entusiasmados demais para imaginar um fracasso. O campeão do projeto desempenha um papel fundamental na construção e manutenção da convicção coletiva. Normalmente, é ele que vai divulgar a causa usando sua credibilidade. Quando os problemas são identificados, o campeão do projeto ajuda a sustentar o entusiasmo.

Em 1970, a RCA Corporation (1919 -1986), uma das principais empresas de eletrônicos, desenvolveu o primeiro protótipo do tocador de videodiscos SelectaVision. Muitos especialistas acreditavam que essa tecnologia, similar ao fonógrafo, era obsoleta e questionaram por que a RCA baseou seu novo produto em tal plataforma. Sete anos depois, todos os competidores da RCA abandonaram a pesquisa em videodiscos devido à melhoria de qualidade e à popularidade do videocassete. A RCA seguiu convencida de que o seu produto SelectaVision seria um sucesso. Em 1981, mesmo quando todos os sinais apontavam para um fracasso quase certo, a RCA apresentou o produto. O público se desapontou. Finalmente, em 1984, após investimento de US$ 580 milhões e quatorze anos de pesquisa, a RCA percebeu que o produto não iria a lugar nenhum e encerrou o projeto. No caso da SelectaVision, a dimensão da satisfação das partes interessadas – na realidade, o seu otimismo – forçou a continuação do projeto.

Em tais casos cruciais, quando há o ímpeto de prosseguir com um projeto que caminha para a ruína, é fundamental uma estrutura de alto nível, como sugerida na EPG, que preste o apoio político e corporativo necessário para uma tomada de decisão correta.

Gerenciamento do desempenho e conclusão

A fase de conclusão do projeto garante a aceitação das entregas do projeto, produto, serviço ou da instalação. Essa última fase transfere a responsabilidade pelas operações, pela manutenção e pelo suporte à organização executora, e faz uma avaliação pós-projeto, documentando as lições aprendidas e as recomendações para o sucesso de futuros projetos, e comunicando os resultados. Do ponto de vista da EPG, a conclusão do projeto finaliza a parte do gerenciamento do desempenho da implementação do projeto, porém mantendo um foco nas questões de desempenho pós-projeto.

A conclusão é uma preocupação para gerentes de projetos em diversas indústrias e organizações com pouco pessoal disponível, mal planejada e executada. A literatura, para além dos relatos curiosos de profissionais, indica que os problemas da conclusão do projeto predominam e têm sérias consequências. Na indústria de construção, por exemplo, atrasos na conclusão podem gerar muitas questões para os proprietários, tensão entre as partes do projeto e problemas de fluxo de caixa.

O projeto Eurotúnel, encarregado de criar um túnel subterrâneo entre a Inglaterra e a França, é um exemplo dos problemas que podem surgir durante a conclusão e como eles podem contribuir para o sucesso ou o fracasso do projeto. Em 1986, o projeto foi atribuído à Eurotúnel para a construção de um túnel de 51,5 quilômetros, o maior do seu tipo no mundo, a um preço de US$ 5,5 bilhões e com um acordo de concessão que lhe deu o direito exclusivo de operar o túnel por um período de 55 anos.[102]

O projeto envolveu a cooperação de dois governos, setecentos mil acionistas, 220 bancos de empréstimos e muitos fornecedores, empresas de construção e agências reguladoras. Devido a condições inesperadas e mudanças requeridas pelas partes interessadas, o projeto sofreu mudanças significativas. Quando a fase de implementação foi completada, o projeto estava 19 meses atrasado, e os custos excedentes elevaram o custo total para US$ 7,1 bilhões.

Na conclusão, grande parte do esforço recaiu na análise das origens do excesso de custos e na tentativa de atribuir culpa a uma ou mais organizações participantes, minimizando a quantidade de reclamações. O atraso na entrega e o seu correspondente impacto no início das operações levaram os financiadores, com o intuito de diminuir suas perdas, a não aceitar negociações para a solução de importantes disputas contratuais. Várias instâncias de arbitragem foram envolvidas para tentar um acordo entre as partes.

O sucesso de uma fase de conclusão está intimamente ligado à eficácia da gestão de mudanças. Contudo, muitas das mudanças no projeto do Eurotúnel que resultaram em um significativo excedente de custos foram uma consequência da lentidão na tomada de decisão, associada à capacidade das agências de saúde e segurança de exigir mudanças, mas sem a autoridade para fornecer financiamento adicional. De acordo com Colin Kirkland, diretor técnico da Eurotúnel de 1985 a 1991:

---

[102] ANBARI, Frank T. *et al*. **The Chunnel Project:** PMI Case Studies in Project Management. Washington, D.C.: George Washington University, 2004. Disponível em:<http://www.pmiteach. org/UploadedDocuments/Faculty_Resources/Chunnel_Project_FTA_Final.pdf>. Acesso em: 04 de junho de 2014.

Desempenho em EPG: Além do Tempo, do Custo e da Qualidade

Devemos procurar aconselhar as futuras gerações que estejam contemplando a criação de empreendimentos de infraestrutura de grande porte que não se deixem levar pela excitação do design e do processo de construção antes de estabelecer claramente a base lógica, as relações entre os participantes-chave e os meios pelos quais a totalidade do processo deve ser gerenciada.

Conclusões

Negócios continuam a expandir o número de projetos, mesmo com restrição de recursos. Com os projetos ficando mais complexos, as empresas têm a tarefa de lidar com objetivos muitas vezes conflitantes e com prazos de entrega cada vez mais curtos. Nesse ambiente, executar projetos e programas com êxito e mantê-los alinhados à estratégia por todo o portfólio da organização são requisitos-chave dos negócios. Este capítulo incluiu as dimensões do desempenho da EPG e as causas do fraco desempenho.

10

EPG em Megaprojetos, *Joint Ventures* e Alianças

Em 1962, o presidente americano John F. Kennedy justificou a ida à Lua da seguinte maneira:

> Nós escolhemos ir à Lua nesta década não porque é fácil, mas porque é difícil, porque esse objetivo servirá para organizar e medir a melhor das nossas energias e habilidades, porque esse é o desafio que estamos dispostos a aceitar, que não vamos adiar e que pretendemos vencer.[103]

Apesar de todas as barreiras e dificuldades, os astronautas deram aquele pequeno passo na Lua, representando um salto gigantesco para a humanidade.

Desde os anos 1960, os projetos se tornaram ainda maiores, mais complexos e mais ambíguos, exigindo maior foco na integração para lidar com inúmeras interfaces. Grande flexibilidade e tenacidade, em face das dificuldades e dos obstáculos desconhecidos, também são necessárias, além de habilidades para gerenciar o crescimento das interconexões e interdependências. Um estudo da IBM, por exemplo, destaca que 79% dos CEOs entrevistados esperam um aumento no grau

---

[103] Discurso de John F. Kennedy sobre a ida à Lua no estádio Rice. Houston, Tex.: 1962. Disponível em: <http://er.jsc.nasa.gov/seh/ricetalk.htm>. Acesso em: 06 de junho de 2014.

de complexidade e que mais da metade deles duvidam da própria capacidade de gerenciá-la.[104]

Esses fatos sugerem que ferramentas e técnicas tradicionais de gerenciamento de projetos, embora necessárias, são insuficientes para gerenciar projetos altamente complexos e proporcionar uma entrega bem-sucedida no prazo e dentro dos custos e das metas de desempenho. Ao melhorar o gerenciamento de projetos complexos, os potenciais benefícios e economias obtidos são enormes.

Colocando megaprojetos em perspectiva

Megaprojetos são colossais por natureza e são compostos por peças proporcionalmente gigantescas. Esses projetos usam grandes quantidades de mão de obra, envolvem múltiplas partes interessadas, incluem governos, necessitam de financiamento de bilhões de dólares e são extremamente complexos. A lista continua: o volume de serviços, equipamento e materiais é gigantesco; as comunicações envolvem questões multiculturais; os riscos variam desde acidentes convencionais até conformidade com agências reguladoras. Além disso, o sucesso do projeto depende fortemente do esforço conjunto das principais partes interessadas através de um sistema de parceria.

Em megaprojetos, as parcerias são uma realidade, pois nenhuma entidade sozinha possui os recursos, a influência política, a competência gerencial, a tecnologia e a força de trabalho para fazer com que um gigantesco empreendimento aconteça. Essa parceria ocorre em dois níveis distintos:

1. **Propriedade.** Este nível geralmente envolve governos ou agências governamentais. Nesse cenário, são estabelecidos acordos formais de parceria, que fixam a base para a governança entre as partes e incluem as premissas básicas para o acordo, como as decisões serão feitas e como as disputas serão resolvidas. Esse foi o caso dos acordos bilaterais entre a Inglaterra e a França para o Eurotúnel, construído sob o Canal da Mancha e completado em 1994.[105] Outro exemplo foi Brasil e o Paraguai, que formaram uma organização bilateral chamada Itaipu Binacional para im-

---

[104] IBM. **Capitalizing on Complexity:** insights from the global chief executive officer study. IBM: 2010. Disponível em: <http://www-935.ibm.com/services/c-suite/series-download. html>. Acesso em: 06 de junho de 2014.

[105] NATIONAL AUDIT OFFICE. **The Channel Tunnel Rail Link.** London: Stationery Office, 2001.

EPG

plantar e gerenciar o que na época era o maior projeto de hidrelétrica do mundo, aproveitando o poder do rio Paraná, com dezoito unidades geradoras iniciais, completadas em 1991. Nesse caso, a Argentina também foi incluída no acordo porque mudanças no fluxo do rio afetavam o país, que se encontra rio abaixo da represa.[106] Acordos multilaterais também são comuns, como no caso do CERN, a organização europeia de pesquisa nuclear, onde foram desenvolvidas políticas de governança aplicáveis a vinte países, como descrito mais adiante neste capítulo[107]. Além dos megaprojetos gerados por governos, empresas privadas também fecham parcerias de propriedade. Grandes empresas petrolíferas geralmente compartilham riscos na exploração e nas operações subsequentes e possuem acordos de parceria que estabelecem políticas de governança.

2. **Implementação.** Geralmente, os proprietários de megaprojetos não executam os serviços necessários para sua implementação. Eles contratam terceiros para cuidar do design, dos suprimentos, da construção e de funções relativas à execução do trabalho. Mais uma vez, o termo 'mega' prossegue pela fase de implementação. A magnitude das tarefas leva os fornecedores participantes e os prestadores de serviços a uma parceria com outras empresas, para que as demandas e metas possam ser cumpridas. Isso significa fazer acordos estabelecendo as políticas que regem as relações entre as partes. Dois tipos de acordos de parceria são comumente usados na fase de implementação de megaprojetos:

- *Joint ventures.* Essa forma de parceria une duas ou mais empresas para realizar determinados serviços para o principal cliente/proprietário. As relações e as responsabilidades das partes são definidas nos documentos contratuais.

- **Contratos de aliança.** Aqui, pressupõe-se que a parte responsável pela implementação se associa ao cliente/proprietário em um acordo de colaboração, em busca do melhor resultado possível para o projeto e com riscos compartilhados entre as partes.

---

[106] SCHREINER, David. Brazil and Paraguay's Dam Deal. **Council of the Americas**, july 28, 2009. Disponível em: <http://www.as-coa.org/articles/brazil-and-paraguays-dam-deal>. Acesso em: 09 de junho de 2014.

[107] CERN. **The Governance of CERN.** Geneva: CERN, 1971. Disponível em: <http://council.web.cern.ch/council/en/Governance/Convention.html#5>. Acesso em: 09 de junho de 2014.

Em todas as formas de parceria, princípios claros de governança são fundamentais para que as partes trabalhem em sinergia. Isso vale tanto para os proprietários quanto para as partes encarregadas da execução. A seguir, listamos os itens essenciais em acordos de parceria no que diz respeito à governança de megaprojetos:

- A estrutura da governança (designação de comitês).

- Regras para reuniões e gestão da parceria.

- Regras para a tomada de decisões e resolução de conflitos.

- Políticas de auditoria e gerenciamento de riscos.

- Regras para contratação e demissão do principal executivo do megaprojeto.

- Desenvolvimento da equipe que possuirá integrantes das partes em aliança, com culturas e procedimentos diferenciados.

A importância de possuir políticas de governança claras é demonstrada nos casos a seguir.

A saga dos aceleradores de partículas

Dois projetos científicos de bilhões de dólares foram realizados com estruturas de governança bem diferentes e com resultados dramaticamente distintos. Os projetos dos supercondutores foram, na verdade, projetados para construir um acelerador de alta energia para estudar a física de partículas subatômicas na esperança de, entre outras coisas, compreender as origens do universo. Ambos os projetos enviavam um alto nível de complexidade e incluíam numerosas partes interessadas governamentais, científicas e de empresas privadas. Possuíam objetivos semelhantes e terminaram com diferentes efeitos colaterais como relatado a seguir:

Superconducting Super Collider

O projeto *Superconducting Super Collider* (SSC), do departamento de energia dos EUA, com custos superiores a US$ 10 bilhões, foi criado para ser o mais poderoso do mundo. O resultado pretendido era uma instalação de ponta, de alta tecnologia, para ser usada em pesquisas básicas em física, incluindo a busca pelas origens do universo.

Considerado na época o maior acelerador de partículas do mundo,o projeto SSC já estava em andamento nas proximidades de Waxahachie, Texas, quando foi rescindido pelo congresso americano em 1993[108].

Logisticamente, o projeto envolvia um túnel de noventa quilômetros, variando de 15 a 76 metros abaixo do solo, necessitando de mais de 16 mil hectares de terra para acomodar a instalação, incluindo quase 186 mil metros quadrados de espaço para escritórios e laboratórios. A estimativa era que o projeto levasse de dez a doze anos para ser concluído.

Em janeiro de 1989, embora o SSC fosse essencialmente um projeto de construção, o departamento de energia (DOE) escolheu como principal contratante a Universities Research Association (URA), um conglomerado de universidades. Talvez as escolas fossem qualificadas em questões técnicas e científicas, porém possuíam experiência limitada em construção. Mais tarde, as principais partes interessadas – os subcontratados, o DOE, e as várias agências de auditoria – reconheceram que este foi um grave erro.

O *status* de megaprojeto do SSC pedia uma supervisão abrangente e uma estrutura única de gestão. A estrutura estabelecida determinava que o gerente do projeto devia se reportar tanto ao diretor do programa no local da obra quanto ao secretário de energia – teoricamente, para facilitar as atividades do dia a dia e para garantir que o secretário pudesse fiscalizar o projeto diretamente. Essa relação peculiar gerou uma situação que livrou o projeto das funções padrão de governança do DOE, deixando espaço para ambiguidade na supervisão.

O gerente de projetos da URA admitiu que o SSC era cem vezes maior que qualquer projeto de construção com o qual ele tinha se envolvido. Ele reconheceu que muitos dos problemas encontrados eram novos para ele e que teve dificuldade de gerenciar centenas de subcontratados em um sistema complexo de custos e cronograma. Ele também admitiu que havia ordenado que o trabalho de novas estimativas de custos do SSC fosse interrompido porque a gerência da URA não queria que isso fosse feito[109].

Havia também sérios problemas de liderança e gestão. Grande parte dos líderes e gerentes do SSC possuía experiência limitada em liderança e trabalho em equipe.

---

[108] ANBARI, Frank, et al. **Superconducting Super Collider Project:** PMI Case Studies in Project Management. Washington, DC: George Washington University, PMI, 2005.
[109] WILLARD, E. The Demise of the Superconducting Collider: Strong Politics or Weak Management? **PMI Seminar Proceedings**, 1994, p. 1-7.

A moral da equipe rapidamente se deteriorou. A URA não conseguiu lidar com as partes interessadas e foi incapaz de comunicar à sociedade os benefícios do projeto. Como resultado, o apoio do público ao projeto despencou.

O fracasso do projeto SSC sinalizou um grande colapso da governança do projeto e consequentemente desencadeou uma reforma na política científica americana. Em 1993, o presidente dos EUA criou o *National Science and Technology Council* (NSTC), que recebeu o *status* de gabinete. Criou-se também um comitê de assessores de ciência e tecnologia do presidente (em inglês, *President's Committe of Advisors on Science and Technology*), com a intenção de ajudar o NSTC a coordenar as relações com o setor privado, criando então uma estrutura de governança para apoiar futuros esforços científicos.

As causas do fiasco multibilionário podem ser atribuídas em parte à falta de ênfase no gerenciamento de riscos. Embora os riscos tecnológicos tivessem sido identificados e rastreados, outros riscos não foram suficientemente dimensionados e gerenciados, incluindo riscos relacionados ao custo do gigantesco empreendimento, além dos riscos associados à política e à imagem pública do projeto. A necessidade, logo no início, de financiamento internacional e participação das partes interessadas foi outro ponto que não foi devidamente analisado.

Ainda, as principais partes interessadas subestimaram a complexidade de gerenciar um megaprojeto. O consórcio da URA já havia conseguido gerenciar com sucesso projetos menores e talvez tivesse assumido que as mesmas abordagens iriam funcionar para um projeto cem vezes maior. Por fim, a governança global do empreendimento entra em questão. Ela foi concebida adequadamente para o ambiente envolvido? Ela abarcava o envolvimento de múltiplos atores e a complexidade global do projeto?

CERN

A Organização Europeia para a Pesquisa Nuclear, conhecida como CERN (sigla para *Conseil Européen pour la Recherche Nucléaire*) foi criada em 1954 como um centro de pesquisa europeu localizado ao norte de Genebra, na fronteira entre a Suíça e a França. O Grande Acelerador de Partículas Hádrons (*Large Hadron Collider* – LHC) é um círculo de dois quilômetros de diâmetro que passa pela área rural da Suíça e da França em um túnel com cerca de 100 metros de profundidade (Figura 10-1).

A construção do LHC foi aprovada em 1995 com um orçamento de 2,6 bilhões de francos suíços, com outros 210 milhões para os experimentos. Contudo, em uma revisão em 2001, os custos em excesso foram estimados em cerca de 480 milhões de francos suíços para o acelerador e 50 milhões para os experimentos. Associados com uma redução orçamentária, postergaram a data de conclusão de 2005 para 2007[110].

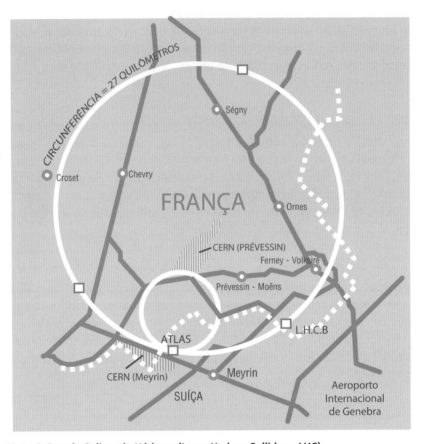

Figura 10-1. O Grande Colisor de Hádrons (Large Hadron Collider – LHC)

Em comparação com o fracassado SSC, o acelerador do CERN é menor, com uma circunferência de 27 quilômetros, cerca de um terço do tamanho do empreendimento americano. A convenção que estabelecia o CERN foi ratificada em 1954 por

---

[110] Para informações sobre o LHC, consulte: <http://public.web.cern.ch/public/en/lhc/lhc-en.html>. Acesso em: 09 de junho de 2014.

EPG em Megaprojetos, *Joint Ventures* e Alianças

doze países da Europa Ocidental, posteriormente expandida para vinte membros. Por conta de o centro de pesquisa ser uma *joint venture* entre partes interessadas governamentais, uma governança formal era imprescindível desde a sua fundação.

Os principais temas da Convenção LHC incluíam: estabelecimento da organização; propósitos; condições de filiação; órgãos; conselho; diretoria e pessoal; contribuições financeiras; cooperação com a Unesco e com outras organizações; *status* legal; resolução de disputas; retirada; descumprimento de obrigações; e a dissolução. Governança complementar foi adicionada em 1963, com a fundação do ECFA (*European Committee for Future Accelerators*), criado para avaliar atividades futuras.

Eficazes políticas de governança foram fundamentais para o sucesso do projeto LHC, que começou a operar formalmente em setembro de 2008 e rapidamente se tornou o foco da comunidade científica de física do mundo inteiro.

Em julho de 2012, o CERN anunciou a descoberta da partícula bóson de Higgs, conhecida na mídia como a "partícula de Deus". A descoberta que ajuda a explicar por que a matéria possui massa foi a maior conquista científica desde o ano 2000, quando foi anunciada a decodificação do genoma humano.

Como o dia e a noite

O projeto SSC no Texas foi falho desde o início devido à falta de uma estrutura apropriada de governança além da avaliação insuficiente dos riscos. Enquanto estudos indicam que a causa principal foi "estrutura inadequada de gerenciamento de projetos", a deficiência resultou de políticas ruins de governança e de desafios subestimados, próprios de um megaprojeto. Para complicar ainda mais, muitas das supostas partes interessadas internacionais não acreditavam no projeto. Por outro lado, o CERN nasceu a partir de uma cultura europeia, que, por natureza, exige convenções formais de governança para proporcionar ordem às relações governamentais.

Embora o projeto SSC tivesse suas qualidades em termos de design e gestão, e o projeto do acelerador do CERN tivesse algumas falhas pelo caminho, o sucesso dos projetos é, em última instância, medido pelos resultados finais. No caso do SSC e do CERN, o contraste é como a noite e o dia. Apesar de muitos fatores terem contribuído para o respectivo fracasso e sucesso dos dois projetos, a governança merece estar no topo da lista.

O Acelerador de Partículas Internacional

Um grupo consultivo foi criado em 2000 pelo Fórum Mundial de Ciência da OCDE com o objetivo de avaliar futuras tendências da física nuclear, e o estudo da interação entre os menores componentes da matéria. Apesar de essa área estar em desenvolvimento nos últimos cinquenta anos, muitas lacunas permanecem antes que possamos ter uma compreensão profunda acerca dos mistérios do universo.

Houve consenso entre o grupo de que a próxima grande instalação para o acelerador de partículas deveria ser um colisor linear, de elétrons e pósitrons, o ILC (*International Linear Colider*), operando simultaneamente com o LHC no CERN. Com base na colaboração das comunidades, o grupo construiu um roteiro identificando as maiores questões científicas que definirão as fronteiras da física das partículas elementares durante os próximos trinta anos e as relacionou com as possíveis instalações do novo acelerador[111]. O consenso entre os físicos foi de existir um forte argumento para o estabelecimento de mecanismos globais de coordenação técnica e científica.

Mas o maior consenso entre as partes interessadas era relacionada a uma busca científica em comum: descobrir a composição da matéria até os seus mais minúsculos elementos. Para tal, partículas subatômicas precisam colidir umas com as outras quase que na velocidade da luz para então terem seus resultados examinados. A finalidade do ILC é obter medidas da colisão de elétrons e pósitrons acelerados com grande precisão através do uso de detectores. A rede científica participante dessa tentativa é formada por cerca de mil cientistas e engenheiros de cem países.

A organização do projeto deve ser concebida de forma que todos os participantes se considerem parte do projeto, contribuindo com seu sucesso e uma influência adequada nos seus processos de tomada de decisão e na seleção dos membros dos seus vários órgãos. A estrutura deve ser robusta, com clareza nas linhas de autoridade e responsabilidades, cobrindo aspectos técnicos e administrativos das atividades do projeto. O ICFA (*International Committee for Future Accelerators*), criado em 1976 para facilitar a colaboração internacional na construção e no uso de aceleradores para a física nuclear, ficou responsável por elaborar um caso de negócios robusto. Foi formado um comitê diretor para definir o escopo e os principais parâmetros para os detectores e para o acelerador, monitorar as atividades de P&D, fazer recomendações acerca da coordenação e compartilhar informações. O comitê

---

[111] OCDE. Report of the Consultative Group on High-Energy Physics. **Global Science Forum**, junho de 2002. Disponível em: <http://www.oecd.org/dataoecd/2/32/1944269.pdf>. Acesso em: 09 de junho de 2014.

estabeleceu o PAC (*Program Advisory Committee*) para ajudar na supervisão dos detectores. A equipe do GDE (*Global Design Effort*), comandado por Barry Barish, ficou responsável por definir a estratégia, as prioridades e a coordenação do trabalho de centenas de cientistas e engenheiros em universidades e laboratórios em todo o mundo, a fim de entregar um relatório de design técnico.

O relatório foi entregue em junho de 2013 contendo os elementos necessários para propor o projeto aos diversos governos, incluindo o desenho técnico e o plano de implementação[112]. Com o relatório, encerrou-se o mandato do GDE.

Em 2009, o físico ganhador do Prêmio Nobel Steven Chu, Secretário de Energia dos EUA, estimou o custo total do ILC em US$ 25 bilhões. Dado o montante envolvido, foi criado um grupo de agências de fomento para o acelerador (*Funding Agencies for the Large Collider* – FALC) para ajudar a desenvolver mecanismos de financiamento internacional. A FALC se encontra regularmente com membros do GDE para estabelecer um diálogo entre as agências, os governos e a comunidade científica do ILC.

Durante a fase de justificativa do projeto, vários princípios básicos da EPG descritos no Capítulo 2 foram levados em conta. Inicialmente, houve necessidade de uma organização, e o ICFA foi designado como dono do programa. Formou-se um comitê diretor, auxiliado pelo PAC, incumbido de supervisionar as equipes do GDE e do detector.

Outra questão fundamental é o gerenciamento das partes interessadas. As agências de financiamento foram identificadas como críticas, e a FALC foi criada para ajudar a lidar com tais questões. No entanto, muitas outras questões das partes interessadas precisavam ser gerenciadas em um projeto como esse, financiado globalmente[113]. Dependendo das condições econômicas, os governos envolvidos podem interromper o financiamento. No início de 2010, por exemplo, o apoio para a fase inicial foi bastante estável, mas não para o projeto de construção, que posteriormente exigiu o desenvolvimento de um caso de negócio sólido, indicando claramente os custos e benefícios, e em uma linguagem compreensível fora da comunidade dos físicos.

---

[112] INTERNATIONAL LINEAR COLLIDER. **ILC Technical Design Report.** Disponível em: <http://www.linearcollider.org/ILC/Publications/Technical-Design-Report>. Acesso em: 03 set. 2014.

[113] O planejamento, a concepção e o financiamento para o ILC proposto exigirão participação e organização globais. <http://www.linearcollider.org/about/What-is-the-ILC/Status-of-the-project>.

Em julho de 2010, um documento de proposta, "Governance of the International Linear Collider Project"[114], foi lançado durante a 35ª Conferência Internacional de Física de Altas Energias para facilitar uma discussão estruturada das questões de governança nas etapas de construção e operação. O objetivo era produzir um documento contendo comentários da comunidade internacional e integrá-lo ao plano de implementação do projeto. O projeto não será fácil de moldar e necessitará de uma complexa governança devido aos diferentes sistemas e culturas dos países envolvidos. As recomendações, com base em projetos internacionais similares, tratam da organização e do desempenho do projeto no futuro.

- **Organização.** Para tirar proveito de benefícios fiscais, o documento propõe a formação de uma organização internacional estabelecendo acordos com as organizações e os governos participantes. O órgão final é um conselho composto de delegados dos países apoiadores. O CEO responde ao conselho e gerencia uma equipe de diretores encarregados do projeto.

- **Desempenho do projeto.** Uma das diretrizes consiste em estimular propostas competitivas de países-membros para que estes possuam parte do empreendimento. Além disso, propõe-se um fundo centralizado de 10% para contingência, a ser alocado quando necessário ao longo do projeto. Se ocorrer o uso total do fundo antes do fim do projeto, o seu escopo precisa ser reduzido. O documento também aborda como as diferentes organizações vão cobrar pelos seus custos operacionais. Isso é sempre um problema em grandes organizações, e não será diferente em um projeto como esse.

Ao final de 2013, o governo do Japão aprovou uma pequena alocação de recursos para o ILC, o que significou reconhecê-lo como um projeto formal. No início de 2014, foi criado um escritório de planejamento para o ILC, no Japão, composto de uma unidade de projeto e de uma unidade de coordenação, com o objetivo de integrar e coordenar os esforços de planejamento e pesquisa.[115]

A estruturação do ILC possui semelhanças com parcerias onde o risco é compartilhado. Como explicado mais adiante neste capítulo, tais parcerias foram bem-su-

---

[114] FOSTER, B. *et al*. Governance of the International Linear Collider Project. *In:* 35th International Conference on High-Energy Physics, Paris, julho de 2010. **Proceedings...** Disponível em: <http://ilcdoc.linearcollider.org/record/29465/files/ICHEP_Paris_writeup.pdf?version=1>. Acesso em: 10 de junho de 2014.

[115] TAKAHASHI, Rika. The year 2014 – The real starting year of the ILC? **Newsline**, 06 fev. 2014. Disponível em: <http://newsline.linearcollider.org/archive/2014/20140206.pdf>. Acesso em: 03 set. 2014.

EPG em Megaprojetos, *Joint Ventures* e Alianças

cedidas na construção do Embraer 170-190 e resultaram em muitos problemas no caso do Boeing 787. Como lição aprendida, desde o início deve-se cuidadosamente estruturar uma abordagem para lidar com o grande número de instituições associadas financiadas pelos governos envolvidos. No caso do ILC, depois do conceito definido para o projeto, com a implementação do escritório de planejamento no início de 2014, o projeto passou para uma etapa de como viabilizá-lo e implementá-lo com a colaboração de toda a comunidade internacional.

Programas grandes e complexos que envolvem consultas e negociações entre governos são demorados e complicados. Questões sobre o que precisa ser alcançado se encontram sob a esfera da competência das administrações nacionais e são, em grande medida, independentes e complementares aos objetivos tecnológicos, aos requisitos de governança e aos parâmetros do projeto. Assim, antes de qualquer comprometimento (financeiro, de cronograma, ou outro), é preciso tempo suficiente para que ocorram debates em níveis nacional, regional e internacional.

Como Barry Barish, o diretor do GDE para o ILC, mencionou em sua *newsletter* de 20 de janeiro de 2011:

> O ILC ainda é muito mais um sonho, e o caminho para um projeto real permanece bastante incerto, apesar de o caso científico estar mais forte do que nunca e nós estarmos alcançando todas as metas prioritárias. Vamos apenas esperar que os resultados preliminares e empolgantes do LHC e a melhoria da situação econômica mundial se combinem para permitir a transformação do nosso sonho em realidade.[116]

A saga do acelerador de partículas é apenas um exemplo dos muitos que demonstram a necessidade de novos modelos de contrato, os crescentes requisitos de estruturas de governança, a importância de lidar com a transformação e as abordagens inovadoras para criação de valor.

Alianças em projetos

Grandes projetos de investimento bem-sucedidos requerem uma efetiva estratégia de contratação. A abordagem tradicional envolve deslocar todos os riscos possíveis para outros: designers, construtores, fornecedores e seguradoras. Esse caminho estimula posturas antagônicas: o dono transfere os riscos às partes contratadas;

---

[116] BARISH, Barry. What Did We Accomplish Last Year? **ILC Newsline**, Director's Corner, jan. 20, 2011. Disponível em: <http://newsline.linearcollider.org/2011/01/20/what-did-we-accomplish-last-year/>. Acesso em: 11 de junho de 2014.

consequentemente, os contratantes aceitam o que lhes é imposto e mais tarde se aproveitam de brechas contratuais para pedir indenização pelos serviços feitos fora do escopo.

Os conflitos de interesse são inerentes a projetos de construção, de defesa e de infraestrutura. O dono/cliente quer um projeto de qualidade entregue no prazo e a um custo mínimo, e as partes contratadas querem prestar serviços de modo a maximizar o seu próprio lucro. Como resultado, práticas de contratação através de propostas competitivas não são suficientes para formalizar um compromisso honesto, aberto e transparente entre as partes interessadas. Tais acordos flexíveis, com base na mútua confiança, são contrários à mentalidade expressa como "você me mostra o seu que eu te mostro o meu – mas você tem que me mostrar o seu primeiro". Contratos que enfatizam medidas punitivas no seu descumprimento já se provaram contraproducentes.

A exploração de petróleo no Mar do Norte se tornou economicamente inviável no início da década de 1990 por causa da diminuição das reservas. A British Petroleum (BP), uma das principais empresas da indústria de óleo e gás, concluiu que uma redução substancial nas despesas de capital para a implementação de um projeto poderia tornar os campos de petróleo viáveis. Ao contrário da proposta competitiva que prevalecia anteriormente, a BP optou por adotar uma abordagem colaborativa no campo de Andrew. O gerente de projetos da BP, John Martin, argumentou contra as tradicionais relações antagônicas entre empresas petrolíferas, contratantes e fornecedores:

> Nós acreditávamos que somente trabalhando em estreito alinhamento com nossos contratantes poderíamos esperar fazer de Andrew um sucesso. Para esse fim, os comportamentos foram identificados como parceiros essenciais da tecnologia; blocos gêmeos que, se reunidos, poderiam ser capazes de produzir resultados extraordinários.[117]

A BP reconheceu que seria necessária uma nova abordagem para reduzir os custos gerados pelas relações conflituosas, características das práticas de contratação vigentes, de preço fixo. Isso levou a uma mudança radical em todas as partes contratadas, que passaram a se relacionar umas com as outras com base no trabalho em equipe e na confiança, em direção aos melhores interesses do projeto. Essa abordagem de contratação ficou conhecida como projetos em regime de aliança.

---

[117] SAKAL, Matthew. Project Alliancing: a relational contracting mechanism for dynamic projects. **Lean Construction Journal**, vol. 2, 2005, p. 67-79.

EPG em Megaprojetos, *Joint Ventures* e Alianças

A estimativa original de £ 450 milhões para o campo Andrew tornava o projeto inviável. Com a nova abordagem, decidiu-se concluir o projeto com £ 373 milhões. Os esforços colaborativos entre os participantes rapidamente geraram benefícios adicionais. Três meses após o início do projeto, o regime em aliança reduziu a estimativa de custos para £ 320 milhões, e a equipe avaliou que o projeto poderia terminar três meses antes do previsto. O projeto se encerrou com custos de £ 290 milhões e produziu petróleo seis meses antes do programado. A economia feita foi compartilhada entre os associados, conforme previsto nos contratos. A BP atribuiu o extraordinário sucesso ao empenho de profissionais que se libertaram das restrições típicas de um comportamento antagônico.

Logo após o sucesso da BP com alianças, a Austrália adotou a abordagem, usando-a em Wandoo, um projeto de campo de petróleo iniciado em abril de 1994, e no East Spar, um projeto de campo de gás que começou em julho de 1994[118].

Aliança é um regime de gestão de grandes ativos de capital onde o dono – ou donos – e um ou mais prestadores de serviços trabalham de forma colaborativa como uma equipe integrada para entregar um projeto. A estrutura do contrato é tal que os interesses comerciais dos participantes se alinham com o projeto.

A aliança exige que as partes trabalhem juntas com boa-fé, ajam com integridade e tomem as melhores decisões para o projeto. Sob contratos de aliança, os riscos são gerenciados conjuntamente pelas partes através de acordos mútuos sobre riscos e recompensas, em vez de apontar uma responsabilidade legal. Ônus e bônus são compartilhados.

A seguir, listamos as principais características de projetos em regime de aliança.

Desenvolvimento da aliança

- **Estabelecimento da aliança.** Nesta fase inicial, o dono do projeto seleciona os outros participantes. Essa seleção não é baseada em critérios financeiros. Com os participantes selecionados, estabelecem-se os primeiros parâmetros comerciais.

- **Fase de desenvolvimento do projeto.** A segunda fase é desenvolver o escopo dos serviços e os objetivos do projeto. Os participantes trabalham em equipe para chegar a um consenso acerca das metas de desempenho

---

[118] A Austrália é líder em alianças em projetos. Mais informações podem ser encontradas no site do departamento de tesouro e finanças do governo do estado de Victoria: <http://www.dtf.vic.gov.au/Infrastructure-Delivery/Alliance-and-traditional-contracting>.

do projeto. Quando os parceiros da aliança entram em acordo, ocorre a implementação.

- **Fase de implementação.** Os participantes trabalham em conjunto para entregar o projeto. A equipe de gestão da aliança formula um plano que incorpora políticas, procedimentos e uma estrutura de apoio. Nesta fase, uma boa governança e um bom controle sobre o projeto são fundamentais. Incentivos comerciais por meio de um sistema de compartilhamento de perdas e ganhos também ajudam a garantir que os participantes se esforcem por um alto desempenho.

- **Conclusão.** Após a conclusão prática do projeto, todos os participantes continuam responsáveis ao longo do período de ajuste operacional, estipulado em contrato.

Compartilhamento de riscos *versus* transferência de riscos

É comum em projetos (*project alliancing*) transferir riscos para os participantes do projeto, prática esta que tende a desencadear relações antagônicas e batalhas litigiosas. Na aliança, todos os riscos não seguráveis são compartilhados entre as partes contratadas com a premissa de que uma responsabilidade coletiva levará à melhora nos resultados do projeto. A equipe do projeto e, portanto, as partes da aliança ganham ou perdem coletivamente.

Estrutura de compensação

O modelo de compensação da aliança (que divide as perdas e os ganhos) é 100% transparente e é composto por três camadas. A primeira engloba todos os custos diretos do projeto, incluindo retrabalho, e as despesas efetuadas pelos membros das equipes da aliança. A segunda camada se refere às despesas corporativas e às margens dos contratantes. A terceira camada envolve arranjos predeterminados de compartilhamento de perdas e ganhos.

O componente mais crítico do regime em aliança é o desenvolvimento da meta de custo. Se o custo real do projeto ficar abaixo da meta, então a aliança como um todo ganha e os parceiros dividem a economia feita. Se o custo real do projeto for maior que o custo predeterminado, então todos os parceiros sofrem as perdas.

Cultura e comunicação

A equipe do projeto trabalha em conjunto dentro de uma cultura voltada para o que for melhor para o projeto, impulsionada pelo compromisso de satisfazer os objetivos do projeto. Os participantes trabalham juntos no projeto em um ambiente de confiança, com comunicação aberta e honesta. Todas as transações são transparentes. Os participantes concordam com uma atitude de "não culpar ninguém", onde disputas e conflitos são tratados internamente sob procedimentos predeterminados de governança.

Para atingir excelentes resultados e benefícios, as equipes devem se desenvolver para alto desempenho. Um facilitador interno ou externo deve promover uma cultura de aliança e criar um ambiente de entrega de projetos flexível e inovador. Estratégias bem-sucedidas incluem estabelecer uma visão e um propósito claros para a aliança, assegurando que todos os membros da equipe entendem e se comprometem com seus objetivos e princípios. Comunicações eficazes na aliança vão além do fluxo normal de informação e incluem a identidade da aliança, aplicada a materiais promocionais e de marketing, como anúncios, sinalização, *newsletters*, materiais de escritório e roupas.

Governança

A aliança é liderada por um órgão tipicamente chamado de conselho da aliança. Este órgão é composto por membros sêniores do proprietário do projeto e dos participantes. Os membros têm uma relação de igualdade na tomada de decisão. Os participantes da aliança (o dono do projeto e o parceiro-contratante) normalmente chegam a um acordo de níveis estratégico e de projeto em documentos formais, como mostra a Figura 10-2. O acordo estratégico de aliança (mais conhecido como Sala – *strategic alliance agreement*) define entendimentos genéricos que regem a aliança. Cada projeto conduzido sob o conceito de aliança se torna então objeto de um contrato complementar chamado Pala (*project alliance agreement*).

Water Corporation

Water Corporation é uma empresa estatal cujo objetivo é fornecer a gestão sustentável dos serviços de água para o oeste da Austrália, a fim de tornar a região um ótimo local para viver e investir. Seus serviços, projetos e atividades abrangem uma área de 2,5 milhões de quilômetros quadrados, cerca de um terço do continente australiano, fazendo da região uma das maiores áreas operacionais do mundo para essa indústria.

Pala= Project Alliance Agreement

Figura 10-2. Estrutura dos contratos de aliança

Para assegurar água suficiente a todos, existe uma necessidade de enfrentar os desafios do clima seco da Austrália e do aumento da população; outra questão é minimizar o impacto ambiental usando menos água. O plano estratégico *Water Forever*[119] fornece um portfólio de opções para gerenciar o equilíbrio entre a demanda e a oferta até 2060 ao reduzir em 25% o uso da água, aumentar a reciclagem de águas residuais para 60% e desenvolver novas fontes. *Water Forever* se tornou um catalisador para a mudança na forma como a empresa fornece serviços sustentáveis de água pelo país[120].

A empresa possui um programa de capital de um bilhão de dólares australianos no período de cinco anos.

---

[119] Em português, "Água para Sempre".
[120] WATER CORPORATION. **Water Forever:** options for our water future. Australia: Water Corporation, 2008.

A Water Corporation usa contratos de aliança como um dos seus principais métodos de entregas operacionais e de manutenção, desde meados dos anos 1990. A empresa define governança como "um *framework* de regras, relações, sistemas e processos através dos quais a autoridade é exercida e controlada em alianças. Ela engloba os mecanismos pelos quais alianças, e aqueles em controle, são responsabilizados". A governança articula os objetivos, o poder, as funções, as obrigações, as limitações e as relações da aliança. Um **manual de governança de aliança**, desenvolvido de acordo com a sua estrutura de governança corporativa, contém o seguinte:

- **Regras.** O acordo de aliança fornece as regras primordiais dentro das quais a aliança vai operar.

- **Relacionamentos.** Podem ser tanto internos (equipe líder, equipe de gerenciamento, participantes não proprietários, Water Corporation) quanto externos (reguladores, comunidade, acionista, prestadores de serviços e fornecedores), e a aliança precisará gerenciá-los.

- **Sistemas e processos.** Cada aliança terá seus próprios sistemas e processos, que aparecerão no plano de governança, incluindo prestação de contas, responsabilidades, deveres, procedimentos e relatórios.

- **Auditorias e conformidade.** A auditoria é uma boa prática de governança para assegurar que os controles estão funcionando como o esperado. Auditorias podem ser realizadas por qualquer participante. Quando a aliança tem muitos participantes, pode ser mais eficiente contratar um serviço de auditoria interna.

Do campo de batalha para a sala da diretoria: a 'sala de guerra' do megaprojeto

O termo "war room" (sala de guerra) tornou-se conhecido durante a Segunda Guerra Mundial. Os gabinetes de Winston Churchill em Londres foram projetados para tocar assuntos governamentais e dirigir as forças armadas britânicas. O que Churchill apreciava nas salas era estar próximo de todas as funções essenciais, incluindo uma linha direta cifrada com o presidente dos EUA, o que facilitava os processos de tomada de decisão[121].

---

[121] DAUM, J. H. Management Cockpit War Room: objectives, concept and function, and futures prospects of a still unusual, but highly effective management tool. **Controlling – Zeitschrift für die erfolgsorientierte Unternehmensführung**, vol. 18, jun. 2006, p. 311-318. Disponível em: <http://www.iioe.eu/fileadmin/files/publications/MC_Controlling_Daum_e.pdf>. Acesso em: 17 de junho de 2014.

No contexto de projetos, uma sala de guerra é um esforço intenso, focado, para organizar as complexidades das tomadas de decisão de negócios em grandes programas e projetos. A sala de guerra permite a uma equipe colaborativa compartilhar sistemas complexos e processos de informação de forma a promover um diálogo estruturado e um *brainstorming*, e compreender os meandros do programa e os impactos das interfaces envolvidas.

Questões críticas em grandes projetos envolvem a liderança, a dose certa de comunicação, como monitorar e controlar o progresso e como ter um processo oportuno de tomada de decisão. Uma vez compreendidas as interdependências e complexidades de como as decisões afetam as partes interessadas, a sala integra as informações e facilita a tomada de decisão.

Essencialmente, uma sala de guerra de um megaprojeto tem quatro razões para existir: (1) criação de uma estrutura comum de informação; (2) fornecimento eficaz de informação; (3) colaboração entre os diversos gestores; e (4) tomada de decisão oportuna. A sala de guerra exige planejamento, design e implementação para garantir que a melhor solução seja alcançada. O processo de planejamento é tão importante quanto o produto final, pois colhem-se benefícios substanciais em termos de foco estratégico, tomada de decisão coerente e integração da gerência sênior. A lista de verificação para uma implementação harmoniosa e bem-sucedida de uma sala de guerra normalmente inclui:

- A identificação das funções de controle e suas inter-relações.

- O desenvolvimento de descrições de cargos/especificações operacionais.

- Estudos de viabilidade com estimativas de custos.

- Documentação da política de operações e manuais do usuário.

- A determinação das necessidades do espaço.

- Conselhos sobre design de interiores, incluindo iluminação e controle ambiental.

- Seleção de software e equipamento.

- Medidas de segurança física e eletrônica.

- Treinamento de pessoal.

Centro de produção e integração

Em meados da década de 1990, a indústria de aviação mundial começou a estabelecer parcerias de riscos compartilhados com os seus fornecedores, focando internamente em suas competências essenciais e promovendo a redução de custos. Este foi o caso da Embraer, quando decidiu desenvolver o programa ERJ-170/190, de US$ 900 milhões, destinado a dominar o mercado de aviões de 70 a 110 lugares, um segmento de mercado fora daquele dominado pela Boeing e pela Airbus. De acordo com a empresa, o custo operacional do Embraer 190 é 10% menor que o do Boeing 717 ou do Airbus A318, os menores modelos das duas maiores fabricantes. O programa foi um sucesso, e a Embraer tornou-se a terceira maior fabricante de aviões comerciais no mundo.

Em um projeto onde o risco é compartilhado, os parceiros contam com o sucesso comercial do projeto para receber a sua parte pelas atividades ou pelos produtos entregues. Assim, o dono do projeto coordena uma rede de três níveis de parceiros. No primeiro nível estão aqueles que assumem riscos financeiros, participam conjuntamente da elaboração do projeto e acrescentam valor tecnológico. O segundo nível é composto de fornecedores de sistemas, partes, componentes e serviços, conforme as especificações dadas. Este grupo pode fazer investimentos significativos no desenvolvimento e pode também participar da última parte da fase de definição conjunta. O terceiro grupo é responsável por componentes menos complexos e de menor custo[122].

No desenvolvimento do novo avião 787, a Boeing decidiu adotar parcerias de compartilhamento de riscos, afastando-se do seu método já estabelecido, que era: fazer os desenhos das partes; mandá-los para seus fornecedores; esses fornecedores construíam as partes conforme as especificações; e as enviavam de volta para a Boeing, que então juntava as peças. Em sua nova abordagem, cerca de 70% do 787 era construído por outras empresas. A montagem final ocorria na fábrica da empresa, em Everett, Washington[123].

Com essa mudança, a Boeing poderia aproveitar ideias dos engenheiros das empresas fornecedoras. Contudo, isso resultou em problemas de governança que assolaram a Boeing e seus fornecedores, contribuindo significativamente para os atrasos

---

[122] FIGUEIREDO, Paulo *et al*. Risk Sharing Partnerships with Suppliers: the case of Embraer. **Journal of Technology, Management and Innovation**, vol. 3, n. 1, 2008, p. 27-37.
[123] DREW, Christopher. A Dream Interrupted at Boeing. **New York Times**, september 5, 2009. Disponível em: <http://www.nytimes.com/2009/09/06/business/06boeing.html?pagewanted=all>. Acesso em: 19 de junho de 2014.

no 787. Analistas de mercado estimaram que a empresa inicialmente planejava investir US$ 8-10 bilhões no desenvolvimento do projeto, mas acabou gastando US$ 20 bilhões, incluindo as multas que teve que pagar às linhas aéreas e aos parceiros por causa dos atrasos na entrega.

Em dezembro de 2008, a empresa estabeleceu um centro de produção e integração com o objetivo de minimizar problemas causados pela terceirização das funções de desenho e desenvolvimento. Na prática, trata-se de uma sala de guerra que monitora a rede global de fornecedores e sincroniza todas as atividades de produção. Essa moderna sala supervisiona a área final da montagem do 787 e possui telas gigantes com informações sobre a produção de componentes e a montagem completa da aeronave. Outras informações rastreadas incluem remessas internacionais de peças, questões técnicas pendentes e fenômenos climáticos ou desastres naturais que possam afetar o cronograma. Desvios são firmemente rastreados usando um sistema de cores (vermelho-amarelo-verde).

O centro é capaz de lidar com chamadas internacionais de fornecedores para esclarecer dúvidas ou solucionar problemas. Câmeras de vídeo de alta definição facilitam a comunicação, permitindo que as partes interessadas possam aprofundar qualquer componente em discussão. O objetivo é resolver rapidamente qualquer problema para que o programa se mantenha dentro do cronograma. O centro também controla os horários de envio das remessas, incluindo os quatro 747 especialmente adaptados para trazer partes à linha de montagem em Everett. A sala da Boeing se inspirou em salas similares na NASA, na Disneyworld, em centros de operação de emergência e no controle de tráfego de Los Angeles[124].

Robert Noble, vice-presidente de gestão de suprimentos da Boeing, que dirige o centro que opera 24 horas, diz que "a comunicação imediata e multimídia eliminou o problema de trocas frequentes de e-mails pouco claros entre engenheiros distantes, que trabalham em fusos horários opostos"[125].

O conceito de sala de guerra foi também adotado por empresas de desenvolvimento de software que usam abordagens ágeis para acelerar projetos. É a evolução de um conceito muito utilizado na indústria automobilística chamado de engenharia simultânea, onde todas as partes interessadas são localizadas em um só ambien-

---

[124] JAMES, Andrea. Boeing's 787 production is mission-controlled. **Seattlepi.com**, april 30, 2009. Disponível em: <http://www.seattlepi.com/default/article/Boeing-s-787-production-is-mission-controlled-1303651.php>. Acesso em: 19 de junho de 2014.

[125] MICHAELS, Daniel; SANDERS, Peter. Dreamliner Production Gets Closer Monitoring, **Wall Street Journal**, october 8, 2009. Disponível em: <http://online.wsj.com/news/articles/SB125486824367569007>. Acesso em: 19 de junho de 2014.

EPG em Megaprojetos, *Joint Ventures* e Alianças

te para permitir uma comunicação constante e imediata. No caso de empresas de desenvolvimento de software, gerentes de projetos, desenvolvedores, analistas de negócios e especialistas em qualidade dividem o mesmo espaço para que gerem sinergia e trabalhem juntos em questões urgentes. Apesar da sofisticação da tecnologia de comunicação para lidar com problemas em projetos, as sinergias geradas por um espaço compartilhado e os encontros presenciais criam possibilidades para um diálogo bastante produtivo.

Em setembro de 2011, o primeiro 787 foi entregue para a All Nippon Airways com três anos de atraso. Ao final de 2012, a nova aeronave apresentou inúmeros problemas que culminaram, em janeiro de 2013, com a diretiva da *Federal Aviation Administration* dos Estados Unidos de aterrar toda a frota de 787s até a resolução dos problemas. A decisão foi seguida pelos órgãos reguladores da Europa, do Japão e da Índia. Os 787s só voltaram à operação em abril de 2013.

Os problemas do 787 são uma demonstração inequívoca de como os fins dependem do início e da importância de se ter uma visão sistêmica do projeto e de sua governança. A sala de integração foi uma ótima solução, porém insuficiente para garantir o sucesso do produto em sua fase operacional.

Da sala de guerra para a gestão de operações e crises

A governança de cidades representa um grande desafio, tanto em termos de projetos como em suas operações do dia a dia. Em 2010, o Rio de Janeiro (com uma população metropolitana de onze milhões) enfrentou uma constante expansão urbana, o disparo da taxa de criminalidade e inundações frequentes, além de estar se preparando para empreendimentos de longo alcance, como a Copa do Mundo de 2014, os Jogos Olímpicos de 2016 e a modernização da rede de transporte. Embora tais feitos não estejam totalmente sob o controle da cidade, eles afetam fortemente o funcionamento dessa metrópole[126].

Depois que uma grande tempestade inundou as vias principais da cidade em abril de 2010, o prefeito Eduardo Paes acolheu uma proposta de instalar um centro de gestão de crise para lidar com tais eventos. Apesar de ter achado a ideia atraente, ele observou que um centro de operações seria mais apropriado – para, assim, lidar com medidas preventivas, e não apenas com as iniciativas pós-desastre.

---

[126] IBM. **Smarter Cities.** New York: IBM Global Services, 2010. Disponível em: <http://www.ibm.com/smarterplanet/us/en/smarter_cities/overview/index.html>. Acesso em: 19 de junho de 2014.

Do ponto de vista da governança, existia uma crescente preocupação, tanto no Brasil como globalmente, acerca da capacidade da cidade de lidar com emergências que pudessem ocorrer nos eventos internacionais. O prefeito Eduardo Paes articulou uma abordagem que incluía um contrato com a IBM sob o programa *Smart Cities* e parcerias com fornecedores como a Samsung para as dezenas de monitores expostos em uma parede gigante. O projeto do centro de operações foi construído em uma velocidade vertiginosa, iniciando-se em setembro de 2010 e completado a tempo para um teste bem-sucedido no réveillon do mesmo ano, e inclui representantes dos principais serviços da cidade, como luz, gás, água, trânsito, saneamento, saúde, meteorologia e eventos especiais. O Centro de Operações do Rio de Janeiro representa, assim, uma grande peça da estrutura de governança necessária para a cidade lidar com as demandas dos jogos internacionais e sua economia em expansão[127].

Conclusões

Diferentes abordagens para a Governança de Projetos são aplicáveis em diferentes estágios de ciclos de vida de projetos. Por causa do seu tamanho e complexidade, práticas específicas de governança são necessárias para cada megaprojeto. Megaprojetos usam grandes quantidades de mão de obra, envolvem múltiplas partes interessadas, incluem governos, necessitam de financiamentos bilionários e são extremamente complexos. A lista continua: o volume de serviços, equipamentos e materiais é gigantesco; as comunicações envolvem questões multiculturais; os riscos variam desde possibilidade de acidentes até conformidade com agências reguladoras. Ainda, o sucesso do projeto depende fortemente do esforço colaborativo das principais partes interessadas através de algum tipo de parceria.

Os projetos em regime de aliança, muito utilizado na gestão de megaprojetos, é uma forma de contratação baseada nos conceitos de colaboração, transparência e confiança mútua entre o proprietário e as partes contratantes. Usado com sucesso no início dos anos 1990, o conceito se espalhou e é amplamente utilizado em grandes projetos de capital. Salas de guerra, voltadas para organizar as complexidades das tomadas de decisão, são também comumente usadas em grandes empreendimentos.

---

[127] CONTAGIOUS MAGAZINE. GE, Intel/IBM/Care Innovations, Rio Operations Center. **Contagious Magazine**, january 4, 2011.

11

EPG para Diferentes Tipos de Projetos

A governança de projetos é necessária em todos os tipos de organizações. Os conceitos aplicáveis de EPG foram explicados em capítulos anteriores, e a questão dos contratos de parceria foi apresentada em detalhes no Capítulo 10. Como as indústrias possuem peculiaridades, este capítulo se concentra em projetos cujas abordagens diferem das usadas em empreendimentos de capital: tecnologia da informação (TI), pesquisa e desenvolvimento (P&D) e mudança organizacional.

Tecnologia da informação

A governança de projetos de tecnologia da informação começou a se destacar no início dos anos 1990, quando executivos identificaram a necessidade de alinhar os projetos de TI com os rumos da empresa. Isso foi dramaticamente ilustrado em 1994, quando o Standish Group publicou seu primeiro *Chaos Report*, que documentou enormes desperdícios de investimento em projetos de desenvolvimento de software que nunca foram concluídos. O relatório revelou um resultado chocante: 53% dos projetos pesquisados foram considerados fracassados, quando medidos em função dos critérios clássicos de conclusão no prazo, dentro do orçamento e com as funcionalidades solicitadas (ou seja, atendendo aos requisitos do usuário)[128]. O crescente interesse em governança de TI também se deve a exigências mais rigorosas de conformidade governamental no século XXI, estimuladas pela lei Sarbanes-Oxley, nos Estados Unidos, e pelo acordo de Basileia II, na Europa. O objetivo, contudo, é principalmente tomar decisões melhores sobre o uso de TI visando os interesses da organização e de suas partes interessadas.

O objetivo da governança de TI é assegurar que os investimentos em tecnologia da informação estejam diretamente relacionados com as diretivas da alta gerência e que gerem benefícios em longo prazo para as partes interessadas. Uma governança de TI eficaz garante a adesão de todas as partes interessadas, incluindo a diretoria, os executivos, os clientes e os funcionários, e estabelece uma clara prestação de contas para decisões que afetam a TI. Portanto, a governança de TI tem como objetivo (1) assegurar que investimentos em TI gerem valor real; e (2) mitigar riscos e perdas potenciais inerentes à TI. A Figura 11-1 mostra a relação entre EPG e governança para projetos de TI na Water Corporation.

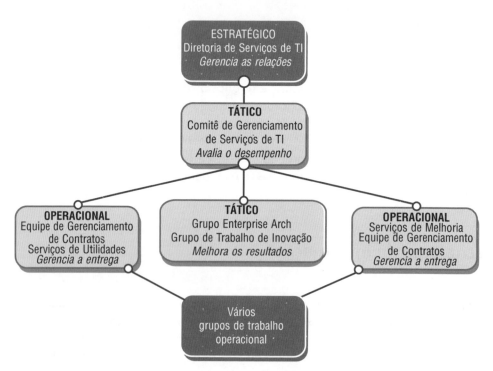

Figura 11-1. Estrutura para a governança dos provedores de serviços da Water Corporation

---

[128] PREUSS, Deborah Hartmann. Interview: Jim Johnson of the Standish Group. **InfoQ**, aug. 25, 2006. Disponível em: <http://www.infoq.com/articles/Interview-Johnson-Standish-CHAOS>. Acesso em: 23 de junho de 2014.

Como a governança de TI se relaciona à EPG? A visão empresarial da governança de TI é uma parte integral da governança corporativa e se concentra nos processos, nas estruturas e nas interfaces que criam sinergia em prol do alinhamento entre negócio e TI. A Governança de Projetos, focada em TI, estabelece as políticas que garantem que os projetos sejam compatíveis e consistentes com as estratégias corporativas e com as melhores práticas da indústria da tecnologia da informação.

Existe uma vasta literatura sobre governança de TI. As três referências a seguir fornecem uma visão geral para estruturar e implementar a governança.

- O **COBIT** (*Control Objectives for Information and Related Technology*) é o principal *framework* de governança e controle para a indústria de TI. Ele apresenta um modelo dos processos de TI que são normalmente encontrados em uma organização e inclui grandes áreas como: planejamento e organização; aquisição e implementação; entrega e suporte; e monitoramento e avaliação. O COBIT fornece aos gerentes uma base para decisões relativas a TI. De particular relevância para a EPG estão os itens estrutura de governança e controle, objetivos de controle, diretrizes de gestão e um guia de implementação. Originalmente criado pelo ISACA (*Information Systems Audit and Control Association*), o COBIT é de responsabilidade do ITGI (*IT Governance Institute*).

- A norma **ISO/IEC 38500** para governança corporativa da tecnologia da informação proporciona aos executivos o entendimento necessário para que se cumpram as obrigações legais, regulatórias e éticas no que diz respeito à TI, fornecendo assim orientação para a governança das organizações. A norma se aplica a empresas de todos os tipos e tamanhos, provendo diretrizes sobre o uso eficaz da TI[129].

- A **ITIL** (*Information Technology Infrastructure Library*), apesar de não ser destinada a projetos, é um *framework* de alto nível focado no gerenciamento bem-sucedido de serviços operacionais de TI. É, portanto, um dos fundamentos para a governança de TI. A ITIL é mantida pelo Cabinet Office, do Reino Unido, juntamente com o ITSM (*IT Service Management*). Embora não seja especificamente voltada para a governança de TI, a informação relacionada é uma fonte de referência para projetos de melhoria de TI.

---

[129] ISO. **Corporate Governance of Information Technologies:** ISO IEC 38500. Geneva: ISO, 2008.

Outras fontes de referência são a ISO 27001, com foco em segurança de TI; o CMM (*Capability Maturity Model*), com ênfase em engenharia de software; e o *TickIT*, um programa de certificação de gestão de qualidade para desenvolvimento de software. A ISO 31000 se concentra em gerenciamento de riscos e exerce uma forte influência na governança de TI. Existe uma certificação específica para o ramo: a CGEIT (*Certified in the Governance of Enterprise Information Technology*) foi criada pelo ISACA. Profissionais com no mínimo cinco anos de experiência em gestão ou em funções de consultoria na governança e no controle de TI estão qualificados para obter a certificação, desde que passem no exame de quatro horas e demonstrem uma compreensão adequada acerca da gestão corporativa de TI[130]. São abundantes na literatura as histórias de sucesso na implementação de instrumentos de governança de TI. A seguir, contamos dois casos internacionais.

Banco Superville S.A.

Em 2009, o Banco Superville S.A., um dos principais bancos privados da Argentina, lançou um projeto de governança de TI usando o COBIT como referência. O CEO assumiu o patrocínio e o CIO era o principal líder de TI. O processo começou pela aferição do nível de maturidade dos processos em curso com o uso do COBIT, da ITIL e das normas locais. Com o nível de maturidade medido, os objetivos propostos foram discutidos e acordados com a gerência sênior.

Veja como o COBIT foi aplicado ao banco: para aumentar a conscientização e o conhecimento geral, todos os gerentes de sistemas e de tecnologia e seu pessoal passaram por treinamento em COBIT. Os processos internos de TI também foram reagrupados e alinhados com aqueles estabelecidos pelo COBIT. No que diz respeito especificamente a projetos, esse empreendimento redefiniu papéis e responsabilidades e consolidou iniciativas que visavam alcançar os objetivos do projeto. A área de controle de projetos também foi reforçada, e uma área de governança de riscos de TI foi estabelecida. Criou-se um painel de controle baseado nas principais métricas do COBIT. A implementação do *framework* do COBIT fortaleceu as políticas gerais de governança de TI do banco e melhorou os processos relativos ao gerenciamento dos seus projetos[131].

---

[130] BON, J.; VERHEIJEN, T. **Frameworks for IT Management.** Norwich, Netherlands: Van Haren Publishing, 2006.

[131] ISACA. **COBIT Case Study:** Banco Superville S.A Implements COBIT as it Pursues Expansion. Rolling Meadows, IL: ISACA, 2011. Disponível em: <http://www.isaca.org/Knowledge-Center/cobit/Pages/COBIT-Case-Study-Banco-Supervielle-SA-Implements-COBIT-as-It-Pursues-Expansion.aspx>. Acesso em: 25 de junho de 2014.

Water Corporation

Como mencionado no Capítulo 10, a Water Corporation, da Austrália, é o principal fornecedor de água, águas residuais e serviços de drenagem para residências, empresas e fazendas. Sua área de serviços de informação gerencia mais de cem contratos terceirizados de serviços de TI. Em 2004, foi autorizado um projeto específico de governança para desenvolver o melhor modelo de serviço de entrega e estratégia de fornecimento para futuros serviços de suporte de informação. O escopo incluía apoio à infraestrutura e aplicações, projetos, consultoria e mudança de negócio.

Um *framework* sólido, com base em princípios de parcerias, foi considerado essencial para lidar de forma eficaz com os múltiplos contratos. A estrutura de governança é descrita na Figura 11-2. O exemplo ilustra a necessidade de criar um projeto específico para desenhar e implantar um *framework* de governança.

Figura 11-2. EPG e TI: um caso especial

Governança de projetos de pesquisa e desenvolvimento

Os projetos de P&D têm pontos em comum com empreendimentos de TI. O produto final, para ambos, raramente está claro para todos, e o caminho para chegar a um resultado final invariavelmente contém voltas e mais voltas. Isso contrasta nitidamente com um projeto convencional, como um prédio, onde o resultado pode ser projetado e o programa de trabalho pode ser descrito em um cronograma detalhado[132].

Essas características difusas afetam a governança de projetos de P&D. A gama de incerteza tem forte impacto sobre o tipo de governança aplicável. Projetos de pesquisa podem variar de "vamos ver o que a gente descobre", encontrados em alguns ambientes acadêmicos e científicos, a "vamos desenvolver um brinquedo infantil inovador para ser lançado no terceiro trimestre do ano que vem". Investimentos em P&D variam desde 3,5% das receitas no caso de organizações industriais até 15% em algumas empresas farmacêuticas. Políticas de governança, muitas vezes incorporadas na cultura de uma organização, acabam afetando a produtividade e a criatividade de projetos de P&D. Um exemplo notável é a busca, durante a primeira década do século XXI, por um equilíbrio entre produtividade e criatividade na empresa 3M, com sede no estado de Minnesota, nos EUA, muito conhecida por seus produtos inovadores (ver Figura 11-3).

Figura 11-3. EPG e P&D: uma questão crítica

---

[132] CASSIMAN, Bruno; DI GUARDO, Chiara; VALENTINI, Giovanni. Organizing for Innovation: R&D projects, activities and partners. **Working Paper**, n. 597, IESE, july 2005. Disponível em: <http://www.iese.edu/research/pdfs/DI-0597-E.pdf>. Acesso em: 25 de junho de 2014.

Eficiência *versus* criatividade na 3M

Em 2001, James McNerney, ex-executivo da GE, se tornou a primeira pessoa vinda "de fora" a liderar a 3M, empresa conhecida por seus produtos inovadores, incluindo fitas adesivas e *post-its*. Durante seus quatro anos e meio na empresa, antes de sair para um alto cargo na Boeing, McNerney trouxe com ele programas de eficiência como o Seis Sigma, destinado a identificar problemas em processos e requisitos detalhados de medição para reduzir variação e erros. Essa política, que era altamente eficaz e popularizada pela GE sob o comando de Jack Welch, foi logo imposta por McNerney na até então descontraída cultura de P&D da 3M. Os resultados fracos no final dos anos 1990 contribuíram para o anseio da diretoria por uma abordagem mais agressiva voltada para produzir melhorias de base. Isso colocou os projetos de P&D da 3M sob novos princípios de governança que exigiam conformidade e um rigoroso acompanhamento, e que eram vinculados aos resultados almejados.

Sob McNerney, o departamento de P&D na 3M se tornou estruturado em formas totalmente contrárias ao ambiente de trabalho vigente. Alguns funcionários reagiram ao que percebiam como excesso de burocracia. Pesquisadores eram obrigados a preencher o chamado "livro vermelho" com páginas de gráficos destinados a analisar o potencial mercadológico, as aplicações comerciais e as considerações de fabricação. O desafio de conciliar produtividade com criatividade se agravou devido à natureza inerente da excelência em processos, que requer disciplina, consistência e repetição, o oposto da inovação, que requer experimentação, abordagens alternativas, errar e acertar.

George Buckley, que sucedeu McNerney como CEO, se voltou para uma política intermediária, dado que o número de produtos criativos lançados pela 3M começava a diminuir. Sobre a aplicação de controles rigorosos em P&D, ele comentou: "você não pode colocar um processo de Seis Sigma nessa área e dizer 'bem, estou ficando para trás em invenção, então vou me programar para ter três boas ideias na quarta-feira e duas na sexta-feira'. Não é assim que a criatividade funciona".

As políticas que regem os projetos de P&D na 3M passaram então de um foco puramente em rentabilidade e processos, para uma ênfase em crescimento e inovação. Encontrar o meio termo que concilie interesses comerciais com a necessidade de sonhar dos pesquisadores é o cerne do desafio para aqueles que se esforçam para desenvolver critérios eficazes de governança em P&D. Essa barreira acomete todas as organizações cujo futuro depende da sinergia entre criatividade e produtividade. Segundo Vijay Govindarajan, professor de gerenciamento na Tuck School of Business, em Dartmouth: "a mentalidade que é necessária, as capacidades que são necessárias, as métricas que são necessárias, a cultura inteira que é necessária para inovação são fundamentalmente diferentes"[133]. Portanto, as políticas de governança devem levar em conta não só o conflito inerente no crescimento criativo, mas também o custo-benefício de mudar radicalmente uma cultura.

Governança de esforços colaborativos em P&D: FP7

Quando várias instituições lidam com projetos de P&D de forma colaborativa, a governança é um fator-chave para o sucesso. Em tal arranjo colaborativo, as partes fazem um pacto e concordam em compartilhar seu conhecimento para criar produtos inovadores. O *Seventh Framework Program* (FP7), da União Europeia, é um desses casos. São dezenas de instituições acadêmicas europeias e outras entidades colaborando para acompanhar as tendências modernas e analisar as necessidades, as demandas e os desejos de um mercado em constante mudança.

O esforço de colaboração para garantir que a União Europeia se torne a "economia baseada em conhecimento mais dinâmica e competitiva do mundo" está no centro do FP7. Para esse fim, os esforços de P&D foram agrupados em quatro categorias: cooperação, ideias, pessoas e capacidades. Para cada tipo de objetivo, programas específicos se relacionam com as quatro principais áreas da política de pesquisa da UE. Todos os programas funcionam coletivamente para promover a criação de polos europeus de desenvolvimento científico[134].

Mudança organizacional

Programas de mudança organizacional são uma questão de sobrevivência. Ou as empresas mudam e se adaptam ou se tornam suscetíveis a gigantescas ondas de pressão externa do mercado, a saltos quânticos em tecnologia e a uma insatisfação interna. As mudanças necessárias podem surgir na forma de mutações na estrutura da organização, implementações de novos sistemas ou transformações da cultura organizacional. Uma mudança bem orquestrada torna possível a transição para um

---

[133] HINDO, Brian. At 3M, a Struggle Between Efficiency and Creativity. **Bloomberg Business Week**, june 10, 2007. Disponível em: <http://www.businessweek.com/magazine/content/07_24/b4038406.htm>. Acesso em: 30 de junho de 2014.

[134] Mais informações sobre FP7 podem ser encontradas no site: <http://cordis.europa.eu/fp7/understand_en.html>. Acesso em: 30 de junho de 2014.

novo estado que assegure tanto a sobrevivência organizacional quanto a esperança renovada de prosperidade.

Esses programas de mudança ocorrem em cenários que os distinguem de programas ou projetos convencionais. A mudança organizacional geralmente envolve vários projetos coordenados sob um programa com o objetivo de produzir os resultados desejados. Por exemplo, o programa pode envolver atualizações tecnológicas, mudança de cultura e mudança estrutural em diferentes localizações geográficas. Tal programa é articulado a partir do centro do poder, porém acaba afetando vários níveis e múltiplas partes interessadas. Eis alguns exemplos:

- Um programa enxuto de "cima para baixo" que envolva menos funcionários operando com tecnologia avançada a partir de casa.

- Uma nova abordagem de gerenciamento de qualidade usando técnicas Seis Sigma em um ambiente de pesquisa.

- A adoção de uma forma diferente de contratação de grandes projetos de construção usando uma filosofia de parceria que requeira a formação de uma cultura de confiança mútua.

Membros da alta gerência estão acostumados com os princípios gerais de gestão, políticas internas e variados desafios organizacionais. Mas, por definição, sua visão é de um amplo escopo, com preocupação voltada para a saúde geral da organização. Para que uma mudança desejada ocorra, é preciso uma abordagem estruturada, planejada e bem focada. Essa abordagem necessita de direção e cuidados ao longo da duração do programa e, portanto, das habilidades e técnicas encontradas no gerenciamento de projetos. Itens como definição do escopo do programa e atenção aos custos e ao cronograma são fundamentais.

Embora existam semelhanças entre a gerência geral e as comunidades de gerenciamento de projetos focadas em mudança, de fato é frequente haver um descompasso conceitual. Questões preocupantes tendem a aparecer ao longo da vida dos projetos de mudança porque surgem desafios de patrocínio e interesses escusos, onde os principais personagens começam uma disputa de posições na nova organização. Apesar de ser possível um alinhamento razoável entre as partes interessadas envolvidas nas iniciativas de mudança, uma atmosfera politicamente carregada é inevitável em várias fases do programa.

Por conta das diferenças entre as abordagens da gerência geral e de uma visão projetizada, a Governança de Projetos é de particular importância. Quando a EPG está em vigor, essa incompatibilidade clássica é parcialmente mitigada. Um ambiente EPG implica no entendimento do amplo papel do gerenciamento de projetos por toda a empresa. A chave para o sucesso depende da capacidade de liderar a mudança para transformar as disfunções percebidas em estratégias e ações complementares.

Do ponto de vista da gerência geral, com base na análise de artigos influentes da *Harvard Business Review* resumidos no livro "Right Projects Done Right"[135], seguem alguns dos problemas percebidos na implantação de programas de mudança:

- **Definir o escopo do projeto.** Projetos de mudança bem-sucedidos nas áreas de negócios dependem do dimensionamento e do foco corretos do escopo. Alguns "culpados" pelo fracasso de projetos de mudança são: a falta de um vínculo forte com os resultados dos negócios; uma intenção ambiciosa e difusa; e uma influência danosa de agendas pessoais de executivos. Projetos de mudança organizacional também falham devido a uma falta de metodologia e estrutura para fazer a mudança acontecer e, em alguns casos, por falta de uma abordagem decisiva e inspiradora.

- **Não compreender o fator humano.** A resistência das pessoas a mudanças está no topo das causas de fracassos em programas de mudança organizacional. Quando esse fator é subestimado, as emoções afloram. E quando elas saem do controle, o esforço de mudança pode começar a ter resistência de partes interessadas preocupadas e que não estão convencidas sobre o programa. Quando os ventos da mudança começam a soprar, pensamento defensivo e brigas por territórios são reações comuns de executivos inseguros.

- **Patrocínio fraco vindo de cima.** Liderança e patrocínio vindos do topo da hierarquia são essenciais para o sucesso dos programas de gestão de mudanças. Não ter um patrocínio firme para a mudança organizacional equivale a ter fundações fracas em uma construção. Em ambos os casos, ventos fortes podem causar fraturas estruturais e fazer a casa desmoronar. A falta de comprometimento individual de executivos e uma fraca coalizão da gestão são outras causas para o fracasso.

---

[135] Partes deste item foram adaptadas do capítulo 11 de DINSMORE, Paul C.; COOKE-DAVIES, Terence J. **Right Projects Done Right:** from business strategy to successful project implementation. San Francisco: Jossey-Bass, 2006.

- **Comunicação inadequada.** Comunicação de má qualidade é a raiz da maioria dos males de uma organização, particularmente para iniciativas de gestão de mudanças. Uma falta de persistência, otimismo exagerado e comunicação inadequada fora da equipe do programa de mudança são causas comuns para o colapso do programa. Uma mudança bem-sucedida depende em parte de um projeto de comunicação bem afinado apoiando o programa.

- **Métricas inadequadas.** Como em qualquer programa, métricas são necessárias para quantificar o progresso. Isso exige a fixação de marcos ao longo do caminho e a definição da linha de chegada. Problemas relativos a métricas incluem uma fraca ligação do programa com os resultados dos negócios, medindo apenas o tempo decorrido, em vez de aferir o progresso real, ou o uso de medições insignificantes.

- **Organização inadequada do programa.** É preciso lógica de gerenciamento de projeto e abordagem de equipe para conduzir com sucesso programas de mudança. Alguns problemas típicos são: fraca liderança e participantes na equipe que deixam a desejar; uma abordagem "a portas fechadas", com comunicação pobre dentro da organização; e falta de um planejamento adequado e de uma conexão com o objetivo do negócio.

- **Envolvimento e capacitação insuficientes.** Dois fatores-chave para o sucesso na busca da transformação organizacional são o envolvimento e a capacitação das pessoas certas no programa, no momento certo do ciclo de vida do programa.

Abordagens especiais para gerenciar mudanças

A literatura e as observações dos autores indicam que os projetos de mudança em negócios têm um desempenho significativamente pior que outros tipos de projetos. Em média, ultrapassam o cronograma em 20%, em alguns casos chegando a 40%.

Algumas práticas do arsenal do gerenciamento de projetos são particularmente aplicáveis à mudança organizacional e a outros projetos do gênero. Enquanto projetos que envolvem a construção física de instalações podem prosperar com abordagens predominantemente técnicas, programas de mudança pedem um escopo mais amplo e uma visão completa de toda a empresa. Práticas que melhoram o desempenho em programas de mudança são: gerenciamento de programas, gerenciamento das partes interessadas, gerenciamento de portfólio e gestão de benefícios.

Onde há Governança de Projetos, a probabilidade de uma mudança dar certo aumenta, pois a EPG, por natureza, envolve uma visão geral da dinâmica organizacional. Quando o esforço é articulado sob um patrocínio competente e bem posicionado em um ambiente com EPG, bons resultados são prováveis, particularmente quando se dá especial atenção aos seguintes caminhos para gerenciar mudanças.

Mudança através do gerenciamento de programas

Uma visão de programa para a mudança faz sentido. Como existem iniciativas que se complementam, cada uma delas pode receber o *status* de projeto. Essa visão de programa fornece uma estrutura para definir os papéis e as responsabilidades para os projetos subordinados por toda a empresa.

As empresas farmacêuticas, conforme visto no Capítulo 6, são uma indústria em dramática transformação, com enorme necessidade de programas para gestão de mudanças. Uma organização farmacêutica líder introduziu uma estrutura para mudança de negócios que inclui os seguintes elementos:

- **Propósito.** Define o escopo geral e assegura que a visão seja documentada juntamente com o caso de negócios e os resultados desejados.

- **Interações.** Descreve as relações entre pessoas e processos. Relações entre governança e partes interessadas são identificadas e gerenciadas, assim como as mudanças que atendem às necessidades do negócio.

- **Operação.** A operação do programa inclui garantir que existam uma estrutura de programa e um modelo de governança, juntamente com a definição de papéis e responsabilidades e a alocação de recursos dentro das restrições orçamentárias e de custos.

- **Processos.** Esses processos são compostos por um escritório de projetos eficaz, que gerencie as informações conforme as necessidades do programa, e por gerenciamento de comunicações e gestão de mudanças. Processos também são necessários para a avaliação de benefícios, resolução de questões e gerenciamento de riscos.

Política e gerenciamento das partes interessadas

Questões preocupantes de governança e gerenciamento surgem ao longo da vida dos projetos de mudança devido a interesses escusos que se tornam visíveis conforme os principais participantes começam a proteger seus territórios de mudanças indesejadas. Assim, política e gerenciamento das partes interessadas são particularmente cruciais para uma gestão de mudanças bem-sucedida. Mudar significa fazer as pessoas aderirem e se adaptarem a uma nova maneira de fazer as coisas. Gerenciar as partes interessadas vai muito além de estabelecer novas ferramentas, técnicas e processos; trata-se, essencialmente, de lidar com as questões mais intangíveis do gerenciamento de projetos. No caso de uma fusão entre grandes organizações, as questões a serem resolvidas podem ser colocadas em duas categorias: técnica e comportamental. Desafios técnicos consistem em escolher os melhores processos ou unir processos complementares. Corrigir e ajustar a melhor estrutura organizacional pode também ser visto como uma questão técnica. Desafios comportamentais em um cenário de fusão envolvem pessoas e política, e esses fatores podem influenciar fortemente as decisões técnicas finais. Programas de mudança organizacional exigem grande ênfase no gerenciamento das partes interessadas, como descrito no Capítulo 8, para assegurar uma navegação tranquila mesmo em águas turbulentas.

Gerenciamento de portfólio

Empreendimentos de mudança organizacional são acondicionados em programas porque envolvem iniciativas complementares de projetos subordinados diretamente ao programa de mudança: comunicações do programa, revisão dos processos, reestruturação organizacional e treinamento. Além desses projetos diretamente relacionados, as organizações conduzem outros projetos que podem afetar programas de mudança, tais como expansão de fábrica, marketing e planejamento de carreira.

Os programas de mudança em organizações que estão implementando a Governança de Projetos envolvem políticas para gerenciar múltiplos projetos. Um bom gerenciamento de portfólio faz diferença nos resultados alcançados em empresas, conforme descrito em detalhes no Capítulo 5. Programas de mudança devem ser altamente priorizados no portfólio global. Como um bom gerenciamento de portfólio envolve mais do que uma simples priorização de projetos, deve-se dar maior atenção à implementação eficaz do portfólio. Isso exige separar a governança de portfólios do gerenciamento de projetos individuais – a governança, preocupada com a priorização e o balanceamento de portfólio, e o gerenciamento de projetos, preocupado com a execução de cada trabalho conforme o planejado.

Realização de benefícios

Para ser eficaz, os programas de mudança precisam ter uma forte ligação com os objetivos do negócio. Os programas são iniciados com base na premissa de que eles ajudam a implementar estratégias, por sua vez gerando benefícios para a organização e para as principais partes interessadas, como mostra a Figura 11-4. Isso requer monitoramento proativo de projetos durante a implementação e o acompanhamento e ajustes dos resultados pós-projeto. Técnicas relacionadas à qualidade, como Seis Sigma, amplamente aplicado na GE, são bem focadas em garantir o benefício como inicialmente previsto, mesmo que isso signifique fazer ajustes no meio do projeto e após sua conclusão. Uma abordagem sistemática de mapeamento de benefícios usado por uma grande corporação do Reino Unido se provou útil ao mostrar a relação entre a capacidade da organização de mudar e a habilidade de colher benefícios. Um comitê de governança de benefícios de alto nível foi estabelecido para supervisionar as unidades de negócio e para avaliar a mudança no programa e como ela afeta os resultados operacionais.

Figura 11-4. Programa de mudança organizacional

Gerenciando a mudança

Como em qualquer projeto, cada programa de mudança é único. Os ambientes e as partes interessadas são certamente diferentes de práticas anteriores; os tempos não são os mesmos, e os objetivos do programa serão outros. Ou seja, o que funcionou da última vez dentro de um determinado contexto pode significar desastre dessa vez. E outras abordagens, anteriormente ineficazes, podem se provar inestimáveis em uma nova situação. Portanto, uma política de adequação e customização ("design-to-fit") é fundamental para planejar programas de mudança, a começar por uma sólida avaliação da situação, seguida de uma customização do programa conforme os objetivos, as partes interessadas, o cenário e a época.

O envolvimento das pessoas que serão afetadas pelos programas de mudança organizacional é essencial em todas as situações. Como são elas que vão conviver com as mudanças implementadas (e, espera-se, que delas se beneficiarão), sua participação é crucial. Embora o gerenciamento dos programas de mudança seja normalmente liderado por um grupo separado da equipe operacional, as pessoas que lidarão com a mudança no dia a dia merecem ser ouvidas, envolvidas e informadas à medida que o programa evolui.

Projetos de transição são casos especiais. Em projetos como a implantação de ERP, onde novos sistemas substituirão os antigos, os funcionários da área estão intrinsecamente envolvidos do início ao fim. Os novos processos precisam da contribuição de consultores externos, mas também das pessoas que trabalham na linha de frente do negócio. À medida que os novos processos evoluem, a gerência da área precisa se preparar para operar dois sistemas simultaneamente – o antigo e o novo – até chegar o momento em que o novo sistema for totalmente adotado. Este é o momento do "apagar das luzes", onde a mudança do processo acontece instantaneamente, desencadeando, ao mesmo tempo, correspondentes ecos no comportamento organizacional. Por essa razão, e para assegurar o sucesso, tais projetos devem ser formulados dentro de um programa geral de mudança.

A liderança desempenha um papel fundamental em programas de mudança, pois todos os níveis de gerência são obrigados a trabalhar para mudar a cultura corporativa, e isso também significa ajustar o próprio comportamento. Redução de pessoal, eliminação de níveis hierárquicos e programas de mudança nem sempre produzem os resultados planejados pelos estrategistas porque o impacto das questões comportamentais é frequentemente subestimado.

O conjunto de habilidades necessárias para um líder eficaz na gestão de mudanças não é facilmente encontrado em uma única pessoa. Assim, líderes eficazes confiam nas capacidades complementares da equipe do projeto para lidar com todas as questões que surgem na gestão de mudanças. Uma mudança eficaz também depende de habilidades tradicionais de liderança em gerenciamento de projetos, para inspirar a equipe do projeto e a força de trabalho a cumprir os objetivos propostos. No que tange ao patrocínio, liderança envolve escolher os líderes de projeto certos para cada braço do programa, além de navegar pela política interna e por agendas pessoais conflitantes.

Devido à magnitude do programa e ao correspondente desafio que é a sua liderança, consultores externos são frequentemente contratados para fornecer uma opinião externa e isenta. Outra opção para apoiar projetos de mudança é o uso de consultores internos que podem também atuar como se fossem um escritório de projetos, coordenando os vários projetos que compõem o programa de mudanças, ou servindo de ligação entre os consultores externos e as atividades em andamento dentro da organização.

EPG

Mudança na Samsung para competir em uma nova ordem mundial

A magnitude do desafio que é liderar projetos de mudança é demonstrada pela grande transformação da Samsung Electronics ao longo das últimas décadas. Fabricante-líder em um país em desenvolvimento, o objetivo da Samsung era se tornar um grande personagem no mercado global. Isso significava competir mundialmente, onde as práticas e culturas de outras empresas globais bem-sucedidas variavam consideravelmente do ambiente sociocultural sul-coreano.

Quando Lee Kun-hee herdou a presidência da Samsung em 1987, o grupo estava satisfeito com o *status* de empresa número um em um país em desenvolvimento. Para mudar, ele se confrontou com a questão de como proporcionar o momento ideal para o salto de um modelo de empresa conhecida em 1996 por fabricar TVs e micro-ondas de baixo custo para uma organização capaz de desenvolver novas tecnologias, lançar produtos inovadores e desenvolver soluções criativas. O modelo escolhido tomou a forma de ondas sucessivas, com o objetivo de fazer mudanças necessárias em normas, valores, cultura e mentalidades para consolidar as competências essenciais da organização.

- **Primeira onda.** Em 1973, a Samsung começou a indústria de semicondutores com a persistência de Lee Kun-hee, que, na verdade, iniciou a indústria de TI na Coreia do Sul.

- **Segunda onda.** Lee Kun-hee anunciou em 1987: "vamos nos divorciar da tradição de gestão orientada a quantidade (escala econômica como uma fonte de competição global) e passar para a gestão orientada a qualidade (liderança global baseada em conhecimento e em alta tecnologia)".

- **Terceira onda.** Em março de 1993, Lee percebeu a necessidade de aumentar o marketing e o merchandising para ser bem-sucedido globalmente.

- **Quarta onda.** Em 1993, em uma reunião com a equipe de avanço tecnológico em um hotel em Tóquio, Lee enfatizou a necessidade de alcançar maior maturidade em competências essenciais, bem como de melhorar a imagem da marca e seu design em geral. No mesmo ano, para entender como a companhia estava internacionalmente, fez um discurso de três dias sobre sua visão para a companhia, contendo a frase emblemática "mudem tudo, exceto suas esposas e filhos"[136].

- **Quinta onda.** No início de julho de 1993, Lee ajustou o horário de trabalho de mais de duzentos mil funcionários, que passou a ser das 7h às 16h. Lee queria incutir um choque comportamental em relação às práticas anteriores, como um símbolo para todos os funcionários da Samsung que estivessem relutantes à mudança, apesar das sucessivas ondas de comunicação.

- **Sexta onda.** Em 09 de março de 1995, dois mil gerentes e funcionários foram reunidos na fábrica Koomi, onde dez funcionários com grandes martelos quebraram e destruíram caixas cheias de telefones celulares novos em folha, totalizando 150 mil aparelhos. Esta foi outra mensagem de choque destinada a impulsionar a qualidade na fábrica.

- **Sétima onda.** Após *benchmark* com a GE, Sony e outros gigantes da eletrônica, a Samsung ainda hesitava em aplicar uma reestruturação, devido à cultura oriental de emprego vitalício. No entanto, a crise de dezembro de 1997 foi a justificativa encontrada para a aplicação de medidas drásticas, que resultaram na demissão de 20% dos trinta mil funcionários da Samsung.[137]

As complexidades de liderança em gestão de mudanças são mostradas na odisseia da Samsung para a transformação cultural. Estudos mostram que o proprietário e CEO Lee Kun-hee combinou liderança comportamental e persuasiva. Ele também empregou práticas para alcançar objetivos, abordagens de poder e liderança transformacional – tudo objetivando alcançar as metas desejadas. Seus processos incluíram abordagens comportamentais (ondas 1, 3, 5, 6 e 7) e persuasivas (ondas 2 e 4). No processo, Lee desenvolveu competências tecnológicas essenciais, posicionou a marca, aprimorou o design, e estabeleceu alto nível de qualidade.

---

[136] YAROW, Jay. This Bizarre Story About A Three Day Speech In A German Hotel Explains Samsung's Culture. **Business Insider**, 28 mar. 2013. Disponível em: <http://www.businessinsider.com/how-samsung-became-the-biggest-electronics-company-in-the-world-2013-3>. Acesso em: 04 set. 2014.

[137] CHUL-BOO, Hur. Samsung Electronics Competes in the New World Order: theories from the Samsung Electronics case. **Korea IT Times**, april 13, 2010. Disponível em: <http://www.koreaittimes.com/story/8315/samsung-electronics-competes-new-world-order>.   Acesso em: 04 de julho de 2014.

Em seu discurso anual, em janeiro de 2014, enfatizou a necessidade de a Samsung deixar hábitos antigos, desenvolver novas tecnologias e "descartar modelos de negócio e estratégias de 5-10 anos atrás, além de abandonar caminhos focados em hardware"[138]. Tudo indica que as ondas de transformação do Sr. Lee continuam.

Conclusões

A governança em diferentes tipos de indústria assume características diferentes, particularmente quando envolve um alto grau de incerteza. Tal é o caso de projetos nas áreas de TI, P&D e mudança organizacional. Na área de tecnologia da informação, várias estruturas de governança estão disponíveis para ajudar a gestão tanto de projetos como de operações de TI. Iniciativas de P&D variam muito e vão desde a melhoria de processos até o desenvolvimento de novos produtos, passando por descobertas extraordinárias. Tais projetos são desafiadores, pois, por definição, os pesquisadores não sabem com antecedência como alcançar os resultados desejados. A governança de P&D, portanto, requer políticas customizadas destinadas a conciliar a necessidade de criação com os interesses "pé-no-chão" do negócio. Programas de mudança organizacional apresentam desafios técnicos e questões mais sutis de comportamento. Quatro tópicos extraídos do campo do gerenciamento de projetos são de particular relevância em empreendimentos de mudança: gerenciamento de programas, de portfólio, de partes interessadas e de benefícios.

---

[138] LEE, Min-Jeong. Samsung's New Year's Resolution: Get Rid Of Old Habits. Korea Realtime, **The Wall Street Journal Asia**, 03 jan. 2014. Disponível em: <http://blogs.wsj.com/korearealtime/2014/01/03/samsungs-new-years-resolution-get-rid-of-old-habits/>. Acesso em: 04 set. 2014.

12

O Plano de EPG: um Roteiro para Transformação e Sucesso

Um plano de EPG eficaz traça uma viagem entre um ponto de partida, com paradas definidas ao longo do caminho, e um destino que é uma visão de sucesso futuro. O plano descreve etapas para implementar uma governança de portfólios, programas e projetos por meio de direção, controle, garantia e apoio de pessoas das camadas estratégica, tática e operacional da organização. As entregas resultantes desse plano tornam-se um guia para consolidar as políticas, as normas e as lições aprendidas decorrentes da implementação de ações que envolvem a estrutura do EPG. A seguir, veremos um exemplo de tal plano.

O programa *Fish & Wildlife Compensation*

Em 1995, o Canadá estabeleceu o programa *Fish & Wildlife Compensation*. Seu objetivo era restaurar recursos naturais como peixes e animais silvestres afetados negativamente pelo desenvolvimento das usinas hidrelétricas de propriedade da empresa BC Hydro no lado canadense da bacia do rio Columbia. Os rastros do impacto incluem efeitos históricos sobre os peixes e animais silvestres que ocorreram devido à criação de um reservatório, aos desvios de cursos d'água e à construção de estruturas de represa. Visto como um dos mais bem-sucedidos programas de restauração de lagos no mundo, ele reconstrói a cadeia alimentar nas respectivas massas d'água impactadas por reservas rio acima que interceptavam nutrientes.

O programa é uma iniciativa conjunta do governo da província de Colúmbia Britânica (*Ministry Of Environment* – Ministério do Ambiente), o governo federal (*Fisheries and Oceans* – DFO – Departamento de Pesca e Oceanos) e a BC Hydro. Desde a sua formação ele identificou, financiou e entregou mais de setecentos projetos de conservação e melhoria, com investimentos de sessenta milhões de dólares canadenses.[139,140] Os pedidos de investimento passam por um processo de revisão e tomada de decisão para determinar quais projetos serão agraciados com financiamento. O programa opera em um modelo de governança que é analisado aqui através da estrutura de governança da EPG, apresentado no Capítulo 2.

Estratégia

A bacia do rio Columbia foi dividida em quatro regiões, que foram subdivididas em quinze áreas, cada uma possuindo um plano estratégico. Os planos esboçavam a direção e a abordagem para a restauração dentro das microbacias, com foco em abordar as perdas históricas do habitat silvestre. Eles descreviam o tipo e a escala dos impactos do desenvolvimento hidrelétrico e propunham estratégias para melhorar a diversidade e a produção de peixes e bem estar de animais silvestres dentro dos limites impostos pelas condições biofísicas e as operações hidrelétricas. Esses planos serviam de base para alinhar a seleção e a priorização de projetos.

Risco

O programa delega os riscos. Não foi estabelecido um plano formal de gerenciamento de riscos; em vez disso, a responsabilidade por alinhar os projetos com a estratégia foi delegada a áreas específicas.

---

[139] Confira mais detalhes sobre o programa *Fish & Wildlife Compensation* em: <https://www.bchydro.com/about/sustainability/environmental_responsibility/compensation_programs.html>. Acesso em: 14 de julho de 2014.

[140] FWCP. **Backgrounder:** An Introduction to the Fish & Wildlife Compensation Program. British Columbia, Canada: FWCP. Disponível em: <http://www.fwcpcolumbia.ca/version2/info/media/fwcp-backgrounder.pdf>. Acesso em: 14 de julho de 2014.

Portfólio

Solicitações de projetos são revisadas para assegurar que estes sejam rentáveis, realizáveis, biologicamente apropriados e socialmente desejáveis. Uma vez aceitos, os projetos são classificados e submetidos à diretoria. Após a pré-seleção, os projetos passam pelas seguintes etapas:

- **Critérios de aceitação.** Qualquer projeto apresentado deve atender a certos critérios antes de receber uma análise mais profunda: ele precisa estar alinhado aos planos estratégicos, estar em consonância com os objetivos do programa, ser compatível com outras formas de gestão de recursos e estar baseado em sólidos princípios biológicos.

- **Classificação de propostas de projetos.** Tarefas relacionadas a peixes são classificadas com base em notas e pesos relacionados a uma série de critérios. Esses critérios são então ponderados de acordo com a sua importância relativa. Tarefas relacionadas a animais silvestres são classificadas com base em suas pontuações brutas.

- **Considerações da diretoria.** Os projetos são apresentados à diretoria, que adiciona critérios qualitativos à seleção, como valores socioeconômicos e geográficos.

- **Organização do portfólio.** Os projetos selecionados são organizados e apresentados em um guia de projetos. Cada projeto é identificado por: nome; objetivos; líderes; como será desenvolvido, implementado e monitorado; duração; e parceiros associados.

Organização

A estrutura do programa estabelece responsabilidades e papéis claramente definidos, e oportunidades para participação:

- **Diretoria.** Lidera a geração do programa e inspira os outros através do seu compromisso com os resultados e a integridade do programa. A diretoria traz as perspectivas dos parceiros para definir uma política de conflito de interesses, dar forma à política de alocação de fundos, selecionar critérios não técnicos de avaliação de projetos, decidir quais projetos serão financiados e evoluir e manter a estrutura de governança, incluindo a estrutura de medição de desempenho. A diretoria é composta de nove representantes dos parceiros participantes. Suas reuniões podem incorporar diversos processos de decisão, beneficiados pela exploração de uma variedade de interesses e opções. Pretende-se que os princípios de construção de consenso e resolução de conflitos sejam aplicados em todas as decisões políticas importantes. Ao conceder o financiamento, existe a flexibilidade de escolher entre projetos qualificados tecnicamente; contudo, esse financiamento não necessariamente será em uma sequência baseada unicamente em prioridades técnicas.

- **Comitê de planejamento.** Corrobora e é responsável por elementos técnicos da estrutura de governança. Especificamente, ele ratifica planos estratégicos que determinam a elegibilidade do projeto para financiamento, define critérios técnicos para avaliação do projeto, assina o processo de revisão técnica e desenvolve a estrutura de medição de desempenho a ser aplicado.

- **Comitês de revisão técnica.** Esses comitês são compostos por até cinco pessoas que conduzem avaliações técnicas dos projetos apresentados para financiamento com base em critérios estabelecidos pelo comitê de planejamento. Os membros devem possuir qualificações científicas ou acadêmicas, ou conhecimentos analíticos especializados. Todas as partes são incentivadas a trabalhar como uma equipe e assegurar que os papéis sejam complementares. Se surgirem conflitos sobre esses papéis, as partes devem procurar trabalhar com o gerente do programa para resolvê-los.

- **Patrocinador do programa.** Desempenha as funções administrativas e de checagem necessárias, garante o controle dos fundos e dos bens, contrata a equipe do programa, lida com os impostos e os relatórios e ratifica o cumprimento das decisões da diretoria com os compromissos e as premiações do programa.

- **Gerente do programa.** Facilita e coordena o trabalho do programa. Reporta-se à diretoria, ao implementar diretivas que estão dentro da sua alçada, e ao patrocinador do programa, ao assegurar que as funções administrativas estejam sendo adequadamente realizadas. As principais funções são: apoio à diretoria, facilitação do trabalho dos comitês de planejamento e de revisão técnica, comunicações, planejamento e orçamento administrativo, controles financeiros, administração e avaliação de projetos, coordenação de outras atividades do programa e manutenção dos registros do programa.

- **Processos de tomada de decisão.** Os principais processos do programa são apresentados na Figura 12-1.

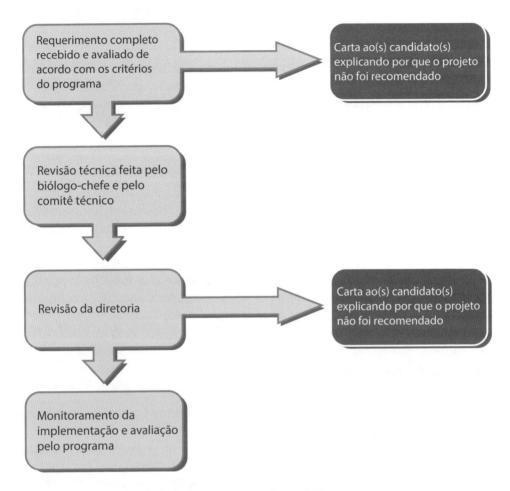

Figura 12- 1. Processos de decisão do programa *Fish & Wildlife*

Partes interessadas

Em suas decisões, o programa leva em conta a opinião das *First Nations*[141] (um termo étnico que se refere aos povos indígenas do Canadá) e do público, embora não se saiba exatamente como isso é feito. Com a política de descentralização do proje-

---

[141] Em português, "primeiras nações".

EPG

to, seria possível ter um plano de gerenciamento das partes interessadas para cada projeto, mas ainda está faltando um plano consolidado geral.

Desempenho

O monitoramento e os relatórios são feitos projeto a projeto; não foi identificado um plano de gerenciamento do desempenho geral. Contudo, uma das responsabilidades da diretoria é estabelecer uma estrutura de medição de desempenho.

Transformação

Planos de gestão de mudanças são postos em prática para lidar com os impactos e os benefícios resultantes dos projetos. Cada projeto é responsável por monitorar a mudança; não foram identificados planos para rastrear os resultados gerais do programa.

Nós usamos a estrutura do EPG para analisar o programa *Fish & Wildlife Compensation*. Agora ele será detalhado na forma de um plano genérico que pode ser personalizado e aplicado às características de cada organização.

O Plano de Governança de Projetos

A elaboração de um plano de EPG pode vir a se tornar uma base para um manual que mantenha o conceito em vigor. Tal manual vira um registro de definições, abordagens, processos e lições aprendidas com a execução – um legado para os novatos examinarem como uma introdução à EPG. Conforme o tempo passa, o documento passará por adaptações, revisões, mudanças e melhorias, criando um ciclo de aprendizagem organizacional. Os tópicos a serem incluídos dependem de cada organização, mas os listados a seguir são representativos.

Contexto e cultura

Compreenda os contextos internos e externos do negócio e a cultura vigente dentro da qual a organização opera, de modo que o sistema EPG possa abordar as situações atuais e identificar oportunidades que permitam uma mudança para melhor atingir os resultados desejados.

O Plano de EPG: um Roteiro para Transformação e Sucesso

Figura 12-2. O plano de EPG

- **Contexto externo do negócio.** Analise o contexto externo e as questões-chave que impactam a organização.

- **Contexto interno do negócio.** Entenda a estrutura organizacional e os principais ativos que orientam o valor organizacional.

- **Cultura.** Analise a cultura existente, incluindo o clima organizacional e as atitudes em relação a projetos e conformidade; analise as características da cultura que possam afetar o sistema EPG.

Direção

Promova e motive os comportamentos esperados organizando o ambiente regulatório, as políticas, as metodologias, os padrões e as diretrizes.

- **Obrigatoriedade.** Explicite todas as conformidades necessárias. Ao final do livro incluímos um apêndice sobre conformidade com a Lei Sarbanes-Oxley para organizações que precisem considerá-la.

- **Políticas.** Desenvolva e implemente políticas sobre desenvolvimento de portfólio, programas e projetos. Essas políticas devem incluir recomendações de software.

- **Metodologias.** Descreva todas as metodologias que devem ser adotadas em projetos, programas e portfólio.

- **Normas e diretrizes.** Descreva todas as normas e diretrizes disponíveis.

Alinhamento da estratégia

As atividades de investimento estão sujeitas a um processo de governança a ser financiado adequadamente. Para projetos obrigatórios, a decisão não é se o projeto deve ser feito ou não, e sim como gerenciá-lo usando as metodologias apropriadas, a fim de atingir o desempenho exigido. Para uma seleção bem-sucedida de projeto e de programa, a atenção deve estar voltada para o alinhamento com os objetivos estratégicos e para a decisão *go/no-go* no que diz respeito ao melhor valor.

- **Missão, visão e valores da EPG.** Esclareça os fundamentos sobre os quais o sistema de EPG será desenvolvido.

- **Referencial estratégico.** Estabeleça o referencial pelo qual projetos e programas serão selecionados. Um mapa estratégico é sempre uma ferramenta útil.

- **Referencial de criação de valor.** Explicite os benefícios esperados do referencial estratégico.

Gerenciamento de riscos

Idealmente, gerenciar riscos de maneira integrada permite respostas eficazes para mudanças rápidas no ambiente organizacional, desastres naturais e instabilidade política. No caso de tais eventos, devem estar explícitos: a abordagem geral para gerenciamento de riscos organizacionais, com a identificação dos riscos organizacionais críticos, bem como a análise dos riscos em gerenciamento de portfólio, programas e projetos.

- **Processos de riscos.** Descreva os processos utilizados no gerenciamento de portfólio, programas e riscos.

- **Integração de riscos.** Descreva como a abordagem para portfólio, programas e projetos está alinhada com a abordagem geral de riscos para a organização.

- **Respostas a crises, continuidade e recuperação.** Descreva como responder a questões de crise e a interrupções no negócio.

Gerenciamento de portfólio

Pode ser construído um inventário único contendo todos os projetos propostos e em andamento da organização. Alternativamente, podem ser criados múltiplos inventários representando portfólios para diferentes departamentos, programas ou negócios. Como o gerenciamento de portfólio pode ser conduzido em qualquer nível, a decisão de ter um portfólio ou vários depende do tamanho da organização, da sua estrutura e da natureza das inter-relações dos projetos sendo realizados.

- **Propostas de portfólio.** Descreva como selecionar projetos e programas que representem o melhor valor para a empresa e que estejam alinhados com a estratégia.

- **Processos de portfólio.** Descreva como o portfólio será gerenciado.

- **Integração do portfólio.** Para empresas com portfólios em todas as unidades de negócio ou áreas geográficas, descreva os seus processos de integração.

Estrutura, papéis e responsabilidades

Para maior eficácia, os indivíduos que dirigem e aqueles que supervisionam atividades de governança devem estar organizados. Suas contribuições devem garantir que a autoridade e a tomada de decisão possuam uma fonte clara, que o trabalho de gestão e supervisão seja eficiente e que sejam atendidas todas as necessidades em termos de gestão.

- **Objetivos e resultados esperados do sistema de EPG.** Defina o escopo do sistema de EPG, o que ele vai alcançar e como ele se relaciona aos objetivos do negócio.

- **Principais papéis e responsabilidades.** Defina e habilite papéis de supervisão e de prestação de contas.

- **Funções e responsabilidades da diretoria.** A diretoria supervisiona o sistema e em última análise monitora ativamente os benefícios das partes interessadas e dos acionistas. A diretoria deve:

  - Tratar de questões de longo prazo.

  - Direcionar o propósito e os resultados desejados da organização.

  - Definir um documento sobre o seu envolvimento.

  - Definir os objetivos do negócio e garantir que eles sejam congruentes com os valores e riscos.

  - Obter garantia frequente de que o sistema é eficaz.

- **Papéis e responsabilidades dos comitês.** Para que o sistema de EPG funcione de forma eficaz, pode ser necessário criar vários comitês para apoiar os processos de tomada de decisão da diretoria. A maior parte do trabalho da EPG é realizada por comitês e, para muitas organizações, múltiplos comitês funcionam em níveis diferentes. Os comitês reais vão depender da organização.

- **O papel da gerência.** A gerência deve:

  - Conceber, implantar e operar um sistema eficaz de EPG.

  - Fornecer frequentemente garantias sobre a eficácia do sistema.

O Plano de EPG: um Roteiro para Transformação e Sucesso

- Comunicar-se com as principais partes interessadas sobre problemas que possam surgir.

- Avaliar e otimizar o desempenho do sistema.

- **O papel da garantia.** Um especialista independente pode revelar fraquezas na concepção ou na operação, prover oportunidades para integração e fazer intercâmbio de melhores práticas. Devido ao seu papel, a diretoria precisa obter garantias frequentes dessa eficácia do sistema. Avaliações internas ou externas independentes podem ser usadas. Aqueles que fornecem a garantia, seja interna ou externa, devem:

  - Certificar-se de que os riscos estão sendo apropriadamente identificados, avaliados, gerenciados e monitorados.

  - Fornecer garantia frequente à diretoria e à gerência da eficácia do sistema de EPG, levando em conta a cultura e os objetivos da organização.

- **Processos de tomada de decisão.** Um conjunto oficial de processos deve ser estabelecido, dentro do qual, portfólios, programas e projetos são iniciados, planejados e executados de forma a assegurar que os objetivos e os benefícios sejam alcançados.

- **Identificação do projeto.** Aqui são descritos os processos para propor um programa ou um projeto, incluindo se este é obrigatório ou se está alinhado com os objetivos do negócio.

- **Seleção do projeto.** Descreva como projetos e programas são selecionados e como é feita a decisão *go/no-go*.

- **Quadro "por quê e como".** Descreva como desenvolver um quadro "por quê e como" (*why-how framework*) para cada projeto ou programa.

- **Início do projeto.** Descreva como iniciar um projeto ou programa.

- **Avaliações de projetos.** Descreva a abordagem para avaliações de programas e projetos.

- **Processos de risco.** Descritos no Capítulo 4.
- **Processos de portfólio.** Descritos no Capítulo 5.

Gerenciamento das partes interessadas

Todas as pessoas possuem expectativas que orientam a forma como elas interagem. Expectativas são as suas visões de uma ação ou de um estado futuro, muitas das quais não são declaradas, porém são críticas para o sucesso da EPG. Compreender e responder a essas expectativas são uma arte, e a gestão de expectativas é útil em qualquer área na qual seres humanos precisam colaborar efetivamente para alcançar um resultado compartilhado. As pessoas sempre terão reações positivas e negativas; não reconhecer isso só poderá resultar em desastre.

Uma análise das partes interessadas revela os fatores de desempenho que devem ser considerados. Às vezes os interesses das partes interessadas estarão alinhados e apoiarão uns aos outros; porém, é mais comum que surjam interesses conflitantes. A maioria das partes interessadas não apoiará a EPG se não estiver adequadamente informada sobre o progresso e não for consultada sobre os desafios à frente. Um dos objetivos da Governança de Projetos é construir um consenso e um ambiente de confiança através das boas práticas de comunicação. Eis o processo:

- **Quem são as partes interessadas críticas?** Identifique-as.

- **Com o que elas se importam?** Examine cuidadosamente as partes interessadas para descobrir o que é importante para elas.

- **Implemente o plano de gerenciamento das partes interessadas.** Interaja com as partes interessadas para gerenciar expectativas.

Avaliação do desempenho

Para ser eficaz, a EPG deve ser medida e ter seu desempenho monitorado periodicamente e de forma contínua para garantir que esteja contribuindo para os objetivos do negócio enquanto é eficaz e responde ao ambiente em mudança. Os cinco passos apresentados no Capítulo 9 devem ser usados.

Transformação

Toda transformação eficaz de negócio é contínua. Transformação contínua é essencial para qualquer organização ao implementar sua estratégia de negócios e ao alcançar sua visão. Este é um requisito contínuo porque visão e estratégia sempre precisarão de adequação e aprimoramento, conforme impacto das influências

O Plano de EPG: um Roteiro para Transformação e Sucesso

econômicas ao longo do tempo. A agilidade do negócio – que é a capacidade de alcançar a transformação do negócio – é, portanto, uma verdadeira medida de sucesso corporativo e de gestão e, como tal, parte da estrutura da EPG. Desenvolver a capacidade interna de gestão de mudanças é um passo essencial para assegurar a implementação bem-sucedida de qualquer projeto de mudança. Estabelecer capacidade de mudança permite que os clientes continuem otimizando o desempenho em atendimento às demandas por novas estratégias.

- **Abordagem de gestão de mudanças.** Defina uma abordagem para preparar a organização para as mudanças trazidas pela implementação de programas e projetos.

- **Conscientização e educação.** Eduque a diretoria, a gerência e a força de trabalho sobre as políticas e a conduta esperada, e desenvolva a motivação e as competências necessárias.

- **Incentivos ao capital humano.** Implemente planos de incentivo e compensação que motivem e recompensem as condutas desejadas.

- **Forneça um canal de ajuda.** Estabeleça formas pelas quais a equipe pode buscar orientação sobre como relatar casos de conduta antiética e de não conformidade.

- **Consulta e pesquisa.** Busque periodicamente contribuição e opiniões.

- **Aprendizado organizacional.** Garanta o desenvolvimento do aprendizado organizacional como um resultado da implementação de programas e portfólio.

Informação

Capture, documente e gerencie informação da EPG para que ela flua com precisão e eficiência por toda a empresa, chegando também até as partes interessadas externas.

- **Documentação e gestão da informação.** Implemente e gerencie para que a informação seja relevante, confiável, oportuna, segura e acessível.

- **Relatórios e divulgação.** Descreva o fluxo de comunicação. Para um fluxo ascendente, considere o *status*, o progresso e os problemas para resolução; para um fluxo descendente, considere políticas, diretrizes, orientações e decisões tomadas.

- **Tecnologia e infraestrutura.** Habilite o suporte técnico onde for o caso.

- **Comunicação interna e externa.** Forneça informações para o público certo, conforme exigido por autoridades ou conforme o necessário para moldar atitudes.

Ericsson: um caso de evolução da EPG

Na prática, várias organizações evoluem com o tempo em direção a uma abordagem corporativa para gerenciar projetos. Este é o caso da Ericsson, uma fabricante global da área de telecomunicações com sede na Suécia, que passou décadas se especializando em gerenciamento de projetos. Conhecido como PROPS (*project for project steering*), o objetivo da estrutura é permitir que gerentes de projetos em qualquer lugar do mundo completem seus projetos com sucesso. No final dos anos 1980, a empresa elaborou a primeira versão do PROPS para apoiar o desenvolvimento de chaves digitais de telecomunicação. A introdução de redes móveis de telecomunicação despertou a necessidade de desenvolver um modelo mais genérico, que foi desatrelado das linhas específicas de produto. Mais tarde, foram elaboradas versões genéricas que se concentravam em (1) projetos de clientes, (2) P&D baseado no mercado e (3) projetos internos da empresa. Isso ampliou o foco para as práticas gerais de gerenciamento de projetos e englobou o contexto de negócios dos projetos[142].

Por fim, isso levou à "projetização" da empresa, e projetos se tornaram a forma de se trabalhar na Ericsson (cerca de 80% dos funcionários trabalham em projetos). A estrutura PROPS já passou por múltiplas versões e se tornou um *framework* para gestão de projetos em nível empresarial destinado a todas as áreas relacionadas a projetos, incluindo gerenciamento de projetos, gerenciamento de programas, gerenciamento de portfólio e escritório de projetos. O foco é na empresa como um todo e em múltiplos projetos de naturezas diversas. Os principais pontos da estrutura PROPS são:

- Perspectiva do negócio.

- Perspectiva humana.

---

[142] DINSMORE, Paul C.; COOKE-DAVIES, Terence J. **Right Projects Done Right:** from business strategy to successful project implementation. San Francisco: Jossey-Bass, 2006, p. 111-117, 275-280.

- Modelo de ciclo de vida do projeto.

- Modelo de organização do projeto.

Em essência, a estrutura contém os princípios para a Governança de Projetos e é usado como base para programas semelhantes na Volvo, na Saab e em outras empresas internacionais.

A criação e a evolução do PROPS foram patrocinadas e apoiadas pela alta administração. Uma pequena unidade responsável pelo apoio ao gerenciamento de projetos recebeu a incumbência de instalar a estrutura e de atuar como uma equipe interna de consultoria. Um grupo de redatores técnicos foi trazido para garantir que o PROPS fosse documentado e lançado como um material de fácil leitura e atraente aos seus potenciais usuários. Mais tarde, um centro interno de excelência se tornou responsável pelo desenvolvimento do PROPS, assim como pelo treinamento e pelo suporte ao gerenciamento de projetos. Esse grupo focado de pessoas dedicadas ao PROPS foi um fator-chave para o seu sucesso.

A Ericsson desenvolveu gradualmente uma cultura totalmente projetizada de cima para baixo ao atualizar continuamente sua estrutura básica de gerenciamento de projetos, com a plena participação e o apoio da alta administração. De acordo com Inger Bergman, da Ericsson, "transformar uma indústria funcional, hierárquica, tradicional em um participante ágil na área de TI não é fácil e são necessários tempo e esforço. Gerenciamento de projetos é agora visto como um ativo importante para a empresa e uma vantagem competitiva em P&D e entrega de vendas". A Ericsson é um exemplo da evolução da capacidade de governança de projetos.

Aprimorando a capacidade de governança de TI no estado de Nova York

A governança corporativa de TI é definida como o esforço para um uso coordenado dos recursos de TI por toda a empresa. Subconjunto da EPG, ela visa especificamente a realização dos objetivos, a avaliação e minimização dos riscos e a supervisão dos investimentos de TI. Um caso de governança corporativa de TI é examinado a seguir.

Ao longo dos anos, o estado de Nova York vem fazendo grandes investimentos em tecnologia da informação que envolvem mais de uma centena de agências. As autoridades começaram a perguntar sobre as capacidades atuais da governança corporativa de TI e a questionar sobre que valor adicional poderia ser criado para o estado através de melhorias. Como resultado, um projeto foi lançado com o objetivo de obter as melhores estratégias para tornar as práticas existentes mais eficazes e para identificar que tipos de mudanças eram necessários nas estruturas e nos processos existentes.

Em 2009, o projeto culminou em uma série de recomendações acerca da estrutura e da implementação da governança corporativa de TI do estado de Nova York[143]:

1. **Diminuir a redundância e estabelecer mecanismos de priorização.** A diversidade de agências, estruturas organizacionais e níveis no governo do estado de Nova York pode resultar em redundância e em conflitos sobre prioridades. Há uma necessidade, portanto, de colaboração para resolver problemas de negócio comuns através de soluções de TI, com uma priorização eficaz fornecendo uma base para estratégias e iniciativas coordenadas em nível corporativo.

2. **Reduzir as influências políticas.** Uma estrutura de governança bem concebida não consegue erradicar as oscilações políticas, mas pode prover um plano de continuidade para abranger mudanças na liderança política e para criar uma visão coerente para projetos de TI, que frequentemente são empreendimentos de vários anos que se estendem por mais de uma administração.

3. **Estabelecer normas.** Padrões de tecnologia e de informação são a base da colaboração necessária entre agências para que a interoperabilidade se torne um objetivo alcançável em muitos departamentos e unidades do estado. A governança corporativa de TI aprimorada para o estado de Nova York deve estabelecer regras claras para o desenvolvimento de normas estaduais.

4. **Fomentar o compartilhamento de serviços e informações através da colaboração.** Com normas claras estabelecidas, o governo do estado de Nova York tem o potencial de oferecer serviços compartilhados e expandidos e colaborações inovadoras. A governança corporativa de TI aprimora-

---

[143] PARDO, T. *et al*. **Creating Enhanced Enterprise Information Technology Governance for New York State:** A Set of Recommendations for Value-Generating Change. Albany, NY: Center for Technology in Government, 2009.

da deve proporcionar um espaço para maior coordenação e colaboração entre agências, autoridades e localidades.

5. **Alinhar a TI com os negócios do governo do estado.** O alinhamento da TI com as necessidades do negócio é uma meta comumente aceita de governança de TI, porém é muito difícil de alcançar. A governança corporativa de TI aprimorada para o governo do estado de Nova York deve prover mecanismos para o alinhamento entre investimentos de TI e programas prioritários.

Essas recomendações têm o objetivo de criar coletivamente a capacidade de governança que o estado precisa ao delinear novas estruturas relativas às três principais áreas de tomada de decisão: (1) investimentos em TI; (2) garantia do alinhamento dos investimentos em TI com o plano estratégico do estado; e (3) definição de políticas e normas.

Para alcançar as recomendações nas três principais áreas de tomada de decisão, foi proposto um modelo de quatro entidades para melhor governança de TI do estado:

- **Diretoria executiva de governança corporativa.** Essa diretoria preenche uma das lacunas na estrutura atual de governança ao fornecer um mecanismo robusto que assegure o alinhamento dos investimentos em TI com os planos e as prioridades do estado. A diretoria também revisa periodicamente os procedimentos existentes de governança e propõe mudanças se necessário.

- **Diretoria de investimento em TI.** Sua principal responsabilidade é revisar e tomar decisões finais sobre os pedidos de investimentos em TI do estado, dando atenção especial à identificação e à implantação de projetos e de investimentos em nível corporativo. A diretoria também proporcionará transparência e abertura a um processo que anteriormente era mais fechado.

- **Conselho de CIOs (*Chief Information Officers*).** Esse conselho é um órgão consultivo dos CIOs do estado sobre assuntos como política de TI, gerenciamento e operações. Serve de fórum para que os CIOs de agências estaduais tratem de questões de interesse mútuo, façam recomendações sobre problemas de TI, compartilhem informação e promovam a cooperação.

- **CIO do estado.** Ele leva ao desenvolvimento de políticas e normas estaduais.

Um comitê temporário de implementação da governança corporativa de TI também foi sugerido, para garantir a implantação da nova estrutura e para prestar contas às principais partes interessadas, tornando transparente o processo de desenvolvimento da governança. Esse caso mostra como iniciar um processo aproveitando as várias partes interessadas envolvidas.

Conclusões

Um plano de EPG é um guia que identifica os passos necessários para alcançar os objetivos estratégicos através da implementação da Governança de Projetos. Foram apresentados três casos. O programa *Fish & Wildlife Compensation* mostra a adequação da estrutura apresentada no Capítulo 2. O caso Ericsson demonstra que os resultados podem não ser imediatos e que a evolução é a chave para uma implementação bem-sucedida. O exemplo do estado de Nova York mostra como um processo de Governança de Projetos pode ser iniciado. A EPG lida com pessoas e com a mudança cultural de uma organização; portanto, é preciso paciência e perseverança. Os exemplos descritos são adequados para uma variedade de empresas e organizações e podem ser usados como base para novos planos de EPG.

13

Desafios e Obstáculos

A implementação da EPG está fadada a enfrentar solavancos na estrada e, em alguns casos, grandes obstáculos. As razões variam, mas qualquer uma delas pode ser suficiente para afundar uma iniciativa bem intencionada de EPG. Talvez haja uma falta de conscientização sobre o tema em vários níveis da organização, ou estrutura e recursos insuficientes, ou as partes interessadas certas ainda não "compraram" o conceito. A seguir, faremos uma análise dos desafios e daremos algumas sugestões de respostas para mitigar os efeitos negativos.

O fator "por quê"

"A gente nunca precisou de EPG antes. Por que agora?"

Essa reação decorre de falta de conscientização. Como uma nova reviravolta nos esforços para organizar projetos de forma holística, as partes interessadas ainda não foram apresentadas aos conceitos de EPG. Executivos e outras partes interessadas relacionadas são constantemente bombardeados por novas tendências em gerenciamento e abordagens inovadoras, que vão desde Seis Sigma até *balanced scorecard* e abordagens de gerenciamento ágil. A EPG, portanto, pode não ser saudada com aplausos imediatos até que os benefícios sejam evidentes para as partes interessadas.

"E o ROI da EPG? Pode ser medido?"

Quando a implementação da EPG é articulada com o gerenciamento do portfólio e um PMO corporativo eficaz, resultados concretos são altamente prováveis. Um benefício mensurável é produzido quando relacionamentos perfeitos unem políticas de governança de projetos com gerenciamento de projeto, programa e portfólio em múltiplos níveis na organização. Esse benefício medido depende da disponibilidade e da precisão da informação gerada e canalizada através dos sistemas de uma organização. Como um objetivo primário da EPG é produzir um balanço positivo ao comparar o desempenho geral de projetos com o desempenho planejado, então a qualidade dos sistemas de informação do projeto se torna um elo vital para defender a existência de um melhor ROI.

Figura 13-1. Melhorando o ROI através do método de transferência

Ao reunir os resultados positivos de vários projetos, os recursos excedentes gerados (investimento, pessoal, instalações) podem ser reutilizados em outros empreendimentos, impulsionando assim o ROI. Isso se chama abordagem de transferência, como ilustrado na Figura 13-1. Teorias sobre PMOs eficientes sugerem que o uso da abordagem de transferência pode gerar até 10% de contribuição para o ROI em projetos relacionados. Presumivelmente, se o guarda-chuva do gerenciamento de projetos é ampliado para além de PMOs, para incluir uma visão empresarial que englobe todos os portfólios e programas, essa contribuição pode ser ainda maior[144].

Envolvimento e motivação

"Todo mundo já está sobrecarregado. Não temos tempo para isso."

Talvez todos estejam atarefados devido à falta de uma abordagem que ponha ordem aos projetos. Essa atividade frenética pode estar ocorrendo devido ao retrabalho gerado por um baixo desempenho ou a prioridades difusas que fazem com que as pessoas desperdicem tempo em causas menos nobres. Questões comportamentais causadas por um clima organizacional ruim também podem impedir potenciais sinergias. Outros culpados são processos inadequados que requerem esforços desnecessários e más práticas de gerenciamento de tempo por parte dos profissionais. Todas essas questões podem ser dirigidas e colocadas sob o guarda-chuva da gestão de projetos em nível empresarial.

"Como podemos fazer com que as pessoas 'comprem' a ideia?"

As partes interessadas sentem-se particularmente tocadas quando recebem uma resposta satisfatória para a pergunta que sustenta muitas das motivações humanas: *o que eu ganho com isso?* As pessoas querem saber qual será o benefício da implementação da EPG; não vai funcionar de outra forma. Esse benefício pode ser reconhecimento, menos trabalho, menos problemas, maior produtividade ou maior sinergia. Se o conceito não angariar entusiasmo, então um impulso é necessário para que as partes interessadas acreditem no programa. Quando esse benefício não está totalmente óbvio, é preciso uma abordagem de gestão de mudanças, que englobe as seguintes etapas:

- Um projeto de mudança é traçado com um plano de ação e um cronograma.

- Atribui-se liderança a um agente de mudança, que articula campanhas informativas, *workshops* e sessões detalhadas de planejamento destinadas a fazer o projeto acontecer.

---

[144] KENDALL, Gerald I.; ROLLING, Steven C. **Advanced Project Portfolio Management and the PMO.** Cap. 2. San Francisco: J. Ross Publishing, 2003.

- A identificação e o gerenciamento das partes interessadas também são partes importantes do processo de persuasão.

Organização e pessoas

"Nós já temos gente demais mandando na organização. Não precisamos de mais despesas!"

Questões como a "contagem de cabeças" e os custos indiretos são muito importantes em todas as organizações. Como, então, mostrar que os eventuais custos da EPG serão (e muito) ultrapassados pelos benefícios resultantes? Primeiro, a EPG não precisa acrescentar custos significativos à organização. Ao mudar o foco e usar recursos existentes, os benefícios podem ser colhidos sem lastro extra. Por exemplo, se não existe uma posição correspondente ao de diretor de projetos (CPO – *Chief Project Office*), então outro executivo sênior pode absorver a iniciativa de EPG até que o movimento ganhe velocidade. Além disso, um PMO existente pode ser reforçado e melhorado para assumir funções relativas à EPG. Competência geral em gerenciamento de projetos também cria sinergia na organização e mantém os custos baixos.

"Nós não temos pessoas treinadas para esse tipo de abordagem."

Desenvolver competências dentro de uma organização começa pela formação de profissionais com conhecimento das habilidades e abordagens necessárias. Enquanto o treinamento envolve um investimento em tempo e dinheiro, o retorno pode ser múltiplo quando tal investimento resulta em uma equipe de profissionais que trabalha de forma competente e em sinergia buscando os objetivos da empresa. O treinamento das partes interessadas para um desempenho ideal em projetos corporativos inclui os seguintes tipos de público-alvo:

- Conscientização sobre gerenciamento de projetos para executivos sêniores e patrocinadores de projetos.

- Noções básicas de gerenciamento de projetos para todos aqueles que estão relacionados diretamente ou indiretamente a projetos.

- Certificação em gerenciamento de projetos para membros de equipes de projetos.

- Treinamento avançado e *coaching* para líderes de projetos.

Para superar os obstáculos, esqueça os fatos!

Decisões baseadas em fatos predominam em ambientes onde os fatos são indiscutíveis, como nos campos da ciência. Em empreendimentos de negócios, as decisões são tomadas com base em vários elementos, alguns dos quais são fatos. Nos negócios, outras influências – como suposições, opiniões, políticas, experiências anteriores e cultura dominante – tendem a inclinar bastante a balança para um dos lados. Assim, a superação dos desafios e obstáculos no caminho da implementação da EPG vai muito além de reunir dados. Significa avaliar as verdadeiras razões por trás da eventual falta de apoio e lançar um programa para superar essa resistência. Abordagens para lidar com os desafios caem em duas categorias: a escola proativa preventiva e a tática corretiva. Ambas as visões são necessárias para superar os obstáculos.

Evitando desafios e obstáculos

Eis algumas formas de mitigar os problemas no caminho da EPG:

- Mostre o que a concorrência está fazendo com relação ao gerenciamento de projetos.

- Mostre estudos de associações profissionais, tais como o PMI e o IPMA, referentes ao impacto de uma abordagem organizacional para o gerenciamento de projetos.

- Faça *benchmarking* com outras empresas que possuem conhecida competência em gerenciamento de projetos de alto nível.

- Faça uma análise dos riscos do projeto de implementação, incluindo fatores como os prováveis desafios, a probabilidade de ocorrência e as influências das partes interessadas.

Contornando desafios e obstáculos

Aqui estão algumas abordagens corretivas para barreiras inesperadas:

- Coloque o programa temporariamente em pausa. Às vezes o próprio tempo resolve o problema.

- Reavalie a situação. O que mudou? Que novos elementos entraram em jogo?

- Faça um novo planejamento. Se existe um plano B plausível em espera, coloque-o em ação. Se não, desenvolva então um plano modificado.

Desafios e obstáculos na implementação de componentes da EPG

Os principais componentes da EPG são o gerenciamento de portfólio, o gerenciamento de programas, o suporte ao gerenciamento de projetos (PMOs) e o gerenciamento dos projetos em si. Como a EPG não é necessariamente implementada como um programa integrado desde o início, os seus componentes muitas vezes não são articulados ao longo de um período de tempo coordenado. Na verdade, eles são geralmente implementados conforme surge a necessidade dentro da organização, independentemente do movimento geral da EPG. Cada um desses componentes pode encontrar seu próprio conjunto peculiar de obstáculos. A seguir, listamos alguns desafios para a implementação dos principais componentes organizacionais.

Desafios na implementação do gerenciamento de portfólio

O gerenciamento de portfólio ocorre em um nível da organização que envolve um grande alinhamento entre as partes interessadas. A complexidade de gerenciar as demandas por projetos, além do fato de lidar com múltiplas partes interessadas, constitui um cenário complicado, cheio de potenciais desafios. Tais desafios são numerosos, mas as principais armadilhas são cinco:

1. **A falta de alinhamento com os objetivos estratégicos.** Isso pode acontecer devido a um fraco alinhamento inicial, quando os projetos estratégicos são originalmente definidos, ou por causa de projetos que se desviaram do propósito inicial e não foram realinhados.

2. **Excesso de projetos ativos com poucos recursos disponíveis para lidar com eles.** Ter projetos demais e recursos de menos se resume a uma questão de falta de priorização, o que talvez seja o mais comum dos desafios de um portfólio.

3. **Projetos com valor insuficiente para a organização.** Este defeito do portfólio decorre de uma priorização mal feita, quando se dá ênfase indevida a projetos menos estratégicos por razões políticas internas.

Desafios e Obstáculos

4. **A falta de estrutura e foco nas questões do portfólio.** Quando não há estrutura ou organização em portfólios de projetos, lidar com questões como acelerar ou interromper se torna um desafio. A falta de um apoio estruturado para a implementação de um projeto também é um perigo em potencial.

5. **Portfólio desbalanceado.** Portfólios distorcidos, com muito peso em, digamos, produção em vez de vendas, ou em curto prazo *versus* longo prazo, podem se mostrar desastrosos. Portfólios exigem equilíbrio.

Um gerenciamento de portfólio eficaz depende da capacidade que uma organização tem de lidar com essas cinco barreiras, todas elas decorrentes da falta de definição por parte da alta gerência. Questões como retorno sobre o investimento, patrocínio executivo, priorização, alocação de recursos, processos formais do portfólio, documentação adequada e inter-relações de projetos estão todos sob o controle da alta gerência. Se tais questões forem propriamente definidas, então o papel do gerente de portfólio é amplamente facilitado. Caso contrário, o gerente de portfólio deve ajudar a facilitar essas questões e se esforçar para obter as definições necessárias para que possa interagir com os tomadores de decisão apropriados.

Gerenciamento de programas

Programas também encontram barreiras. Como eles envolvem múltiplos projetos, o número de desafios é naturalmente maior. A seguir listamos os potenciais obstáculos do gerenciamento de programas:

1. **A falta de um bom gerenciamento das partes interessadas.** As partes interessadas são abundantes nos programas. Elas variam desde tomadores de decisão de alto nível – envolvendo instituições financeiras, executivos e funcionários do governo – até relações interorganizacionais entre participantes de unidades de negócio, departamentos e projetos individuais. Esse conjunto de partes interessadas representa um grande desafio porque cada uma delas possui interesses individuais, opiniões e ideias preconcebidas. Portanto, o gerenciamento das partes interessadas, que envolve mapeamento, planejamento e itens de ação, é fundamental para o sucesso de programas.

2. **Interface insuficiente entre projetos.** Como um programa é um grupo de projetos relacionados gerenciados de forma coordenada para obter benefícios e controles não disponíveis a partir do seu gerenciamento individual,

uma interface eficaz entre os projetos torna-se particularmente crucial. Projetos gerenciados sob o guarda-chuva de um programa se beneficiam da sinergia –sinergia esta que depende da gestão astuta das relações entre os projetos. Uma interface eficaz depende da existência do básico para a comunicação do programa: um comitê gestor, uma governança do programa e uma matriz de comunicação com as reuniões agendadas.

3. **Liderança inadequada.** Liderança em programas exige talentos e habilidades que vão além dos requisitos para lidar com um único projeto. As responsabilidades são maiores por natureza e requerem um componente poderoso de esperteza política. Portanto, grandes gerentes de projetos podem ter um bom desempenho com programas; porém, se eles tiverem uma tendência a prenderem-se em detalhes dos projetos, eles acabarão sendo justamente acusados de interferência (microgestão), o que definitivamente não é uma qualidade admirável em gerentes de programas. A escolha do líder certo para o programa – um que possua habilidades políticas, organizacionais e de comunicação – aumenta muito as chances de sucesso do programa como um todo.

4. **Má alocação de recursos pelo programa.** Parte da lógica por trás da reunião de projetos relacionados em programas é economizar nos recursos. Isso resulta em redução de custos, mão de obra e infraestrutura, e aumenta as chances de o programa atingir os seus objetivos. O planejamento dos recursos ao longo do programa é a chave para garantir que as necessidades do projeto individual sejam atendidas e que ao mesmo tempo recursos valiosos não sejam desperdiçados desnecessariamente.

A alta gerência é responsável por assegurar que o programa seja devidamente conduzido, gerenciado e controlado e que siga o seu curso ao entregar os benefícios originalmente previstos. Quando há um grupo responsável pelo gerenciamento do portfólio, este pode também influenciar o destino dos programas. Da mesma forma, um PMO corporativo é posicionado para exercer influência positiva no gerenciamento de programas.

Suporte para o gerenciamento de projetos

A implementação de PMOs apresenta desafios tanto do ponto de vista organizacional como do ponto de vista político. Um escritório de projetos pode variar entre dois extremos: desde prover um leve apoio até ser todo-poderoso. Os nomes podem ser muitos, refletindo a miríade de versões em prática, como descrito no Capítulo 7. Apesar dos vários tipos de PMOs, os desafios relativos à sua implemen-

Desafios e Obstáculos

tação possuem pontos em comum e caem nessas categorias: contexto, organização e pessoas, funções de apoio e responsabilidade pela execução do projeto.

5. **Contexto ambíguo.** Quando a relação do PMO com o contexto geral da empresa não está clara, ele fica à deriva em uma organização onde os ventos mudam. Essa situação difusa tende a gerar insegurança e conflitos e, em última análise, prejudica a eficácia do PMO.

6. **Organização e pessoas.** A forma como o PMO é estruturado tem um forte impacto na sua eficácia, assim como na relação formal do PMO com as outras partes da organização. Outro desafio abrange o gerenciamento das partes interessadas, que exige mapeamento e gerenciamento de todas as partes vinculadas às atividades e aos resultados produzidos pelo PMO, como discutido no Capítulo 8.

7. **Fraco alinhamento das funções de apoio.** Embora os PMOs forneçam suporte e controle, eles não gerenciam projetos. Cada equipe do projeto faz isso. O PMO age mais como uma interface entre os interesses da organização e as necessidades de cada projeto. O alinhamento do que o PMO faz em apoio aos projetos *versus* o que a própria equipe do projeto faz é crucial para a implementação bem-sucedida do PMO.

8. **Responsabilidade pouco clara.** Enquanto alguns PMOs podem ter uma responsabilidade mais predominante e direta sobre a execução de um projeto, outros são estritamente estratégicos por natureza. Independentemente do escopo, contudo, o maior desafio de um PMO é verificar se os projetos sob o seu guarda-chuva estão sendo realizados no tempo previsto, dentro do orçamento e para a satisfação do cliente. Assim, uma matriz de responsabilidade que mostre os papéis dos participantes-chave é particularmente importante.

Cada uma das quatro categorias contém armadilhas em potencial. Para evitar consequências negativas, necessita-se de uma postura proativa que leve em consideração o contexto para o PMO, a organização e as pessoas, as funções de apoio e a responsabilidade pela execução do projeto.

Gerenciando projetos

A seguir, temos outra visão dos potenciais desafios e obstáculos, agora do ponto de vista dos projetos individuais. Em alguns casos, quando a EPG ou seus componentes estão em vigor tais desafios são parcialmente mitigados.

1. **Ligação fraca entre o projeto e as prioridades da organização.** Uma falta de conexão séria entre as prioridades de um projeto e da empresa pode resultar em um projeto bem-sucedido, mas com pouca ou nenhuma contribuição para a causa da empresa. No seu caso mais extremo, isso corresponde àquela conhecida declaração médica: "A operação foi um sucesso, mas o paciente morreu". Veja como evitar esse desastre:

    a) Identifique quais itens do plano estratégico o projeto apoia.

    b) Compreenda a prioridade desse item do plano estratégico.

    c) Esclareça o valor que o projeto traz para o negócio.

    d) Estabeleça os fatores críticos para o sucesso e obtenha um acordo com as partes interessadas.

2. **O patrocínio e a propriedade do projeto não estão muito claros.** Essa armadilha pode ter um efeito devastador em um projeto. Mesmo que o projeto em si comece no caminho certo, a falta de um patrocínio claro e de políticas de governança vira um campo minado conforme o projeto avança por mudanças em contextos e cenários. Para evitar possíveis bloqueios, veja algumas perguntas que esclarecem melhor as coisas:

    a) A equipe do gerenciamento de projetos tem uma visão clara das interdependências entre os projetos, os benefícios e os critérios pelos quais o sucesso será julgado?

    b) Se o projeto atravessa as fronteiras organizacionais, existem regras claras de governança para assegurar um alinhamento sustentável com os objetivos do negócio de todas as organizações envolvidas?

    c) As decisões são tomadas cedo e de forma decisiva? E essas decisões são seguidas, de modo a facilitar uma entrega bem-sucedida?

    d) O projeto possui a aprovação necessária formal para prosseguir?

Desafios e Obstáculos

e) O patrocinador tem a capacidade, a responsabilidade e a autoridade para garantir que a mudança nos negócios e os seus benefícios sejam entregues?

f) O patrocinador possui um histórico adequado de entregas? Quando necessário, isso está sendo otimizado por meio de treinamento?

g) Os mecanismos de governança são suficientemente robustos para garantir que notícias ruins não sejam filtradas dos relatórios de progresso para os gerentes sêniores?

3. **Falta de engajamento das partes interessadas.** Como os projetos são realizados por pessoas, o gerenciamento das partes interessadas merece ser colocado na dianteira de qualquer projeto. O desafio nos projetos individuais é assegurar que esse foco gerencial seja mantido. Veja a seguir uma lista de verificação com perguntas para ajudar a manter a atenção nas partes interessadas:

a) As partes interessadas foram identificadas e priorizadas?

b) Houve um acordo e um entendimento comum acerca dos requisitos das partes interessadas?

c) O caso de negócios leva em consideração as opiniões de todas as partes interessadas?

d) Está em vigor um plano de gerenciamento das partes interessadas com o objetivo de garantir a "compra" da ideia, superar a resistência a mudanças e alocar os riscos para quem for mais capaz de controlá-los?

e) A cultura organizacional existente está sendo suficientemente levada em conta?

4. **Habilidades inadequadas de gerenciamento de projetos.** Não se pode esperar o sucesso de qualquer projeto se os conceitos básicos de gerenciamento estão ausentes. A ausência de metodologias, de técnicas de planejamento e de abordagens de implementação inviabiliza qualquer iniciativa de projeto. Para evitar esses perigos, as seguintes questões pedem uma resposta positiva:

a) Existe uma equipe de projeto qualificada e experiente com papéis e responsabilidades claramente definidos?

EPG

b) Os recursos suficientes foram alocados ao projeto?

c) Existem abordagens adequadas para estimar, monitorar e controlar a despesa total?

d) Existem sistemas eficazes para medir e acompanhar os benefícios propostos no caso de negócios?

e) O projeto se baseia em prazos realistas, levando em conta prazos obrigatórios e mostrando as dependências críticas, de forma que atrasos possam ser tratados?

f) As lições aprendidas em outros projetos relevantes estão sendo aplicadas?

g) Existem suficientes pontos de revisão para que o projeto possa ser interrompido se mudanças circunstanciais indicarem que os benefícios do negócio não são mais atingíveis?

5. **Crescimento gradual do escopo (*scope creep*), mudança e risco.** Mudança acontece todo dia, o dia todo. E certamente durante a vida dos projetos mudanças de vários graus estão fadadas a acontecer, para melhor ou para pior. O desafio é evitar que a mudança tire o projeto do seu curso e o desvie da entrega dos benefícios desejados. Risco também se relaciona à mudança e requer uma gestão preventiva. Veja a seguir as perguntas críticas sobre mudança, risco e seu potencial para afetar o escopo do projeto:

a) O gerenciamento do escopo faz parte do plano do projeto?

b) Existe um comitê de mudanças?

c) As mudanças estão sendo revisadas mediante o caso de negócio?

d) Qual é o plano de longo prazo para além dessa implementação? Os próximos passos estão definidos?

e) Como as próximas mudanças vão impactar os usuários finais e outras partes envolvidas?

f) Os processos já foram analisados e um plano foi estabelecido para se alinhar às próximas mudanças?

g) Os principais riscos foram identificados, classificados e tratados?

h) Um registro compartilhado de riscos foi estabelecido?

6. **Integração da equipe.** Falta de sinergia entre os membros da equipe é potencialmente uma das questões mais prejudiciais para o sucesso dos projetos. As barreiras incluem falhas na comunicação, conflitos interpessoais e uma fraca dinâmica de grupo. As próximas perguntas ajudam a dimensionar a prontidão da equipe do projeto:

a) As necessidades de desenvolvimento comportamental foram avaliadas?

b) Existe um plano para o desenvolvimento da equipe do projeto?

c) Foram planejados eventos de integração para garantir o alinhamento de todas as partes interessadas?

d) Existe algum pré-envolvimento com fornecedores para determinar e validar quais produtos e resultados são procurados para o projeto?

Conclusões

Desafios sempre aparecem no caminho da EPG. Neles estão incluídos: justificativa, motivação para mudanças e como organizar e preparar as pessoas. Para contornar os obstáculos, apenas mostrar os fatos não é suficiente, pois a mudança organizacional é fortemente afetada por elementos como tradição, opiniões e política. Formas de evitar potenciais desafios envolvem análise situacional, planejamento e realização de um programa de mudança. Abordagens corretivas para obstáculos imprevistos incluem retroceder, reanalisar e replanejar. Os componentes individuais da EPG, como gerenciamento de portfólio, gerenciamento de programas, PMOs e gerenciamento de projetos individuais, muitas vezes são implementados separadamente, implementações estas que também apresentam desafios e obstáculos próprios que, em última análise, podem causar um grande impacto no esforço geral para instituir facilmente o gerenciamento de projetos por toda a empresa.

APÊNDICE

Projetos e a Lei Sarbanes-Oxley

A Lei Sarbanes-Oxley (SOX) foca em assegurar a precisão, a consistência, a transparência e a pontualidade dos relatórios e resultados financeiros. Sua seção 302 determina que CEOs e CFOs atestem a exatidão dos relatórios trimestrais e anuais de sua empresa. A seção 404 é a mais exigente em demonstrar conformidade. Ela envolve estabelecer, manter e avaliar uma estrutura interna de controle eficaz para empresas públicas. Esta seção requer uma declaração no relatório anual sobre a adequação dos controles internos e afirma que a gerência tem a responsabilidade de instituir e manter uma estrutura interna de controle.

O desafio adicional da seção 404 é o relatório de comprovação do auditor. Não só as organizações asseguram que os controles apropriados estão em vigor, como elas também precisam fornecer aos seus auditores independentes a documentação que apoie a avaliação da gerência sobre os controles externos, incluindo controles de projetos e programas. Isso significa que os auditores são obrigados a revisar projetos e programas para garantir que todos os processos de controle estabelecidos estejam sendo seguidos.

A Comissão de Títulos e Câmbio dos EUA (SEC – *Stock and Exchange Commission*) reconheceu o COSO (*Committee of Sponsoring Organizations*) como o *framework* preferido para conformidade com a SOX. COSO é uma organização voluntária, do setor privado, que se dedica a melhorar a qualidade dos relatórios financeiros por meio da ética de negócios, de controles internos eficazes e de governança corporativa. De acordo com o *framework* COSO, os controles internos consistem em cinco componentes inter-relacionados:

1. **Ambiente de controle.** Este ambiente fornece o sentido de uma organização ao estabelecer uma padronização de atitudes. Ela é a base para todos os outros componentes de controle interno, proporcionando disciplina e estrutura. Fatores de ambientes de controle incluem integridade, valores éticos, competência do pessoal da empresa, filosofia de gestão e estilo operacional.

2. **Avaliação dos riscos.** Toda entidade enfrenta uma variedade de riscos, de fontes externas e internas, e esses riscos precisam ser avaliados. Como as condições econômicas, industriais, regulatórias e operacionais continuarão a mudar, são necessários mecanismos que identifiquem e lidem com os riscos especiais associados a tais mudanças.

3. **Atividades de controle.** São as políticas e os procedimentos que ajudam a assegurar que as diretivas da gerência sejam realizadas – que as ações necessárias estejam sendo tomadas para lidar com os riscos durante a concretização dos objetivos da empresa. Elas também devem ocorrer por toda a organização, em todos os níveis e em todas as funções. Elas incluem atividades tão diversas como aprovações, autorizações, verificações, reconciliações, revisões de desempenho operacional, segurança de ativos e segregação de funções.

4. **Informação e comunicação.** Informação pertinente deve ser identificada, capturada e comunicada de tal forma e em tal momento que permita que as pessoas sigam com suas responsabilidades. Sistemas de informação produzem relatórios contendo informações relativas às finanças, o que torna possível controlar a confiabilidade dos relatórios financeiros.

5. **Monitoramento.** Sistemas internos de controle precisam ser monitorados. Isso é feito através de atividades contínuas de monitoramento, avaliações separadas ou uma combinação das duas coisas. Deficiências de controle interno devem ser relatadas às instâncias superiores, e os assuntos mais graves devem ser reportados à alta administração e à diretoria.

A falta de divulgação adequada da informação e a falta de um escopo adequado para grandes projetos é tanto uma falha do desempenho dos sistemas de governança corporativa da organização como também é um fracasso dos sistemas de gerenciamento de projeto dessa organização. A partir das evidências, parece que a maior parte das diretorias ainda tem que lidar com as questões que cercam a governança eficaz de projetos dentro das suas organizações.

O que as organizações baseadas em projetos podem fazer para assegurar conformidade com a Lei Sarbanes-Oxley? Se não há processos internos definidos adequadamente para o gerenciamento de projetos, então, de acordo com a seção 404 da SOX, isso tem que ser implementado. Responsabilidade legal por um fraco gerenciamento de projetos não cai apenas nos ombros dos CEOs e CFOs. Gerentes de projetos podem também ser responsabilizados. A má gestão financeira de projetos de uma empresa pode deixar gerentes de projetos e a alta gerência legalmente expostos. Se um excesso de custos não for previsto ou antecipado nas projeções financeiras, os efeitos podem impactar seriamente o lucro do projeto para um determinado período.

Prever custos e receitas em todos os projetos ou portfólios, analisar e medir o risco financeiro, manter dados em tempo real sobre onde está o projeto em relação ao orçamento, ter a possibilidade de rastrear os dados e documentar e padronizar os processos principais e as melhores práticas são exemplos de como os gerentes de projetos reforçam a tomada de decisão dos seus executivos financeiros e cumprem a Lei Sarbanes-Oxley.

Projetos e programas ficam sob o guarda-chuva da conformidade com a SOX se eles forem classificados como financeiramente significativos. Uma vez assim considerados:

1. É essencial que o gerente de projetos entenda a Lei Sarbanes-Oxley e o seu impacto no projeto.

2. A retenção de registros é essencial para a conformidade com a SOX. O gerente de projetos é responsável por reter documentos relativos aos projetos.

3. Trabalhar com o comitê diretor da SOX é essencial para gerenciar de forma eficaz esses projetos. Tais comitês existem para assegurar que todos os projetos em conformidade com a SOX sigam a metodologia necessária para um gerenciamento bem-sucedido desse tipo de projeto.

4. Para empresas com um PMO corporativo, esses escritórios devem incorporar a conformidade com a SOX dentro da sua metodologia de gerenciamento de projetos.

As mudanças na governança corporativa, por sua vez, determinaram a necessidade de estabelecer controles internos formais no que diz respeito ao gerenciamento de projetos de TI. Além disso, como os auditores precisam comprovar que todos os controles internos estão sendo seguidos durante sua auditoria anual da empresa, é necessário documentar cada processo de controle. Executivos operacionais (como o CTO, o CIO, o COO e o diretor do PMO) e gerentes de projetos precisam conhecer as potenciais ameaças que podem causar uma governança ruim. Esses executivos precisam avaliar se a sua empresa está sofrendo das seguintes ameaças relevantes:

- **Finanças.** Rastreamento ineficaz de orçamento, custos e receitas, além da falta de cobranças retroativas e alocação de custos às unidades de negócio.

- **Processos.** Processos de negócio inconsistentes e vagamente definidos para o controle do projeto.

- **Governança.** Deficiências materiais de controles internos que resultam em fracasso na auditoria interna ou externa da governança.

- **Conformidade.** A violação de várias regulamentações industriais e governamentais, como leis trabalhistas e princípios contábeis geralmente aceitos.

Para criar um ambiente preparado para as auditorias exigidas pela SOX, necessita-se de um *framework* para controle interno de TI. Existem vários *frameworks* para controle interno de TI, mas o COBIT (*Control Objectives for Information and related Technology*) é considerado particularmente útil e alinhado com o espírito dos requerimentos da SOX.

Glossário

Alinhamento. O desenvolvimento intencional de processos, práticas e relações humanas saudáveis que abarcam o entendimento mútuo dos objetivos, dos valores, da cultura e das capacidades que impulsionam o desenvolvimento de estratégias, e que acabam facilitando a coadaptação a situações de mudança e a criação de valor para a organização. Com alinhamento, aumenta-se significativamente a capacidade de uma empresa de reagir a mercados cada vez mais incertos e dinâmicos; as empresas podem definir mercados inteiramente novos ou estabelecer o padrão de excelência em sua indústria.

Benefício. A melhoria resultante de saídas percebidas e expressadas em termos de vantagens para a organização, tais como redução nos custos operacionais ou nas falhas do produto e aumentos no lucro e na produtividade.

Capacitar (*empowering*). Ajudar os outros a atingir seu potencial individual, a fim de obter um comportamento organizacional mais eficaz. Seu objetivo é facilitar as condições que permitam às pessoas que se expressem melhor, reconhecendo o valor do seu trabalho e estimulando o crescimento pessoal e profissional, assim como a auto-estima. A capacitação é necessária para atingir resultados e para desenvolver pessoas.

Caso de negócio (*business case*). A justificativa para um projeto ou programa, com a qual o desempenho é comparado ao longo do ciclo de vida. Tipicamente, o caso de negócio contém custos, benefícios, riscos e prazos.

Conformidade. A capacidade de operar da forma definida por uma regulamentação. Muitas organizações são apresentadas aos conceitos de governança quando começam o processo de cumprimento de regulamentos, tais como a Lei Sarbanes-Oxley ou Basileia II. Essas regras são reforçadas por auditorias que determinam se as decisões de negócio foram feitas pela equipe apropriada e de acordo com as políticas adequadas. Para passar nessas auditorias, as organizações precisam documentar suas decisões, suas políticas e seus registros – mais especificamente, se cada decisão foi de fato tomada pela pessoa apropriada de acordo com as diretivas.

Contingência. Algo que é mantido em reserva, normalmente para manejar variações de tempo e custos ou lidar com riscos.

Controle interno. Processo que é afetado pela diretoria, pela gerência e por outros profissionais e que é concebido para fornecer garantia razoável quanto à realização dos objetivos em diversas categorias. Compreende as medidas para salvaguardar os ativos da organização, para verificar a precisão e a confiabilidade dos dados, para promover a eficiência operacional e para encorajar a aderência a regulações, padrões e normas.

Desempenho. A qualidade das saídas, dos resultados e dos benefícios alcançados.

Encerramento antecipado do projeto. Ação de terminar um projeto antes da entrega dos seus resultados projetados. Encerramento consciente do projeto no momento certo, com base em critérios bem comunicados, é uma das mais sérias decisões que um gerente de projeto e a diretoria precisam tomar.

Escalar. Quando as questões são levadas para os níveis de decisão acima do gerente de projetos, programas ou de portfólio.

Estratégia. Direção proposta que uma organização vai alcançar em longo prazo, através da configuração de recursos em um ambiente desafiador, para atender às necessidades dos mercados e para satisfazer as expectativas das partes interessadas.

Estrutura de governança. Um conjunto de processos estabelecidos como autoridade e dentro do qual portfólios, programas e projetos são iniciados, planejados e executados de forma a assegurar que os objetivos e os benefícios sejam atingidos.

Fator-chave do desempenho (KPF – *Key Performance Factor*). Medida essencial de sucesso para a organização, o projeto, o programa ou o portfólio que garanta o progresso em direção a uma conclusão bem-sucedida, agregando valor à organização.

Glossário

Finalização do projeto. É a última fase de um projeto, que o finaliza e garante a aceitação do projeto, produto, serviço ou instalação. Aborda a transferência de responsabilidade de operações, manutenção e suporte para a organização executora, levando em conta a avaliação pós-projeto. Além disso, inclui a documentação das lições aprendidas e das recomendações para o sucesso de futuros projetos e comunica os resultados.

Garantia. Todas as ações sistemáticas para ter a confiança de que o alvo (processo, programa, projeto, resultado, benefícios, capacidade, saída do produto, entrega) é apropriado. Garantia deve ser independente do que está sendo assegurado.

Gestão de projetos em nível empresarial (EPM – *Enterprise Project Management*). Uma forma de gerenciamento de projetos que se baseia no conceito de que grande parte da energia gerencial é gasta no desenvolvimento, no planejamento e na implementação do portfólio de projetos de uma organização, e não na execução de operações repetitivas.

Governança corporativa. Essencialmente, tomada de decisão e comunicação. Uma boa governança decorre da necessidade da organização de tomar boas decisões e comunicá-las de forma eficaz. Muitas vezes, quando confrontada com resultados pífios, a organização precisa rever como as decisões foram tomadas e então colocar em vigor estruturas que apoiem melhor as futuras decisões. A governança corporativa pode servir para englobar relações entre a gerência da empresa, sua diretoria (ou equipe de gestão), seus acionistas e outras partes interessadas e para fornecer a estrutura através da qual o desempenho é monitorado e os objetivos da empresa são definidos, assim como os meios para atingi-los[145].

Governança de Projetos. Garante que os projetos sejam bem-sucedidos ao estabelecer uma abordagem bem definida que todas as partes entendem e com a qual concordam. Assegura que essa abordagem seja seguida por todo o ciclo de vida de portfólios, programas e projetos, e que o progresso seja medido e as ações tomadas proativamente para que tudo permaneça no caminho certo e para que os benefícios, produtos e serviços acordados sejam entregues.

Indicador de desempenho. Medida da execução das atividades. Um indicador de desempenho é muitas vezes comparado às práticas recomendadas. É um alvo quantificável para alcançar os fatores-chave de desempenho adotados. Métrica é a unidade de medida, e medida é uma observação específica de acompanhamento do

---

[145] OFFICE OF GOVERNMENT COMMERCE. **OGC PPM Portfolio:** glossary of terms and definitions. London: Stationery Office, 2010.

desempenho. Os termos "indicadores de desempenho", "métrica" e "medida" são frequentemente usados como sinônimos.

Início do projeto. Marco significativo que estabelece as bases para um ciclo de vida bem-sucedido de um projeto. No entanto, esta etapa é frequentemente ignorada como um importante componente da mudança organizacional.

Marco. Evento significativo em um cronograma, como, por exemplo, a conclusão de pacotes de trabalho essenciais, uma etapa técnica ou uma etapa de gestão (OGC[146]).

Metas (*objectives*). São etapas específicas para que se alcance o objetivo desejado. As metas detalham um horizonte temporal, com tarefas gerenciáveis para que seja possível realizá-las e medir seus resultados.

Monitoramento. Registro, análise e relatório do desempenho, em comparação com o plano, a fim de identificar desvios.

Objetivos (*goals*). A palavra deriva do latim *objectum*, que significa "algo colocado à frente dos olhos ou da mente". Representa o conceito de um alvo, aonde você quer chegar, um ponto no futuro. É o fim para qual os esforços são direcionados.

Painel de controle (*dashboard*). Técnica que representa grande quantidade de informação usando representações gráficas e tabelas, tais como gráficos e semáforos.

Parte interessada (*stakeholders*). Qualquer indivíduo, grupo ou organização que pode afetar ou ser afetado por, ou se perceber afetado por, uma iniciativa (programa, projeto, atividade, risco) (OGC[147]).

PMO corporativo. Estrutura que serve de elo crítico entre a visão executiva e o trabalho da empresa no gerenciamento de programas e portfólios. É responsável por converter a estratégia documentada em um portfólio de programas e projetos que a realize. É uma estrutura que provê coordenação e que possui a perspectiva ampla necessária para selecionar, priorizar e monitorar projetos e programas que contribuam para a obtenção da estratégia corporativa.

Políticas. Regras ou princípios que norteiam ou restringem o comportamento de alguém com direito a decisão. Políticas fornecem diretrizes, algumas estabelecem limites e às vezes permitem um comportamento. Elas guiam direitos de decisão,

---

[146] *Ibidem.*
[147] *Ibidem.*

Glossário

que geralmente são condicionais. Por exemplo, um gerente de primeira linha pode ter a permissão de gastar verba sem outras aprovações abaixo de um determinado valor, e outras aprovações podem ser necessárias para despesas acima desse valor. Um gerente de contratação pode preencher uma vaga, mas não pode contratar um parente.

Premissas. Hipóteses acerca das condições necessárias para a realização das estratégias sobre as quais a organização não possui controle. Premissas representam condições que implicam em riscos de não atingir os resultados desejados. Qualquer mudança em uma premissa durante o ciclo de execução deve forçar uma revisão.

Prestação de contas. A obrigação de responder por uma responsabilidade atribuída. É uma relação baseada na obrigação de demonstrar e tomar responsabilidade pelo desempenho à luz das expectativas acordadas, estando ou não essas ações sob o seu controle direto.

Processo. Um conjunto estruturado de atividades destinadas a alcançar um objetivo específico. Um processo leva uma ou mais entradas definidas e as transforma em saídas definidas (OGC[148]).

Produto. Uma entrada ou saída, seja tangível ou intangível, que pode ser criada, testada e descrita com antecedência (OGC[149]).

Programa. Coleção de projetos com um critério comum de sucesso e sob uma gestão integrada. Esses projetos consistem de pessoas, tecnologia e processos com o objetivo de implementar uma significativa mudança no negócio. Um programa é uma grande iniciativa empresarial, um elemento da direção e da estratégia global do negócio.

Questão. Qualquer preocupação, consulta, pedido de mudança, sugestão ou item fora da especificação que se levante durante um projeto. Pode ser sobre qualquer coisa relacionada ao projeto.

Recuperação de projetos. O esforço e as atividades relacionadas ao tratamento de projetos problemáticos, seguido pela decisão de salvá-los ou não.

Responsabilidade. Autoridade para causar diretamente uma ação, um evento ou uma cadeia de eventos. É um sentimento de propriedade. Você pode delegar res-

---

[148] *Ibidem.*
[149] *Ibidem.*

ponsabilidades, mas não pode delegar a prestação de contas. Se alguém lhe dá um trabalho para fazer, você pode arrumar outra pessoa para fazê-lo, mas você ainda é o responsável pela produção dos resultados. Se o trabalho não for bem feito, a culpa é unicamente sua, pois, mesmo que você tenha delegado o trabalho, você ainda é o responsável e deve prestar contas sobre ele.

Restrição. A limitação a qual o projeto está sujeito.

Resultado. É a manifestação de parte ou de todo um novo estado concebido. Resultados são atingidos como saída das atividades realizadas para efetuar a mudança.

Saída. Produto tangível ou intangível resultante de atividade planejada. Permite um novo resultado nas operações.

Valor. Importância ou mérito relativo de um esforço para uma organização ou as suas principais partes interessadas.

Abreviações e Acrônimos

APM – *Association of Project Management* (Reino Unido)

CEO – *Chief Executive Officer*

CFO – *Chief Financial Officer*

CIO – *Chief Information Officer*

CPMO – *Corporate Project Management Office*

CPO – *Chief Project Officer*

FEED – *Front End Engineering Design*

FEL – *Front End Loading*

KPI – *Key Performance Indicator*

OCDE – Organização para Cooperação e Desenvolvimento Econômico

PgMO – *Program Management Office*

PMI – *Project Management Institute*

PMO – *Project Management Office*

SOW – *Statement Of Work*

VIP – *Value-Improving Practice*

Índice Remissivo

Símbolos

3M 192, 193, 194
7S 106, 107

A

ABNT 65, 104
abordagem \"de baixo para cima\" 116
acelerador de partículas 168, 172, 175
Acordo de Basileia 58, 67
acordos 105, 150, 165, 166, 167, 174, 176, 177
Adequação 75
agente de mudança 225
agilidade 28, 88, 94, 217
AHP 75, 77, 78, 79, 86
AIPM VIII
Airbus 44, 183
Airways Corporation 19
aliança V, 11, 84, 166, 167, 176, 177, 178, 179, 180, 181, 186
alinhamento estratégico 9, 24, 25, 43, 51, 52, 79, 122
alocação de recursos 42, 63, 72, 79, 80, 122, 174, 198, 229, 230
Anadarko Petroleum 56
análise de negócios 74
AOL Time Warner 6
Apagando incêndios 90
APM VIII, IX, 8, 15, 16, 19, 48, 247
Apple 38, 39, 40, 42
aprendizado organizacional 217
aquisições 84, 90, 93, 101, 103, 105
Arábia Saudita 160
Askey's 90, 91
Assistindo filmes 89
ATCS CH2M Hill 106
atividades de investimento 25, 212
auditoria XVI, 19, 61, 68, 149, 167, 168, 181, 240
avaliações 112, 208, 215, 238
aviação 21, 183

B

balance 74, 75, 79
balanced scorecard 90, 223

EPG

Banco Mundial 7, 14, 49
Banco Superville 190
BC Hydro 205, 206
benchmarking 5, 140, 227
benefícios XVI, 3, 10, 14, 15, 17, 18, 21, 23,
  27, 30, 37, 38, 40, 42, 44, 47, 48, 50, 51,
  52, 53, 58, 59, 62, 63, 67, 68, 70, 73, 75,
  78, 79, 86, 88, 89, 94, 95, 97, 115, 122,
  123, 142, 143, 148, 149, 152, 154, 156,
  157, 165, 169, 173, 174, 177, 179, 182,
  188, 197, 198, 200, 204, 210, 212, 214,
  215, 223, 226, 229, 230, 232, 233, 234,
  241, 242, 243
Bertelsmann 6
BHP Billiton 61, 62
Boeing 160, 175, 183, 184, 193
bolha \"pontocom\" IX
BP 56, 57, 176, 177
Braskem V, 82, 83, 84
British Petroleum 56, 176

C

cadeia de suprimentos 34, 154
campanhas informativas 140, 225
Campeões do projeto 135
caso de negócios 16, 73, 74, 79, 85, 114,
  116, 123, 141, 142, 144, 150, 172, 198,
  233, 234
CEOs XVI, 34, 59, 148, 164, 237, 239
CERN 166, 169, 170, 171, 172
CFOs 59, 237, 239
CGEIT 190
Chaos Report 187
CMM 190
COBIT 189, 190, 240
colaboração 37, 39, 81, 154, 166, 172, 175,
  182, 186, 194, 220
comitê 10, 18, 19, 21, 24, 52, 61, 62, 74,
  85, 95, 112, 113, 115, 118, 124, 137,
  143, 154, 157, 169, 172, 173, 200, 208,
  222, 230, 234, 239
comitê diretor 62, 172, 173, 239
compensação 178, 217
competências 3, 35, 70, 104, 107, 109, 116,
  122, 183, 202, 203, 217, 226

competência técnica 129
comunicação 9, 15, 16, 23, 27, 29, 43, 44,
  85, 86, 103, 112, 120, 123, 124, 126,
  130, 133, 134, 135, 136, 143, 155, 179,
  182, 184, 185, 197, 203, 216, 217, 230,
  235, 238, 243
Comunicação interna 218
Conclusão 178
conflitos de interesse 176
Consulta 217
Contexto 118, 122, 210, 211, 231
contratantes 11, 106, 176, 178, 186
Contratos de aliança 166
controle 12, 15, 18, 20, 26, 39, 43, 44, 56,
  58, 59, 62, 92, 101, 105, 107, 116, 119,
  143, 145, 149, 159, 178, 181, 182, 184,
  185, 189, 190, 196, 205, 208, 229, 231,
  237, 238, 240, 244, 245
controles internos 58, 59, 60, 237, 238, 240
coordenação 40, 42, 47, 51, 90, 115, 172,
  174, 208, 221, 244
COSO 58, 64, 237
CPMO 114, 115, 124, 247
CPO XVII, 21, 113, 114, 115, 124, 137, 226,
  247
crescimento 6, 10, 30, 32, 33, 34, 43, 44,
  69, 86, 93, 134, 164, 193, 241
criação de valor 19, 22, 23, 47, 48, 49, 51,
  61, 82, 83, 84, 175, 212, 241
cultura corporativa 35, 59, 144, 201
cultura operacional 110
cumprimento 7, 16, 52, 113, 208, 242
custos 29, 39, 44, 45, 56, 57, 73, 75, 77, 79,
  82, 86, 96, 97, 101, 103, 105, 123, 133,
  143, 148, 149, 156, 157, 158, 159, 162,
  165, 167, 168, 170, 173, 174, 176, 177,
  178, 182, 183, 195, 198, 226, 230, 239,
  240, 241, 242

D

decisões 5, 13, 15, 16, 22, 23, 26, 33, 40,
  41, 43, 50, 53, 56, 58, 77, 79, 80, 82, 85,
  86, 89, 90, 95, 99, 114, 128, 136, 149,
  152, 165, 167, 177, 182, 188, 189, 199,
  208, 209, 217, 221, 227, 232, 242, 243

250

Índice Remissivo

Decisões estratégicas 22
Decisões operacionais 22
Decisões táticas 22
declaração de intenção 22
Deepwater Horizon 56, 57, 58
Dell 38, 39
departamental 69, 117, 137
desalinhamento 82
design-build 105
direção XVIII, 15, 31, 32, 35, 37, 52, 53, 65, 69, 75, 86, 87, 89, 90, 94, 97, 107, 115, 120, 122, 127, 140, 142, 147, 151, 176, 195, 205, 206, 218, 242, 245
divulgação 16, 217, 238
DOE 168

E

ECFA 171
Elf-Aquitaine 6
Embraer 44, 45, 175, 183
emoções 196
empregados IX, 134, 135
empresa multinacional 122
empréstimos internacionais 7
engenharia XI, 5, 98, 106, 113, 115, 184, 190
Enron IX, 6
entrega de valor 47
envolvimento 89, 140, 155, 169, 197, 200, 214, 235
EPG IX, XVI, XVII, XVIII, 1, 2, 3, 4, 5, 8, 9, 10, 11, 12, 13, 19, 21, 22, 23, 24, 25, 26, 27, 28, 30, 42, 43, 55, 67, 68, 72, 87, 96, 100, 108, 109, 110, 111, 112, 113, 115, 116, 120, 121, 122, 124, 125, 126, 127, 128, 129, 136, 137, 140, 141, 145, 146, 150, 152, 156, 157, 158, 161, 163, 164, 173, 187, 188, 189, 191, 192, 195, 198, 205, 206, 210, 211, 212, 214, 215, 216, 217, 218, 219, 223, 224, 225, 226, 227, 228, 232, 235
EPM 243
Equilíbrio 75, 95
Ericsson 218, 219, 222
ERM 59, 60, 61, 62, 63, 64, 65, 68
ERP 148

escopo XVI, XVIII, 2, 59, 73, 86, 95, 97, 98, 100, 102, 103, 105, 113, 117, 118, 127, 143, 148, 149, 153, 154, 172, 174, 176, 177, 191, 195, 196, 197, 198, 214, 231, 234, 238
estilo de gestão 35
Estratégia 107
estrategistas de negócios 9, 10, 31, 53
estrutura XVI, 8, 10, 18, 19, 21, 22, 24, 26, 28, 34, 37, 43, 52, 53, 55, 58, 59, 65, 66, 67, 68, 70, 74, 77, 85, 89, 93, 106, 107, 108, 111, 115, 117, 122, 127, 139, 142, 159, 161, 167, 168, 169, 171, 172, 177, 178, 181, 182, 186, 189, 191, 194, 196, 198, 199, 205, 206, 207, 208, 210, 211, 213, 217, 218, 219, 220, 221, 222, 223, 229, 237, 238, 243, 244
Eurotúnel 162, 165
excelência 90, 116, 122, 193, 219, 241
execução 14, 15, 16, 17, 27, 33, 35, 37, 40, 42, 43, 52, 53, 55, 68, 69, 72, 73, 80, 82, 88, 89, 90, 91, 92, 97, 98, 103, 106, 108, 114, 119, 133, 144, 147, 148, 153, 156, 158, 166, 167, 199, 210, 231, 243, 245

F

FALC 173
Fase de desenvolvimento do projeto 177
Fase de implementação 102, 178
fase final 62
feedback IX, 129, 145
Fish & Wildlife Compensation 205, 206, 210, 222
fit 74
Fluor-Lane 105, 106
framework 49, 181, 189, 190, 191, 215, 218, 237, 240
front end loading 96
funcionários 33, 34, 35, 39, 41, 62, 89, 90, 188, 193, 195, 201, 203, 218, 229
funções de apoio 231

G

GDE 173, 175
GE 193, 203

gerenciamento das partes interessadas 9, 10, 18, 22, 27, 101, 103, 125, 126, 132, 134, 137, 139, 140, 144, 152, 173, 197, 199, 210, 216, 226, 229, 231, 233

Gerenciamento de conflitos 130

gerenciamento de desempenho 62

gerenciamento de portfólio VIII, 2, 9, 10, 12, 17, 21, 26, 70, 73, 85, 86, 95, 112, 197, 199, 213, 218, 228, 229, 235

gerenciamento de programas VIII, 12, 35, 94, 96, 108, 113, 115, 124, 197, 198, 204, 218, 228, 229, 230, 235, 244

gerenciamento de riscos 9, 18, 26, 55, 57, 58, 59, 61, 62, 63, 64, 65, 66, 67, 68, 122, 156, 167, 169, 190, 198, 206, 213

gerenciamento de riscos financeiros 58

gerenciamento de tempo 103, 225

gerência sênior 61, 64, 67, 182, 190

gerentes de programas 10, 113, 230

gestão de influência 116, 129

Gestão de interfaces 130

gestão de mudanças 3, 4, 93, 102, 110, 117, 120, 154, 162, 196, 197, 198, 199, 201, 203, 210, 217, 225

gestão de projetos em nível empresarial 218, 225

Girando a roda 90

GlaxoSmithKline 92

Global Fund 112

governança VII, IX, XVI, XVII, XVIII, 2, 3, 5, 6, 7, 8, 9, 10, 11, 12, 13, 14, 15, 16, 17, 18, 19, 21, 22, 23, 24, 25, 26, 30, 33, 40, 42, 43, 48, 50, 52, 53, 58, 59, 61, 62, 63, 67, 98, 105, 106, 108, 109, 110, 111, 112, 113, 115, 122, 124, 126, 128, 143, 149, 151, 165, 167, 168, 169, 171, 174, 175, 178, 179, 181, 183, 185, 186, 187, 188, 189, 190, 191, 192, 193, 194, 198, 199, 200, 204, 205, 206, 207, 208, 212, 214, 219, 220, 221, 222, 224, 230, 232, 233, 238, 240, 242, 243

governança corporativa IX, XVI, XVIII, 3, 5, 6, 7, 8, 9, 13, 14, 17, 18, 19, 22, 23, 30, 50, 58, 59, 63, 109, 111, 112, 113, 115, 181, 189, 219, 220, 221, 222, 238, 240, 243

governos 5, 7, 13, 50, 51, 134, 162, 165, 173, 174, 175, 186

GSK 7, 92, 93

H

Habilidades 12, 107, 233

habilidades interpessoais 128

Halliburton 56, 57

Hughes Aircraft Corporation 160

Human Resource Institute 88

Hydro One 63

I

IAF 126

IBM 164, 165, 185, 186

ICFA 172, 173

Identificação do projeto 215

ILC 172, 173, 174, 175

iMac 40

imagem corporativa 72

Incentivos ao capital humano 217

Incertezas 9, 54

Indian Air Force 126

indicadores de desempenho 147, 244

indústria farmacêutica 92, 94

infraestrutura 20, 21, 29, 98, 105, 163, 176, 191, 218, 230

Inovação 39, 84

integração 8, 11, 15, 34, 40, 47, 51, 57, 67, 68, 72, 103, 105, 114, 122, 155, 164, 182, 183, 184, 185, 213, 215, 235

Integração da equipe 235

Interações 198

inventário 70, 79, 213

iPad 40

iPhone 40, 41

IPMA VIII, XI, 103, 104, 227

iPod 40

ISACA 189, 190

ISO 9, 18, 19, 65, 66, 67, 68, 104, 189, 190

ISO 21500 18, 19, 104

ISO 27001 190

ISO 31000 9, 65, 66, 67, 68, 190

ISO IEC 38500 189

Itaipu Binacional 165

Índice Remissivo

ITGI 189
ITIL 17, 189, 190

J

JetBlue 43, 44, 45, 46
Jogos Olímpicos 159, 185
Joint Ventures 164

K

Kellogg's 90
KPF 147, 242

L

LHC 169, 170, 171, 172, 175
liderança 3, 12, 15, 19, 26, 34, 35, 37, 41,
   107, 115, 124, 131, 151, 159, 168, 182,
   197, 201, 202, 203, 220, 225
Lockheed Martin 126
logframe 49
Londis 6
London Underground Limited 29
L'Oréal 112
LUL 29

M

Mapas estratégicos 43
marketing 5, 32, 33, 71, 75, 79, 93, 102,
   140, 146, 179, 199, 202
Mars Corporation 62
matriz de responsabilidade 231
matriz ponderada simplificada 75, 76, 78
maturidade VII, VIII, IX, 3, 17, 18, 26, 61,
   62, 64, 97, 98, 110, 112, 113, 114, 190,
   202
McKinsey 106
megaprojetos V, 11, 125, 165, 166, 167,
   186
melhores práticas VIII, 17, 20, 63, 99, 104,
   109, 122, 152, 189, 215, 239
Melhoria 67
Método do Marco Lógico 49
metodologias 2, 13, 18, 61, 99, 110, 116,
   117, 212, 233
métricas 43, 45, 51, 80, 99, 123, 147, 190,
   194, 197

Metronet 29, 30
Microsoft 38, 39, 41
Missão 212
Mitsui Oil Exploration 56
MML 49
Monitoramento 238, 244
motivação 12, 75, 90, 217, 225, 235
movimento de base 124
mudança organizacional XI, 11, 12, 125,
   187, 194, 195, 196, 197, 199, 200, 204,
   235, 244
mudanças no mercado 91

N

NAO 29, 149, 150
NASA 49, 55, 56, 96, 135, 184
National Offender 148, 149
navegação aérea 19, 21
Nokia 40, 41, 42
NOMS 148, 150
Nova York XV, 44, 219, 220, 221, 222
NSTC 169

O

obstáculos 12, 43, 117, 142, 164, 223, 227,
   228, 229, 232, 235
OCDE 5, 7, 172
OGC 17, 18, 150, 243, 244, 245
Olimpíadas de Londres 159
O papel da garantia 215
O papel da gerência 214
OPM3 17
oportunidades IX, 38, 41, 55, 60, 63, 67, 70,
   73, 74, 82, 95, 97, 133, 207, 210, 215
Orientações 18, 104

P

P3M3 18
PAC 159, 173
Pala 179
parcerias 165, 166, 174, 183, 186, 191
Parmalat 6
patrocinadores 3, 4, 5, 10, 14, 18, 24, 96,
   99, 100, 125, 133, 135, 141, 142, 143,
   144, 151, 152, 156, 208, 226, 233

patrocínio 12, 15, 16, 141, 151, 190, 195, 196, 198, 201, 229, 232

P&D 5, 11, 84, 93, 172, 187, 191, 192, 193, 194, 204, 218, 219

pesquisas XV, XVI, 167

Pfizer 92

PgMO 115, 124, 247

Plano de EPG 12, 205, 210, 211, 222

PMBOK 103

PMI V, VIII, IX, XI, 17, 19, 73, 103, 122, 162, 168, 227, 248

PMO VIII, 2, 3, 21, 52, 53, 78, 93, 95, 114, 115, 116, 117, 118, 119, 120, 122, 123, 124, 137, 224, 225, 226, 230, 231, 239, 240, 244, 248

poder formal 127

políticas XVII, XVIII, 1, 2, 8, 10, 12, 13, 18, 40, 51, 55, 76, 87, 94, 96, 105, 107, 108, 109, 111, 112, 113, 116, 120, 125, 128, 137, 166, 167, 171, 178, 189, 190, 193, 195, 199, 204, 205, 208, 212, 217, 220, 221, 224, 227, 228, 230, 232, 238, 242

portfólios de projetos 13, 26, 42, 80, 95, 229

portões de decisão 12

PPM VIII, 73, 74, 78, 79, 80, 86, 243

PPP 29, 105

práticas fraudulentas 6

pré-projeto 100

prestação de contas 5, 7, 8, 13, 34, 50, 63, 146, 149, 181, 188, 214, 246

PRINCE2 17

priorização 73, 74, 76, 79, 86, 112, 122, 199, 206, 220, 228, 229

Processos de tomada de decisão 209, 215

projeto-construção 105, 106

PROPS 218, 219

Q

quadrantes de desempenho 89

Quadro \"por quê e como\" 215

qualidade XVI, XVIII, 33, 42, 59, 70, 77, 86, 88, 99, 101, 102, 103, 105, 114, 133, 139, 140, 143, 157, 158, 161, 176, 185, 190, 195, 197, 200, 202, 203, 224, 230, 237, 242

qualidade da informação 42

R

RCA Corporation 161

realização de benefícios 38, 82

recursos humanos 103, 105

Relacionamentos 130, 181

reportar 16, 118

responsabilidades 9, 12, 16, 18, 21, 26, 32, 53, 62, 63, 95, 107, 109, 113, 119, 127, 133, 137, 141, 143, 147, 149, 151, 155, 166, 172, 181, 190, 198, 207, 210, 214, 230, 231, 233, 238, 246

Revisão 114, 123

Rio de Janeiro XI, XV, 185, 186

ROI 77, 88, 224, 225

S

saídas 47, 49, 50, 53, 241, 242, 245

Sala 179

sala de guerra 133, 134, 181, 182, 184, 185

Samsung 42, 186, 202, 203, 204

Saudi Peace Shield Program 159

scope creep 153, 234

SEC 237

seção 404 59, 237, 239

Seis Sigma 193, 195, 200, 223

seleção de projetos 42, 75, 77

Seleção do projeto 215

setor bancário 58

Shared values 107

Silver Spoon 91

Sistemas 107

SK Corporation 6

Sony 38, 39, 203

SOX 6, 58, 59, 237, 239, 240

SSC 167, 168, 169, 170, 171

Staff 107

Standish Group 187, 188

Strategy 107

Structure 107

Style 107

supervisão de cima para baixo 2

Systems 107

Índice Remissivo

T

tecnologia VIII, 1, 3, 8, 11, 38, 39, 40, 44, 68, 91, 96, 117, 161, 165, 167, 169, 176, 185, 187, 188, 189, 190, 194, 195, 202, 204, 219, 220, 245

TI 3, 5, 8, 11, 17, 38, 48, 52, 72, 77, 115, 117, 139, 154, 187, 188, 189, 190, 191, 202, 204, 219, 220, 221, 222, 240

TickIT 190

Trans4m 29

transformação XV, 9, 12, 28, 30, 31, 33, 35, 59, 69, 94, 95, 156, 157, 175, 197, 198, 202, 203, 204, 216

Transocean 56, 57

Transurban 105

treinamento VIII, XI, 5, 101, 117, 118, 119, 126, 139, 140, 142, 156, 157, 190, 199, 219, 226, 233

Tyco 6

U

União Europeia 194

unidades de negócios 41, 52, 53, 62, 115, 120

Unilever 32, 33, 34, 35

URA 168, 169

USAF 126

USAID 49

Utilidade 75

utility 74, 79

V

valores 7, 90, 107, 108, 127, 202, 207, 212, 214, 238, 241

Valores compartilhados 107

VDOT 105, 106

vice-presidente para projetos especiais 113

visão XV, XVI, XVIII, 2, 9, 12, 13, 19, 21, 22, 26, 27, 34, 37, 39, 44, 51, 57, 59, 70, 81, 84, 89, 97, 107, 114, 116, 120, 122, 140, 150, 156, 158, 179, 185, 189, 195, 197, 198, 203, 205, 212, 216, 225, 232, 244

Vivendi 6

W

Walgreens 147

Walmart 132, 133, 134, 136

Walmart Brasil 134

Water Corporation 179, 180, 181, 188, 191

why-how framework 215

WorldCom 6

X

Xerox 6

Impresso na Rotaplan Gráfica e Editora LTDA
www.rotaplangrafica.com.br
Tel.: 21-2201-1444